人类群星闪耀时

全新增订版

[奥]斯蒂芬·茨威格 著 亦言 译

中国友谊出版公司

图书在版编目（CIP）数据

人类群星闪耀时 /（奥）斯蒂芬·茨威格著；亦言译 . -- 北京：中国友谊出版公司，2016.10（2024.1重印）

书名原文：Decisive moments in history

ISBN 978-7-5057-3885-0

Ⅰ . ①人… Ⅱ . ①斯… ②亦… Ⅲ . ①历史人物－列传－世界 Ⅳ . ①K811

中国版本图书馆CIP数据核字(2016)第253773号

书名	人类群星闪耀时
作者	[奥]斯蒂芬·茨威格
译者	亦言
出版	中国友谊出版公司
发行	中国友谊出版公司
经销	新华书店
印刷	三河市龙大印装有限公司
规格	880毫米×1230毫米　32开 11.25印张　260千字
版次	2017年9月第1版
印次	2024年1月第13次印刷
书号	ISBN 978-7-5057-3885-0
定价	49.80元
地址	北京市朝阳区西坝河南里17号楼
邮编	100028
电话	(010) 64678009

版权所有，翻版必究

如发现印装质量问题，可联系调换

电话　(010) 59799930-601

目 录

序 言 /01

穆罕默德二世：拜占庭的沦陷 /001
巴尔沃亚：不朽的逃亡者 /031
亨德尔：亨德尔的重生 /057
鲁热：一个流星般的天才 /085
拿破仑：滑铁卢的一分钟 /103
歌德：玛丽恩巴德的挽歌 /123
苏特尔：被发现的黄金国 /137
尼采：向宇宙高峰奔去 /151
斯科特：争夺南极之战 /217
列宁：封闭的列车 /239
陀思妥耶夫斯基：英雄的瞬间 /253
菲尔德：越过大洋的第一次通话 /263
托尔斯泰：逃向苍天 /283
威尔逊：梦想与失败 /317
西塞罗：古罗马共和主义者 /333

序 言

  没有一个艺术家能够把他一天二十四小时的时间都用在艺术创作上，一切独具特色又有着旺盛生命力的神来之笔，往往是来自那难得而又极其短暂的瞬间灵感。人类的历史也是如此，那些被古往今来最伟大的诗人和戏剧家交口称赞的历史，也不可能经久不衰地持续创新。伟大诗人歌德曾满怀敬畏地把历史称为"上帝的神秘作坊"，可是在这个神秘作坊里发生的无不是被我们熟视无睹的小事，这些事例多得让人举不胜举。正如我们生活中和艺术家进行创作时所遭遇的情况一样，那些能让人们心灵感到震撼的时刻非常少。在这间作坊里，通常只有一个冷漠而又持之以恒的编年史家，像串珠子一般地将发生的每一件事连成一个数千年悠久的长链。因为在史学家看来，历史上每一个重大事件都需要长时间的酝酿，每一个影响深远的事件都会有一个发展的过程。一个天才的产生，他的身后必须有一个历史悠久的民族。一个真正具有世界历史意义的时刻到来，一个人类的群星闪耀的时刻出现，也必然会有一个漫长岁月流逝的过程。

  然而，就像艺术领域里一旦出现一个天才，就会影响文化史的进程一样；在人类历史上最具有历史意义的时刻出现，也会在瞬间决定接下来的几十年甚至上百年的历史进程。这就如同避雷针瞬间聚集了大气层的电流那样，那些不胜枚举的事件都会在这个最为短暂的时刻里爆发。这些在平日里看来是非常平凡又有着顺序的事件，都被压缩在这电光火石般的瞬间爆发出来，而这短短的瞬间却能够决定小至个人存亡，中至一个民族，大至整个人类的命运。

　　这是一种非常具有戏剧性又攸关生死的时刻，它经常发生在某一天的某一个小时中的某一分钟里。虽然在我们个人的一生当中难得一见，可它对于整个人类历史发展的影响却远远超过我们的想象，甚至能超越时空。在这本书里，我将在不同的时代和领域里回顾那些宛若星辰般永远散射光芒、普照暂时黑暗历史夜晚的群星闪耀的时刻。我保证不会使用自己的想象虚构或增或删已经发生过的人类的真实事件，因为我很清楚，历史这个真正的诗人、戏剧家，已经把这些时刻在历史的进程中表现得十分完美，还因为伟大的历史是凌驾在所有作家之上的，没有哪个作家能够超越人类历史这个最为真实的作家。

斯蒂芬·茨威格

穆罕默德二世：
拜占庭的沦陷

统一的古罗马帝国，于公元395年分裂了。东罗马帝国以君士坦丁堡为首都，西罗马帝国以罗马城为首都。因为君士坦丁堡建立在古希腊移民建造的拜占庭的旧址上，所以东罗马帝国也叫作拜占庭帝国。

东罗马帝国在15世纪中叶时，内外交困，绝大部分领土被新兴的奥斯曼帝国所侵占，仅剩下四面受敌的首都君士坦丁堡。加之国内的政局动荡，连年战乱，经济萧条，东罗马帝国已处于风雨飘摇的境地……

穆罕默德二世

1432—1481

奥斯曼帝国苏丹

Mehmed Ⅱ

明星闪耀时

1451 年　正式即位,在位期间积极扩张领土。
1453 年　攻占拜占庭帝国都城君士坦丁堡。其以"法蒂赫"(征服者)著称。
1459 年　将塞尔维亚并入帝国。
1460 年　将摩里亚并入帝国。
1463 年　将波斯尼亚并入帝国。
1477 年　完全确立了对克里木汗国的宗主权。
1479 年　将阿尔巴尼亚并入帝国。

1. 危机四伏

1451年2月5日,在小亚细亚,一封密信交到了二十一岁的苏丹①皇太子穆罕默德的手里,他从密信上得知自己的父亲——穆拉德二世去世的消息。穆罕默德是个聪慧果断的人,他没有和自己的谋臣商量,就驾着上等马中最好的那匹良种马,一口气跑到一百二十里以外的博斯普鲁斯海峡,然后乘船抵达位于欧洲沿海的加利波里,直到这时,他才派人把父亲去世的消息透露给亲信。为了不让任何人有机会占夺王位,他下令将一支精锐军队调往亚得里亚堡。实际上,在那里,他顺利地当上了奥斯曼帝国的最高统治者,没有遭到任何反对。穆罕默德继位后采取的第一个政治行动,就是以恐怖的方式,体现他那肆无忌惮的魄力。为了让自己没有任何嫡亲的竞争对手的威胁,他派人将自己还未成年的弟弟淹死在浴缸里,然后又害死了替他行凶的手下,这些足以体现出他的阴险和残忍。

这个年轻而且性情狂热、热爱功名的穆罕默德就这样继承了性情稳重的穆拉德的王位,当上了土耳其的苏丹。这个消息让拜占庭人惊恐万分,因为有很多密探在传着这样的话:野心勃勃的穆罕默德发誓要占领拜占庭,虽然他还如此年轻,却把他的伟业看得比什么都重要,没日没夜地做着计划,而且,人们从各种渠道得知,他有无可比拟的军事及外交才能。他有双重人格,虔诚

---

① 苏丹:伊斯兰国家世袭君主的称号。

而又残忍，热情而又险恶。他博学多才，精通拉丁文，却又残暴、狠毒。他漂亮的眼睛饱含着忧郁，鹰钩鼻尖尖的。他的外表就像一个勤劳质朴的工匠，又像一个奋勇拼搏的士兵，然而，他最像的，还是个不知羞耻的外交家。他把一切野心聚集起来，以便实现他的目的：要远远超过他的祖父巴耶赛特一世以及他的父亲穆拉德二世取得的伟绩。他的祖父和父亲曾经把新兴土耳其国家强大的军事力量展示给欧洲。但是，所有人都知道，穆罕默德的第一个目标就是占领镶嵌在君士坦丁以及查士丁尼王冠上的最后一颗宝石——拜占庭城。

实际上，拜占庭这颗宝石，在当时早已失去了任何保护，对穆罕默德这个野心家来说，占领它不在话下。拜占庭帝国，也称东罗马帝国，以前的版图曾经横跨全世界几个大洲，从波斯到阿尔卑斯山脉，或者是从另一个方向延伸到亚洲沙漠，都是它的地盘。就算花上几个月的时间，都无法从一头走到另一头，那时，它是世界性的大帝国，而现在，它已经小得只需三个小时就可以在整个国家里转一圈。往日强大的拜占庭，现在只剩下首都君士坦丁堡，也就是古时候的拜占庭城、君士坦丁之城，而没有其他领土，而且，现在东罗马帝国只拥有拜占庭的市区，而不是以前的整个拜占庭城。城郊的加拉太已经被热那亚人占领，除此以外，城外的全部土地也都归土耳其人所有，拜占庭帝国最后一位皇帝所拥有的仅仅是巴掌大的一块地方。

所谓的拜占庭，也不过是围绕着厚重的城墙，由教堂、宫殿和各种各样的房屋组成的一小块地界。十字军的进攻让拜占庭大失元气，城内的人口因战争和瘟疫的侵袭而迅速减少，抵御外来游牧民族长年的侵略让拜占庭疲惫不堪，民族和宗教问题也让这座城市支离破碎。在这种状态下的城市，若是遇到来自四面八方拥有精良装备的敌人，它没有足够的兵力和勇气，根本无法防御。拜占庭最后一个皇帝君士坦丁十三世眼看着就要痛失王位。可是，就是因为土耳其人已经包围了拜占庭，而拜占庭又是集合了整个西方几千年古老文明的圣地，因此，它才会象征着欧洲的荣耀，整个基督教世界必须携手共同保卫圣索菲亚大教堂——这个位于东方的即将崩溃的堡垒，东罗马帝国最华丽的，同时也是最后一个东正教教堂，只有这样，圣索菲亚大教堂才能以基督教教堂的身份继续存在下去。

君士坦丁十三世很快就发现了将要面对的危机。虽然穆罕默德四处提倡和平，但他依然无法相信穆罕默德所说的一切。他惊慌失措，频繁地向意大利、教皇、热那亚、威尼斯派遣使节，向他们请求大战舰和兵力支援。但是，罗马和威尼斯都拿不定主意要不要给予支援，因为长久以来，东派教会和西派教会之间一直存在着矛盾，至今依然如此。希腊正教对罗马教会仇视已久，而且希腊正教的首席牧师不承认罗马教皇是最高牧师。虽然因为要共同抵抗土耳其人，在斐拉拉和佛罗伦萨召开的两次会议上，两个教会决定重新统一，但是拜占庭的危机一旦稍微缓解，希腊教某些教会就开始悔约。而今，在穆罕默德当上了土耳其的苏丹这样千钧一发的情况下，东正教才放弃了以往的顽固，拜占庭向罗马表示了顺服，要求紧急援助。于是，罗马开始调遣装备了弹药和兵将的大战船。但是，首先前来的是罗马教皇的使节，他乘坐一艘帆船，身负向西方两个教会宣布和解的神圣使命，而且，他要向全世界宣布，拜占庭的敌人就是整个基督教世界的敌人。

2. 在弥撒中和解

12月里的某一天,圣索菲亚大教堂里由大理石和彩色玻璃装饰着的图案,显得庄严而又华丽,后人永远都无法相信这座基督教建筑是由清真寺改造而成的。那天,大教堂里正在举行庆祝两派和解的盛大活动,君士坦丁皇帝在许多显赫人物的簇拥下,来到教堂出席这一次庆典。他要以帝王的身份见证两派的和解,保证永不分裂。教堂宽敞的大厅里灯火辉煌,人头攒动。圣坛前,罗马教使节伊斯多鲁斯和希腊正教首席牧师格列高利像亲兄弟一样一起做着弥撒。在这座教堂里,教皇的名字第一次被提起,虔诚的赞美诗第一次同时用拉丁语和希腊语唱起,这座永远的主教堂拱形的顶上久久缭绕着歌声。这庄严的时刻,两派教士排着整齐的队伍,郑重地将施匹利迪翁的圣体抬了进来,这意味着,从此东西两派的宗教信仰联合一心。在长久的斗争之后,整个欧洲,乃至整个西方的观念,终于达成了统一。

可是,历史上所有以理智来和解的事情都是转瞬即逝的。共同祈祷声在教堂里越发响亮之时,盖纳蒂奥斯这个博学的修道士已经在外面的修士房里用激烈的言辞责骂起来,说那些讲拉丁语的人背叛了自己真正的信仰。刚刚才由理智促成的和平,被狂热的盲目信仰者轻而易举地毁掉了,而且和这位没有真正屈服的希腊教士一样,地中海对岸的人们也不愿意履行他们答应援助的承诺,他们虽然派遣了几艘战船和几百名士兵到拜占庭去,但没多久就丢弃了这个城市,让命运之神随意摆布它了。

3. 战争的开始

一切计划引发战争的强权统治者都是一样的，他们还没有完全做好战争准备以前，总是尽其所能宣扬和平。穆罕默德也是这样。当接见来参加自己继位典礼的君士坦丁皇帝的使团时，他说尽了友好的话，让人听上去十分欣慰，他还一本正经地公开对真主及其在世的代言人穆罕默德教祖、众多天使还有《古兰经》发誓：他将忠于和拜占庭皇帝签订的全部条约。但就在同一时期，这个背叛诺言的人却又和匈牙利人、塞尔维亚人签订了为期三年的双边中立协议，他要在三年内攻下拜占庭而不受任何干扰。穆罕默德将要在做出了足够的和平承诺之后，选择一个合适的机会发动战争。

直到这个时候，土耳其人所拥有的只不过是博斯普鲁斯海峡的亚细亚的海岸一带，拜占庭的船只依然可以顺利地穿越海峡进入黑海，到达自己粮仓的所在地。穆罕默德决定切断这条航线，他不用找任何理由就下达命令，在博斯普鲁斯海峡欧洲海岸的鲁米里·希塞尔附近，海峡最狭窄的地方建一个要塞（古波斯人称霸四方的时候，波斯勇士薛西斯就曾经在这里渡过海峡）。就这样，几千名建筑工人一夜之间聚集到欧洲这一岸。其实，有条约规定，欧洲一岸禁止工事建筑，但是，条约对于强权者来说，只是一张废纸而已。为生活所迫，这些建筑工人大肆掠夺附近的庄稼；为了获取搭建城堡用的石块，拆毁民房甚至著名的圣米迦勒教堂。这项没日没夜进行的要塞建筑工程是土耳其苏丹亲自监督的，拜占庭只能束手无策地看着土耳其人置公理和条约于不顾，就这样把通往黑海的自由航线给切断了。第一批想通过迄今还是公海的船只已经在和平的外衣下受到了攻击：经过了第一次的粗暴行动，穆罕默德已经不需要和平的伪装了。

1452年8月，在一次朝会上，穆罕默德向文武百官公布了自己攻占拜占庭的计划。这项计划公布没多久，拜占庭城的周围便开始上演野蛮的行动：那些被派往土耳其境内各个角落的传令官征召来了能上战场的人，1453年4月5日，一支一望无际的来自奥斯曼帝国的军队突然像潮水一般涌向了拜占庭城外的平原。

穆罕默德穿着华丽的战服，骑着骏马率领整个部队，他决定在吕卡斯隘口前方安营扎寨。然而，他的部下还没来得及把帅旗插到统帅部前，他就派人把专用于祈祷的地毯在地上铺好，面向麦加跪拜三叩首。他的身后，是数以万计的部下，所有人都和穆罕默德一起，向着麦加跪拜，以同样的节奏和话语向真主祈求力量和胜利——这样的场面，真是无比壮观。祷告完毕，穆罕默德从地毯上站起来，刚才还是谦卑的真主之仆的他一下子变为高傲的斗士。与此同时，负责传递旨谕的部下，也就是"传令兵"们，正把旨谕传遍整个营地，战鼓震天，军号嘹亮。这一切都是在宣布，攻占拜占庭的战争已经打响。

4.城墙和大炮的对抗

面对这样的情况，拜占庭只有城墙可以作为力量依靠了。往日领土遍及几大洲的拜占庭，而今只剩下城墙，辉煌而伟大的时期留下的遗产，也仅仅如此了。

拜占庭整个城市呈三角形，在三角形的底边设置了三道防线，沿着马尔马拉海和金角湾岸边的两条斜边，建筑了又低又短但非常坚固的石头城墙，面向辽阔平原的一面，是一座宏伟的壁垒式城墙，也就是狄奥多西城墙。对于未来拜占庭将要面对的危机，早在狄奥多西之前的君士坦丁就有所预见，所以，用大块的方形石头在城周围建了结实的围墙，在他之后，查士丁尼又对城墙加以扩建和加固，而到了狄奥多西二世，才真正建筑了城墙的主体防御工事，至此，这座城墙已经长达七公里。而今，常春藤覆盖下的遗迹依然能够展现当年建筑材料的坚固。平行的两层和三层组成了这座气势恢宏的城墙，城墙上建有凹形的小观望窗和雉堞，并且用方石垒起了坚固的望楼。

　　一千多年来，拜占庭的每一代皇帝都要对城墙进行加固或者重修，它也就因此成为无法攻克的标志。无论是野蛮部落有如潮水一般的冲击，还是土耳其人大规模的进攻，都不是这坚实壁垒的对手，人类曾经发明的那些战争工具全都不在它的眼里。用来攻城的撞槌撞到它身上，它丝毫不动，罗马式攻城槌、新式野战炮和臼炮①都拿它没办法，这座狄奥多西城墙为君士坦丁堡提供了欧洲其他城市无法相比的牢固及完善的保护。

　　如今，没有人比穆罕默德更了解这座城墙，更知道它的威力了。几个月，甚至可以说是几年以来，他一直处心积虑，连做梦都在想怎样才能攻下这座城，摧毁岿然矗立的城墙。各种草图、尺子、敌方工事的图样堆满了他的桌子，他将那城墙内外的所有山丘、洼地、河流都调查清楚，他和工程师们不放过每一个细节，然而最后的结果却让他们大失所望，因为，每个人计算后得到的数据都表明：狄奥多西城墙根本不是现有的臼炮能够撼

---

① 臼炮，一种口径大、身管短的曲射火炮。因形似石臼得名。第二次世界大战后逐渐被淘汰。

动的。

这也就意味着，必须要制造出更具有威力的臼炮才行！炮筒的长度，射程的距离，威力的强度，都要超过以往战争中使用过的火炮！而且，还要制造新的石弹，要使用最坚硬的石头材料制造弹头，要在重量、攻坚力度和摧毁力度上压倒现有的石弹！这么令人生畏的城墙，要攻克下来，必须发明新火炮，除此以外，没有别的办法。宁愿付出一切代价，也要制造出新式的进攻武器，穆罕默德已经下定了决心。

宁愿付出一切代价，就意味着要将无限的创造力和制造力都发挥出来。所以，宣战刚过去没多久，当时世界上最具有创造力和丰富经验的铸炮能手来到了穆罕默德面前，他的名字叫乌尔巴斯，或者是奥尔巴斯，虽然这个匈牙利男子是个基督徒，而且前不久还在效力于君士坦丁皇帝，但是现在，他渴望能够忠于穆罕默德，这样，他就能够通过自己的手艺获得更多的金钱，并且赢得闻名于世的荣耀。他说，如果能提供给他自由使用的资金，他就能够制造出一种最大最先进的火炮，那是以往任何火炮都无法相提并论的。

他的愿望实现了。穆罕默德和所有迫切想要实现愿望的人一样，金钱对于他们来说已经可以忽略不计了，他立即许下诺言，工人要多少有多少，几千辆运着矿砂的车子被派往亚得里亚堡。整整三个月，铸炮工人都在埋头苦干，一个利用神秘淬火法制造而成的黏土模型坯子已经基本成型了，就等着用红通通的铁水来浇铸了。终于，最后一道工序也成功完成。让人激动的大炮横空出世，从模子里脱坯出来，然后进行冷却，至此，这是世界上最大的一座炮筒。然而，第一次试验发射进行之前，穆罕默德先派他的传令兵们去提醒全城的孕妇作好安全准备。接着，随着威震天地的一声轰响，有如闪电一般，一颗巨大的石弹带着火星儿从炮筒中射出，一堵石墙在一瞬间轰然击毁。穆罕默德立即下达命令：用这种巨大的火炮作为全体炮兵的装备。

看来，这门庞大的"投石器"已经制造成功了，直到很久以后，希腊的著述家们才带着后怕，用"大炮"来称呼它。然而，摆在使用者面前的是一个新的问题：该怎么移动这个庞大的家伙，让它能够穿过色雷斯，到达拜占庭的城墙下？一场空前艰难的搬运工作就这样展开了。全民、全军都被动员起来，经过两个多月时间，这个长脖坚体的庞然大物终于被拖到了目的地。骑兵作为先遣部队在最前面巡逻开路，以防外来威胁袭击这座"宝贝"，其后是几千名土方工，不分昼夜地挖土、运土，把高低起伏的路面修平，然而过不了多久，这些道路又会恢复原貌。五十对公牛排着两行队伍拉动一辆有防御装备的巨型车子，车上是金属炮筒，每个轮子都承担了同样的重量，就像以前从埃及将方尖塔运到罗马去一样。炮筒自身太重，以至于不停摇晃，两百名壮劳力分布在其两侧扶稳它，五十名车匠和木匠不停地更换滚木、把润滑剂涂在滚木上、固定支架、搭设桥梁。如此浩大的运输队只能以极其缓慢的速度前行，他们像年迈的老黄牛一样，缓缓地越过高山和草原。村民们聚集在村口，好奇地观看这铁家伙路过，他们纷纷在胸前划着十字祈祷，因为这家伙有如战争之神，被仆人和教士毕恭毕敬地从这个国家运往那个国家。

接下来的日子里，又有几个同样的铁家伙从同一模子里诞生了，人们看着它们以同样的方式被运走——再一次，人的意志将不可能变为可能。而今，二十至三十个这样的庞然大物已经将血盆大口朝向了拜占庭，从此，战争的史册中便有了这支重炮队的一笔。东罗马帝国几千年来不倒的城墙和穆罕默德的新大炮之间的较量和对峙也终于拉开帷幕。

5. 再次燃起的希望

在轰隆隆的巨响声中,拜占庭坚固的城墙被巨炮缓慢而又顽强地侵蚀着。一开始,发射每天只进行六到七次,但总会有新的进展。每一炮都会让天空烟雾弥漫,碎石乱崩,这座石头的壁垒就这样哗啦啦地坍塌掉了,一个新的缺口显露出来。到了夜里,困在城里的人们用越发简陋的木头栅栏、亚麻布团等材料补上洞口,但往日那座毫发未伤、无比坚固、能够躲在它身后进行防御的城墙毕竟已经消失不见了。如今,一想到决战之日越来越近,躲在城墙后面的八千人军队就惊慌失措,到了那个时候,这座已经千疮百孔的壁垒将遭到穆罕默德率领的十五万大军决定性的进攻。

关键性的时刻终于来到了。这是欧洲、整个基督教世界实践其诺言的时刻。城里,妇女们带着自己的孩子,成群结队地一整天跪在教堂里,向装着圣人遗骨的木盒子祷告;每座瞭望塔上都有士兵在上面日夜张望,期待教皇和威尼斯的支援舰队能出现在满是土耳其人船只的马尔马拉海上。

4月20日凌晨3点,海平面上终于出现了船帆,士兵们立即打起信号灯,虽然那看上去并非他们想象中的来自基督教世界的强大舰队,但那毕竟是三艘庞大的热那亚船,乘着风浪,从远处缓缓驶来,跟在后面的是一艘小小的拜占庭运粮船,三艘大船在它四周护航。君士坦丁堡的人们从城里涌出,在一面临海的城墙上聚集起来,准备迎接前来的援兵。此时,穆罕默德也走出他那朱红色的大帐篷,跃上马背,飞驰到土耳其人舰队停泊的港口,他下令要竭尽全力把这些船只阻挡在金角湾之外,不让它们驶入拜占庭的港口。

海面上顿时响起了几千副木桨划水的声音,土耳其舰队的一百五十艘船身稍小的战船一齐向着那四艘大橹战船驶去,它们全部都是三桅帆船,装备着铁爪篙、射火器、投石机等。然而四艘大船是顺着风向前进的,把装备着武器的土耳其船只甩下很远的距离。任凭土耳其士兵不停叫骂,四艘大船毫不理会,自顾自向前驶去。在拜占庭城区和加拉太之间有一条著名的铁索将海口封锁起来,在那里,它们可以免受进攻,所以,它们要尽快驶入金角湾的安全港口。此刻,目的地就在眼前,聚集在城墙上的几千人甚至已经能够清楚地看见船上每一张脸。男女老少一齐下跪,感谢上帝和圣徒们赐予他们荣耀的拯救。港口的铁索已经叮叮当当地放下来,准备迎接增援船只驶入海口。

就在此刻,突然发生了一件恐怖的事情。风戛然而止,四艘大船一动不动地停在了海面上,好像被磁石吸住了一般。它们所在的位置,距离他们将要实施救援的港口,只剩下几箭远。敌人疯狂地欢呼起来,船桨摇动,战船如同恶狼一般向着四艘僵住的大船扑去,而大船却像被胶水粘在了海面上一样,一动不动。十六条桨艇就像猎犬张开大口一样紧紧地咬住大船。小战船纷纷抛出铁爪篙,将大船船舱两侧钩住,使劲用刀斧砍砸,想要弄沉大船。爬上锚链的人越来越多,他们往船帆上扔火把和燃烧的木头,想要烧掉大船。土耳其舰队的司令毅然下达命令,让自己率领的舰队向那艘运粮船冲去,从侧面撞它,把它撞坏。这时,两

穆罕默德二世:拜占庭的沦陷　013

艘船已经像摔跤似的纠缠在一起。虽然刚开始时,因为有头盔的保护,位于高处甲板的热那亚水兵对那些攀登上来的敌人还能进行抵御,但是由于力量差距太大,这场较量持续不了多久,热那亚的船很快就会败下阵来。

这样的场面,对于城墙上的几千人来说是再恐怖不过的了。平日里,他们能够兴致勃勃地在古希腊战车竞技场上观看血腥搏斗,然而现在,这场海上较量却让他们内心产生了巨大的悲痛和恐惧,他们似乎已经看到了自己这一方的惨败,最多再有两个小时,敌人将在这大海的竞技场上将四艘大船全部击垮。救援队伍来了,但是没有起到一点作用!君士坦丁堡城墙上的希腊人眼巴巴地望着近在咫尺的弟兄们,却束手无策,无法帮助来援救自己的人,只能站在那里,绝望地握着拳头大喊大叫。有的人对着那些正在与敌作战的弟兄做出各种各样鼓励的动作,另外一些人则向着苍天举起双手,呼唤着基督和米迦勒大天使的名字,呼唤着他们教派里每一个生者和曾经保佑过拜占庭的僧侣们的名字,祈祷奇迹能够出现。

而此时站在对面加拉太岸边的土耳其人也怀着同样的感情,做着同样的祈祷和呼唤,期待自己这一方的胜利。将广阔的海面变成舞台,将海战变成斗士在舞台上的表演。苏丹在一群高级将领的簇拥下正策马奔来,他的马在海滩奔跑时激起的浪花,溅湿了上衣。他用双手合成话筒,凶暴地发号施令,让自己的士兵拼命拿下这些基督徒的船只。不料,自己的一艘三桅战船被击退撤回,看到此景,他不断地斥责自己的海军司令,他挥舞着弯刀,威胁道:"假如失利,你就不要活着回来。"

那四艘基督徒的船只还停在那里,但谁也不怀疑,战争即将结束,因为从那四艘战船上还击的石弹在减少。在和强于自己五十倍，在兵力上优势显著的敌人激战了几个小时之后，士兵们已经疲惫不堪。夕阳西下，天很快就要黑了。虽然这四艘大船还没有被土耳其人占领，但最多再经历一个多小时敌人的折磨。他们没有还手之力，水流冲击着大船，他们无可招架，慢慢向着加拉太后面由土耳其占领的岸边靠去。一切看似已成定局。

然而此时，又发生了一件出乎人们意料的事情。在那之前，拜占庭城上的人们有的绝望号叫，有的大发雷霆，有的唉声叹气，对于他们来说，接下来发生的事情简直就是奇迹。从远处吹来一阵微风，风越来越大，四艘大船上刚刚还垂头丧气的船帆顿时鼓得满满的。终于出现了，这期盼多时的风！一刹那，四艘大船重振精神，船头高高地扬了起来，然后突然启动，从敌人的四面包围中冲了出来，他们被拯救了，他们得到了自由！热烈的欢呼声从城墙上爆发出来，第一艘大船已经驶入了安全港口，然后是第二、三、四艘。用来封锁海面的铁索刚刚才放下，现在又重新拉起来了。敌人的船被拦在了外面，像猎犬一样的土耳其小船在他们身后的海面上朝四面分散开来，样子很是无奈。希望的欢呼声又回响在这原本绝望、悲伤的城市上空。

6.翻山越岭的战舰

整整一夜，困在城里的人都在狂欢、庆祝。突如其来的一丝希望让他们坠入了幸福的海洋，他们在其中徜徉，简直忘了自己是谁，仿佛迷醉了一般。爱国的人们坚信自己已经得到拯救，处境十分安全。而且，他们相信新的救援船每个星期都会到来，并且能够像这四艘船一样顺利抵达港口。欧洲并没有抛弃他们,心怀这种梦想和期盼,他们似乎看到自己已经摆脱了被包围的境地,敌人似乎已经丧失了力量和勇气,他们似乎感到自己已经取得了胜利。

然而,穆罕默德也是个心怀梦想的人,在此同时,他更加我行我素,想法层出不穷,他知道怎样去实现自己的梦想。当那四艘大船驶入了金角湾的港口,以为自己再安全不过的时候,穆罕默德的新计划诞生了。这是一项富于幻想和胆略的计划,在战争史上,能够同汉尼拔、拿破仑最有胆量的战略计划相媲美。他发现,给他的进攻带来最大障碍的是金角湾,这个海岬的形状像盲肠一样,深深地凹了进去,君士坦丁堡的一侧都被它防卫着。实际上,几乎谁都没有办法进入金角湾,因为其入口处的旁边是热那亚人的城市加拉太,这座城市曾经接受过穆罕默德给予中立地位的承诺,一条铁链将拜占庭和这里分隔开来。因此,他的舰队无法从正面直接向海湾进攻,只能绕道而行,通过热那亚人领土边缘的内部水域潜入,这样,就能够袭击那些基督徒的战舰。然而问题是,一支庞大的舰队该怎样进入海湾内部狭小的区域?这或许需要好几个月的时间,求胜欲望强烈的穆罕默德是无法等待这么长时间的。

对此,穆罕默德想出了一个绝妙的计划,让他的舰队越过岬角,从寸步难行的外海进入金角湾中的内港,也就是说,要把几百艘战舰从山峦起伏的岬角地带拖运过去。这个史无前例的大胆设想令人惊叹,简直无法实现,这样的计划从来都不会从拜占庭人和热那亚人的脑子里想出来,就像罗马人和奥地利人无法想象汉尼拔和拿破仑会以惊人的速度从阿尔卑斯山越过一样。谁都知道,船只能行驶在水中,而让一支舰队翻越高山,这是难以想象的。但是，精英的意志便体现在将不可能的事情变成可能，人们也会从中看到一个军事天才的出现。那种按照战争规则展开的战争常常是被这种天才嘲笑的，他们要打破旧观念，顺应形势，在特定的时刻发挥自己的特殊才能。有史以来最大规模的一次军事活动就这样开始了。

穆罕默德派人暗中运来很多圆木，木匠们把圆木制作成滑板，再把船从海面上拖上来，固定在这些滑板上，如同固定在活动船坞上那样。此时，几千名土方工也在不停地劳作，他们把那条途经佩拉山丘的狭窄山路的上下坡都尽可能修平，这样就可以方便运输了。为了把敌人的注意力转移开，让那些突然调集起来的大批工匠不至于引人注目，穆罕默德下令要求部队每天深夜都要向加拉太城以外的周边地区不停发射臼炮，实际上，发射臼炮本身并不重要，只不过是为了把敌人的注意力转移开，这样就可以掩饰山地和峡谷大规模的工事。当拜占庭人正手忙脚乱地把全部注意力集中在来自陆地的进攻时，山地上无数涂满了油脂的圆木滚动起来了。夜深了，这种奇特的搬运工作立刻开始，固定在滑板上的船前方有数不清的水牛拉拽，后边是水兵们在推，借助圆木滚动的力量，被一艘一艘地拖运过高山。人世间所有的伟大行动都是默默无闻地完成的，而人世间所有具有智慧的人总是能够把握机会，取得成功。这简直是奇迹中的奇迹，这样一支庞大的舰队竟然翻山越岭，最终到达金角湾的内港。

出奇制胜往往是所有伟大的军事行动取得胜利的关键。在这方面，穆罕默德无人可比的天赋发挥得淋漓尽致，而在事情发生前，没有人能够摸清他的想法。而穆罕默德自己也曾经这样说过："我的所有胡须中一旦有一根了解了我的想法，无论它多么微小，我都会将它连根拔除。"当臼炮对拜占庭城墙的攻击正热火朝天时，穆罕默德的计划在周密的部署下悄悄地实现了。直至4月22日夜晚，七十艘战船已经翻越山地和峡谷，穿过种满了葡萄的山丘、野地和森林，从外海进入了内港。

第二天早上，拜占庭的人们惊奇地发现，一支悬挂着三角旗子、满载水兵的敌人舰队犹如天降神兵一般，航行在他们心中觉得外船根本无法进入的海湾中央，他们以为这一切是梦境。但是，当他们发觉这一切都是现实，并且搞明白这样的奇迹是怎么发生的时候，在他们一直以为被海湾安全守卫的这面城墙下面，战争已经开始，呐喊声、欢呼声、战鼓声同时响起。此刻，除了狭窄的加拉太城以外，基督教徒舰队停泊着的金角湾已经全部属于穆罕默德和他的军队了，这全归功于他天才的构想。他的部队已经可以不受一点阻碍地从自己的浮桥上向拜占庭城墙的薄弱处进攻。这个薄弱的地方本来已经饱受摧残，而且兵力不足，可怜的防线因此显得更加不堪一击，一只铁制的大手已经紧紧地攥住了这个弱者的喉咙，拜占庭城正在逐渐虚弱下去。

7.拯救我们吧，欧洲

困在城里的人们不再欺骗、安慰自己了，他们明白了，就算他们能够守住这千疮百孔的一面墙，但如果等不来支援部队，这面脆弱的城墙是无法帮助八千人抵御十五万人的进攻，他们坚持不了多长时间。然而，威尼斯的执政官已经严肃地承诺派来战船，圣索菲亚大教堂如果变成了异教徒的清真寺，教皇肯定不会放手不管。拜占庭的人们顾虑重重，他们担心被内部纷争和猜疑弄得支离破碎的欧洲还没有意识到西方宗教面临的危险。但他们一直都自我安慰着：或许一支支援舰队已经整装待发了，只是他们没有意识到险恶的形势已经出现，还未决定出发罢了，然而当下的形势已经让他们领悟到，任何迟疑和等待带来的灾难都是无法挽救的。

然而，该怎样让威尼斯知道现在的情况呢？土耳其的船只占据着整个马尔马拉海面，如果整个舰队一起出航，毁灭性的危机必将降临，而且，现在的兵力只够在守卫城墙的战斗中每个人坚守自己的位置，如果调动出战，守城的兵力将减少好几百名。因此，他们派一艘仅容几人的小船去冒险。准备完成这项英雄壮举的男人一共有十二名，如果历史是公平的，那么他们应该和"阿耳戈"船上的英雄们获得同样的待遇，为人们尊敬，名字被反复提起，遗憾的是，他们的名字我们一个都不知道。为了不被人察觉，他们将一面敌人的三角旗挂在小船的旗杆上，十二名男人身穿土耳其人的衣服，有的戴着非斯帽，有的缠着穆斯林的头巾。5月3日午夜，用来封锁海面的铁链悄悄落下，这艘勇猛的小船趁着夜色小心翼翼地划了出去，尽量不让桨划出声音。瞧，这真是让人难以置信，这艘小船在没有引起任何注意的情况下，稳稳当当地穿过达达尼尔海峡，进入了爱琴海。非凡的勇气从来都会逃过敌人的眼睛。即便穆罕默德把事情考虑得十分周全，然而这样的事情却是他万万没有想到的：一艘仅仅载着十二人的单薄小船竟然能够从他的舰队中间穿过，实现了一次"阿耳戈"英雄们式的航行。

但是，拜占庭的勇士们立即遇到了最让他们绝望悲伤的事情：爱琴海上空荡荡的，看不到任何威尼斯帆船的影子，更别提舰队了。威尼斯的教皇已经把拜占庭抛在了脑后，他们置自己的信誉和承诺于不顾，只把目光集中在琐碎的教会政治上。在历史上，类似的悲剧性事件经常发生。当欧洲文明需要一切力量团结起来共同保卫的时候，国与国、诸侯与诸侯之间却往往难以将小小的纷争暂且放下。热那亚认为联合几个小国一起对抗共同的敌人远远没有孤立威尼斯重要，而威尼斯也是这样想的。十二名勇士坐在好像核桃壳一样的小船里，一个岛屿一个岛屿地划过去，心里充满了绝望，所到之处的港口都已经被敌人占领了，支援的船只没有一艘还有胆量在这片区域内航行。

现在该如何是好？十二名勇士中的几个已经丧失了信心，这是完全能够理解的。在他们看来，既然没有任何好消息可以带回去，再进行一次危险的航行，返回君士坦丁堡没有一点意义。那座城市没准已经沦陷了，他们回去将要面临的不是被俘就是死亡。然而他们毕竟还是勇敢的英雄，他们中的大部分人依旧满怀斗志，他们决定返航，回到拜占庭。既然已经接受了使命，就要竭尽全力完成。他们肩负的任务就是打探消息，而今，无论现实情况怎样，都要把消息带回去。因此，他们又鼓起勇气，乘着这一叶小舟重新穿越达达尼尔海峡、马尔马拉海以及敌人的舰队，向着拜占庭驶去。

5月23日，十二名勇士离开拜占庭已有二十天了，困在城里的人们早就以为他们已经遇难，放弃了他们带回消息或者归来的希望。就在这时，城墙上的几个哨兵挥动起小旗子，他们发现一艘小船正划着桨，以最快的速度向金角湾驶来。顿时，城中的人们欢呼起来，这让土耳其人警觉起来，直到此刻，他们才惊讶地发现这艘悬挂着土耳其国旗、肆无忌惮地在他们舰队之间穿行的双桅帆船竟然是敌人的船。见此情形，他们立刻派出无数条小艇，从各个方向包围过去，想趁着它还未进入安全港口时进行拦捕，但最终还是没能做到。拜占庭的人们把获救的希望全都寄托在了小船身上，以为欧洲并没有将他们遗忘，继上次那几艘先遣船之后，还会有大舰队前来救援。几千人激动的欢呼声混杂在一起，但这样的庆祝场面只维持了非常短的时间。晚上，小船带来的坏消息已经在城里传开了，拜占庭已经被基督教世界遗忘了。这些被困在城里的孤立无援的人们只能自救，否则，灾难眼看着就要降临到他们头上了。

8.决战前夕

近六周的连续战斗后，穆罕默德逐渐没有了耐心。城墙已经被他的大炮毁坏了很多处，但是直到这时，他指挥发动的所有进攻都被拜占庭人顽强地抵抗住了。现在，他作为统帅，面前只有两条路可走：放弃对围墙的进攻，或者在经过了一次又一次的小规模攻击后发动一次决定性的大规模总攻。穆罕默德把他的将领们召集起来，开了一场作战会议。所有的困难和顾虑在他强烈的意志面前都显得微不足道，会议最后决定，5月29日将展开总攻，这将是最大规模的，并且是最具有决定性意义的进攻。穆罕默德以其一贯坚定干练的态度开始着手准备。这简直是一场盛大的宗教典礼，从最高统帅到最普通的士兵，整个部队十五万人都必须按照要求完成伊斯兰教规定的包括白天三次礼拜的全部宗教仪式。用来增加炮兵攻击力的大批火药和石弹已经运到，为攻打拜占庭创造了良好的物资条件。为了总攻，整个部队已经分编成了几个分队。

从早到晚，穆罕默德忙得没有一分钟的休息时间，他骑着马，走遍了从黄金角到马尔马拉海的整个阵地，一个营帐一个营帐地探访，不停地给将士们加油打气。他是个能够洞察他人心理的人，知道如何有效地将十五万人的激情全部煽动起来。他许下了一个恐怖的承诺，并且在之后完全履行了这一承诺。这一承诺同时给他带来了荣耀和耻辱。负责宣读谕旨的差役把这一承诺带到了四面八方："穆罕默德以真主和教祖穆罕默德以及四千先知的名义发誓，以父亲穆拉德苏丹的灵魂、孩子们的脑袋以及自己的军刀保证，部队在攻陷拜占庭之后三天，可以任意掠夺城内所有的一切，包括家用器具、珠宝首饰、钱币、金银器皿、成人、小孩，掠夺到的一切都归获胜的将士们所有，而穆罕默德本人将放弃所有的一切，只要拥有攻下东罗马帝国最后壁垒这一荣耀。"

士兵们听到如此令人心动的消息，都欢呼雀跃起来。愉快的庆祝声好像风在吼叫，"真主——真主——"的祷告声仿佛波涛翻滚，这一阵一阵狂风暴雨般的声音向着被惊慌笼罩着的拜占庭城席卷而去。"抢啊！"这个词语成了战场上鼓舞士气的口号，和战鼓声、铜锣声、军号声响成一片。夜深了，军营里灯火辉煌，就如盛大的节日，困在城里的人们在城墙上看见灯光和火把遍布平原、山丘的每一个角落，好像夜空里密布的繁星。在胜利还未到来之前，敌人就开始敲锣打鼓地庆祝起来，这样的情景好像异教徒祭司在进行祭祀典礼开始前热闹而又残忍的仪式，让人毛骨悚然。然而，午夜时分一到，全部的灯火都按照穆罕默德的指令突然熄灭，刚刚还震天的喧闹声瞬间消失。毫无疑问，这种让人不寒而栗的寂静和黑暗是某种不祥的预兆，对于城里那些被一场场不确定事件搞得心神不宁的人们来说，眼前的情景比白天的喧闹狂欢更加可怕。

9. 在圣索菲亚教堂里做的最后一场弥撒

无须向任何人打探消息,也无须询问从敌营投奔而来的人,被困在城里的人已经完全清楚地了解自己所处的境地。他们明白,穆罕默德就要发起总攻了,他们面临的威胁是巨大的,城市上空弥漫着暴风雨前才会见到的乌云。就在这最后几个小时里,平日里因纠结宗教问题而支离破碎的居民们重新聚集在一起,人世间空前团结的场面总是在最危急的关头才会出现。为了信仰、历史以及共同的文化,这些需要所有人倾力保卫的一切,东罗马皇帝进行了一场令人振奋的宗教仪式。他命令全城居民聚到一起,无论是东正教徒还是天主教徒,无论是教士还是普通教徒,所有男女老少一起进行了一次绝无仅有的宗教游行。命令要求不许有任何人待在家里,当然,此时也没有人能够安心待在家里。

游行的队伍庄严地行进着,队伍中有最富的富人,也有最穷的穷人,不同身份的人们都以最虔诚的态度一齐高唱着"上帝保佑"的祷告歌曲。在穿过了整个城市之后,队伍又从外面的城墙经过。队伍的最前面,有人抬举着从教堂取出来的希腊正教的圣像以及圣人留下的遗物,似乎只有它们才能够抵御异教徒的侵略,人世间任何武器都无法与之相比。在这个时候,君士坦丁的皇帝也立即召集元老院的元老、贵族和军队指挥官,并对他们做了最后一次演讲,以鼓舞他们的士气与斗志。虽然他不能像穆罕默德那样向自己的军队许诺给他们无数的战利品,可是他跟他们讲清楚了,要是他们能够击退穆罕默德军队的这最后一次进攻的话,他们就能为整个西方世界和全体基督徒赢得荣誉;并且跟他们详尽地描绘了假若被穆罕默德那些杀人不眨眼的暴徒打败,他们将会面临怎样的危险处境。君士坦丁和穆罕默德他们两个人心里都很清楚:无论这一天的战况怎样,都将决定这个世界今后几百年的历史。

随后,这灭亡前的最后的一幕令人激动并且热烈,这也是欧洲历史上最为感人的一幕。被死亡阴影所笼罩的人们聚集在圣索菲亚大教堂里——这是自基督教东西两派建立起兄弟般关系以来,最为富丽堂皇的基督教主教堂。拜占庭宫廷里的所有人员、贵族、希腊教会与罗马教会的教士,以及全副武装的威尼斯水路士兵和热那亚士兵都聚集在皇帝的周围。这些人的身后是成千上万的毕恭毕敬又默默无闻跪在地上的普通基督教徒,他们神情恐惧,充满忧虑,低着头祈祷。教堂里的蜡烛好像在和由于低垂的拱顶形成的黑暗进行着费力的较量,它们照亮着如同一个人的躯体般跪倒在地上进行祈祷的人群。这些绝望的拜占庭人正在请求上帝的保护。这一刻,圣索菲亚教堂的大主教表情庄重并提高嗓音地领头祈祷,随后唱诗班跟着他合唱。整个大厅又一次奏响了西方世界神圣与永恒的教堂音乐。随后,他们排着队秩序井然地走到祭台前去领受虔诚为他们带来的安抚。在一阵连绵不绝萦绕在教堂拱顶的祈祷声中,君士坦丁走在队伍的最前头。最后一次的东罗马帝国的安魂弥撒开始了,这是在查士丁尼建造的这座基督徒主教堂举行的最后一次基督教仪式。

在如此激动人心的基督教仪式举行之后,君士坦丁皇帝也最后一次匆忙地赶回他的皇宫,他请他所有的臣子和奴仆原谅他平时对他们的不周之处。随后,他跨上他的战马,一如他那个不可一世的对手——穆罕默德一样,从城墙的这端跑到那端,去为他的士兵鼓气。那时夜色已深,世界安静得再也听不到武器撞击的声响和人的呐喊声。可在君士坦丁堡城内，几千人都怀着惴惴不安的心等待黎明的到来，那伴随着死亡而来的天明……

10. 被人遗忘的一扇城门——凯尔卡门

次日凌晨一点，穆罕默德给他的军队下达了总攻命令。他的帅旗在风中猎猎作响，数以万计的士兵拿着武器、云梯、绳子、铁爪篙，在异口同声的"真主！真主！"的呐喊声中冲向君士坦丁堡城墙。几乎在同一时刻，所有的军号都被吹响，所有的战鼓都被擂响。雷霆般的炮声、士兵的呐喊声与震耳欲聋的擂鼓声汇成一片，仿佛暴风骤雨的袭击。那些未经训练的赤裸半身的敢死队——在穆罕默德的作战计划中，这些人无疑是替死鬼，其主要的任务是在主力部队进攻前，去消耗敌方的体力和锐气——被毫不吝惜地率先送到城墙上去。这些被穆罕默德精锐部队驱赶的替死鬼在黑暗中拿着数以百计的云梯向前奔跑，攀上城垛、雉堞，被击退下来之后又接着冲上去，因为他们毫无退路可走，就这样接二连三地向上冲。这些一箭就能射透的人肉铠甲无力抵挡迎面而来的箭矢和石块，所以守在君士坦丁堡城上的人暂时还能处于优势，可他们真正要面临的危险是自身的疲惫——而这正是穆罕默德所要的。

守在君士坦丁堡城墙上的人身着厚重的甲胄，穿梭来往于各处，砍杀穆罕默德的敢死队，在这种被动的防御战中消耗了他们旺盛的精力。

在两个小时的消耗战中，天色渐亮，全身披着网状铠甲、纪律严明又训练有素、由安纳托利亚战士组成的第二梯队发起了冲锋，局势由此而变得越来越危险。与那些守在君士坦丁堡城墙上，又不得不四处奔走保卫缺口，疲于突围的人们相比，穆罕默德的军队在人数上占有绝对的优势，且在他们发动进攻前得到了充分的休息。可是，即使是这样，穆罕默德的军队所到之处还是被君士坦丁堡守卫的人们不断地打退，穆罕默德不得不派上自己最后预备的王牌部队，并亲自率领一万两千名土耳其近卫军。这些人都是身强力壮、出类拔萃的奥斯曼帝国的士兵，当时被欧洲看作最优秀的部队，他们齐声呐喊地朝着已经疲惫不堪的君士坦丁堡的守卫扑去。

此刻，真正千钧一发的紧要关头到了，君士坦丁堡城里所有教堂的大钟都被人们敲响，城内能够拿起武器战斗的人与在船上的水手全都来到了城墙上参战，因为君士坦丁堡的人民知道，决定自己命运的时刻已经到来。对于守卫君士坦丁堡城的人们来说，另一个不幸的消息是热那亚军队的司令官朱斯蒂亚尼被矢石击中，身受重伤，被抬到船上去了，他倒下去的这个消息曾一度动摇了他们的信心。在这个万分危急的时刻，东罗马皇帝亲自赶来作战使得守卫城墙的人们再一次振奋起精神，他们推倒了进攻者的云梯，让拜占庭又一次得到了喘息的机会。虽然危机暂时过去，疯狂的进攻暂时被击退，但一个悲剧性的意外事件，在那神秘的几分钟里的一秒，却彻底地改变了拜占庭的命运。这就如同在某些特定的时刻，历史令人难以预料地做出了自己的选择一样。

这真是一件让人无法想象的事情。几个土耳其人从主要进攻区域附近冲进了外层城墙上被炸开的缺口之一，但是他们还不敢轻易地冲向内墙。他们在两道城墙之间像无头苍蝇一样乱闯时，突然在内墙上发现了一个比较小的城门竟然是敞开的，这个城门被称为"凯尔卡门"。它本身只不过是个小门，在其他的大城门关闭的时刻，这扇小门成为人们进城的通道，因为它没有任何战略意义，所以在那晚激烈的奋战中，它自然而然地被人们遗忘了。

这时，这队奥斯曼帝国的士兵惊异地发现，在坚固难摧的防御工事中，这扇小门竟然就这么敞开着，没有一个人管，一开始，他们以为这是军事上的诱敌计谋，因为发生这样荒谬的事情实在是让人难以想象。按常理来说，防御工事的每一个缺口、小窗口、大门前，都会堆满了尸体，燃烧着的火把和长矛会密集地射来，而眼前的场景，却平静安详得如同星期天的早晨，这扇通向城内的凯尔卡门就这么敞开着。那几个土耳其人立即想办法通知增援部队，就这样，整整一支部队没有动用一枪一炮，顺利冲入内城，没有遭到任何抵抗。

这一切都躲过了城墙上人们的眼睛，他们没有料到攻击会从背后袭来。更加糟糕的是，当士兵们无意间发现防线后方出现土耳其人时，竟情不自禁地惊叫起来："我们被攻破了！"这样不确切的话语，在战场上是比任何枪炮都害人的。而今，在这样的喊叫声中，土耳其人也尽情欢呼起来："攻破了！攻破了！"就这样，所有的抵抗都被这喊叫声瓦解了。雇佣兵以为自己被出卖了，都迅速从阵地离开，想要赶快逃回港口去，以便回到自己的船上。君士坦丁带领着几个随从和敌人奋力抗争，但是大局已定，他最终战死了。拜占庭城一片混乱，没有人认出他的尸体，直到第二天，人们才从一大堆尸体中显露出的带有金鹰装饰的朱红色战靴上认出他，这也意味着，东罗马帝国最后的皇帝已经光荣地以罗马精神和他的帝国同归于尽。

就是那扇被遗忘的凯尔卡门，这样芝麻大的一次意外，决定了世界历史的发展方向。

11.十字架被拆除了

人类的历史有时候仿佛在做数字游戏，恰巧罗马在遭受汪达尔人的那场让人难以忘怀的洗劫后的一千年，另一次更大的劫掠在拜占庭开始了。素来说话算数的穆罕默德，在他的军队攻破君士坦丁堡城后对他的勇士们履行了他可怕的诺言。在进行第一次屠杀不久后，穆罕默德就任凭他的军队在君士坦丁堡城内进行疯狂的抢劫和杀戮，这些没有受到约束的奥斯曼帝国的士兵对君士坦丁堡城内的所有宫殿、教堂、寺院、房屋进行洗劫，君士坦丁堡城里的成年男女、孩童被这些仿佛来自地狱的成千上万的魔鬼在街巷里追逐；堆积着黄金器皿、珠宝的教堂首当其冲遭受了洗劫，他们每占领一间房间就在门口挂上自己的旗帜，其目的是告诉后来的同伴，这里的一切战利品已经全部有了自己的主人。

除了黄金、首饰、珠宝、布匹外，战利品还包括妇女、儿童、青壮年男人。那一刻，君士坦丁堡城里的所有女人都成了苏丹宫殿里的商品，而那些青壮年男人和儿童成为奴隶市场上的商品。一群群穷苦的在教堂里躲避战乱的人，被这些占领者用皮鞭驱赶出来。老年人因为体弱多病而被视为无用品当场杀掉，而那些年轻力壮者则被当成牲口般地捆绑起来一批批地拖走。在奥斯曼帝国的士兵肆意掠夺的同一时刻，他们还进行了最为野蛮罪恶的破坏活动。十字军残留下来的一些珍贵的艺术品和基督教圣人的遗物，在此次奥斯曼帝国士兵的可怕洗劫中被肆意捣毁；一些珍贵的油画，杰出的雕塑，能烧的全被烧毁，能砸碎的全都被砸碎；更可怕的是那些凝结着人类几千年智慧和思想的诗歌书籍被胜利者随意丢弃或烧毁，有很多从此消失了。人们也许永远不会知道，那扇因为疏忽敞开的凯尔卡门在那次命运攸关的时刻，为人类带来了多么大的灾难；在罗马、亚历山大里亚与拜占庭被奥斯曼帝国洗劫之时，整个人类的精神文明遭受了怎样的损失。

　　穆罕默德是在取得重大胜利，他的士兵对君士坦丁堡城进行大屠杀的那天下午，才进入这座被征服的城市的。他骑着装饰华丽的骏马，样子严肃庄重，连看都不看一眼地经过那些野蛮劫掠的现场，他遵守着自己对军队士兵的承诺，任凭那些协助他取得胜利的手下为所欲为，他不会去管，对他来说，那些已经不重要了，他已经得到了想要拥有的一切。此刻，他昂首阔步，骄傲地走向了拜占庭荣耀的中心——圣索菲亚大教堂。

　　五十天以来，他一直站在自己的营帐前仰望这座大教堂，心怀向往。那钟形的圆顶闪闪发亮，犹如圣庭一般，好像遥远得无法触及；而今，他终于可以作为胜者进入这座大教堂的铜质大门。然而，穆罕默德还是要把自己急躁的心情控制一下：他要先跪拜真主，感谢恩赐，并且将这座教堂永远献给真主。穆罕默德谦卑地从马上下来，跪在地上，向真主叩头、祷告、礼拜。然后，他将一小撮泥土撒在自己头顶，表示他明白自己只是一个凡人，终究会归于尘土，无法获得永生，因此也无须对自己取得的胜利过于炫耀。在表达了自己对真主的敬意之后，他才起身，以真主第一仆人的身份大步走进神圣智慧的教堂——查士丁尼大帝建造的圣索菲亚大教堂。

　　穆罕默德认真观察着这华丽的大教堂，心情万分激动。那高高隆起的穹顶,光亮的大理石和马赛克,弧形的拱门那么的精致,在黄昏太阳的余光中,一切都显得熠熠生辉。他立即意识到这座最为杰出的用来祷告的宫殿不应该属于他自己,而应该属于一直保佑他的真主。他马上派人叫来一个伊斯兰教的伊玛目,并让他登上布道坛来宣讲伊斯兰教祖穆罕默德的信条。紧接着,这位土耳其皇帝面朝麦加圣地,第一次在基督教堂里向伊斯兰教尊奉的世界唯一主宰——真主做了祷告。次日,这位土耳其皇帝向他的工匠们下达了拆除全部基督教标志的命令。那一直高高耸立在圣索菲亚教堂顶尖、伸开双臂包容一切苦难的十字架轰然瘫倒在地上,基督教的圣坛被硬生生地拆除了,那些装饰着教堂的马赛克都被涂上了厚厚一层雪白的石灰。

教堂里回响着石头轰然落地的声音,一直到很远的地方都能听见,整个西方世界都被十字架倒下的声音震惊了。罗马、热那亚、威尼斯都在回响着这恐怖的声音,而法国和德国也将要领略这警钟一般的轰鸣。

整个欧洲惊恐万分,他们终于发现,这一场无法逃脱的劫数已经在他们的疏忽之下,从那扇被遗忘的、可怜的凯尔卡门闯了进来,这能够将欧洲的势力遏制几百年的可怕劫数就这样摆在了眼前。人类的历史和一个人的一生是一样的,一失足成千古恨,一个小时的耽搁,就能够造成千年难赎的损失。

巴尔沃亚：
不朽的逃亡者

"太平洋是谁最先发现的？"虽然这个问题是欧洲人站在欧洲这块陆地上提出的，但在公元前若干世纪之前，古中国人远航到日本岛时，他们就已经领略了太平洋的浩渺，甚至从印度半岛移民来的波利尼西亚人和美洲西部的印第安人也很早就认识了这个大洋。葡萄牙航海家麦哲伦在1520年11月28日那天，绕过以他的名字命名的海峡后，看到了一片寂静、水天一色的大洋，于是他就把他看到的这个大洋命名为太平洋，可麦哲伦并不是第一个发现太平洋的人，一位逃亡者先于他目睹了这片海洋……

巴尔沃亚

1475—1519

西班牙殖民探险者

明星闪耀时

1500 年 前往加勒比海西南海岸进行殖民探险航行。之后居住在殖民者奥赫达在哥伦比亚境内所建的殖民地。

1510 年 被西班牙国王任命为达连临时行政长官。

1513 年 率领千人探险队,开始著名的穿过巴拿马地峡的远征,探寻未曾示人的大海和黄金之国。9 月 25 日登上地峡西部高原的顶峰,望见了太平洋。

1. 整装待发的船

当哥伦布发现新大陆后第一次返航归来，在塞维利亚和巴塞罗那人们摩肩接踵的街道上，凯旋的队伍为路人展示多得数不清的奇特珍宝和那神秘的红种人，还有能学人话的彩色鹦鹉、傻乎乎的貘，这些都是人们闻所未闻的，还有包括玉米、烟草、椰子在内的奇特谷类和植物，不久后，这些都在欧洲传播开来。围观群众为这些奇异的东西欢呼雀跃，然而两位国王和他们的谋臣只看上了那几个小篮子和小箱子，他们知道，那里面装的都是黄金。

哥伦布从新印度带回的黄金非常少，只是一些零碎的装饰物、小金锭和可数的几颗小金粒，都是从一些土著那里换来或者抢来的。这些只能算是黄金末末，加在一起最多也就能够铸造几百枚威尼斯古金币。可是，哥伦布这个天才的幻想家对自己坚信的事情是非常固执的，就像他一直被认为享有开辟通向印度海路的荣耀一样，他一次又一次非常认真而又亢奋地自夸说，这次带回来的仅仅是一点儿样品，他们已经得到了很可靠的消息，那些新发现的大陆上有数不清的金矿，它们有的就在薄薄的底层下面，有的甚至裸露在地表之上，普通铁铲轻轻拨拉几下就能挖出来。到了那些更靠南的地方，那里是黄金国，国王用黄金做的杯子喝水；在那里，西班牙的铅都比黄金值钱。

这一番关于黄金国的描述把这位始终眼馋黄金的国王深深打动了，他一点儿都不怀疑哥伦布许下的所有承诺，况且，那个时候，谁都不知道哥伦布先生是个爱说大话的人。于是，一支再次进行远航的庞大船队整装待发了。此时，已无须四处招募雇佣船员，整个西班牙已经痴狂于黄金国的传说——那个新发现的、用手指就能挖到黄金的地方。数以千计的人们蜂拥而来，争先恐后地想要得到远航去黄金国的资格。

这简直就是一股肮脏之极的人流！这些所有从城镇、村庄涌来的，全部是被贪婪欲望污染了的污流，无论是那些渴望将黄金镀到自己家族纹盾上的名门望族，还是富有胆略的冒险家们，就连整个西班牙的痞子和人渣都闻讯涌进了巴罗斯和加的斯。善于拦路抢劫、烙着金印的盗贼们，还有那些下贱的小偷，都期盼着能够得到这美妙的活计，到黄金国去，收获丰厚的报酬。而那些为了摆脱整日喋喋不休的妻子的丈夫，为了躲避债主的逃债人，以及所有贫穷绝望的人，乃至犯下滔天大罪的通缉犯，都从四面八方来到这里，要求加入这支远航的船队。

他们只不过是一群乌合之众，他们攒足力气要到那个遥远的国度去大干一场，成为暴发户！什么伤天害理的罪行他们都做得出来。而哥伦布散播开的狂妄的言论更让他们心里痒痒得很，他们坚信，只要手里有一把铁锹，就能够在黄金国挖出数不尽的闪闪发光的黄金。在这些移民者中，有些是富人，他们甚至带着用人和牲口，以备迅速运输黄金。那些被远航船队抛弃的人只好想别的办法：胆子大的干脆自己备船，根本不管是否受到朝廷的准许。他们心里只有黄金国，只有金子、金子、金子！就这样，全西班牙不安分的、有危害的人都在一瞬间得到解放。

这些不速之客蜂拥至伊斯帕尼奥拉岛，这个岛的总督惊恐万状，眼巴巴地看着，没有一点儿办法。每一年把新货物运来的海船，也把这些无法管束的人们一批一批地运来了，然而，痛苦和绝望也降临到新移民们的头上，因为这里的街道并不像他们听说的那样，走到哪里都可以见到黄金。这群金发猛兽已经把当地可怜的土著抢劫得干干净净，从他们身上已经捞不到半粒黄金了。于是，这群人渣开始到处游荡，什么事情都不做，只是抢劫作乱，印第安人每天都过着惊慌失措的日子，这也让总督苦恼不堪。他竭尽全力打发这群人去开垦新地，把土地和牲畜分给他们，还把印第安人当作"会说话的牲畜"慷慨地每人60到70名地分给他们当奴隶。对于经营农庄，这些人，无论出身名门贵族还是曾经的强盗罪犯都没有一点儿兴趣。他们漂洋过海、万里迢迢来到这里，不是来种植小麦、养殖家畜的，所以没有一个人理会庄稼和牛羊，光顾着压榨倒霉的印第安人，在这样的情况下，当地居民短短几年间就被他们全部灭亡了。他们当中有的人只在赌窟里消耗生命。没多久，这群人中的大部分就都负债累累，他们只好卖掉自己的财物、衣服，直到最后一件背心，最终被商人和高利贷者揪住尾巴。

1510年，伊斯帕尼奥拉岛上所有来寻金的人早已落魄不堪，而此时，他们得到了一个振奋人心的消息：马丁·费尔南德斯·德·恩西索"学士"——这座岛上最受尊敬的法学家——已经准备好一艘船，打算带领一批人马去对自己在大陆上的那片殖民地进行援助。此前一年，斐迪南国王将在巴拿马地峡附近及委内瑞拉沿海建立殖民地的特权赐给阿隆索·德·奥赫达和迭戈·德·尼古萨两位著名的探险家，他们俩在仓促间用"黄金的卡斯蒂利亚"为这块土地命名。而这个名称竟然吸引了不明事理的恩西索"学士"，那些不切实际的大话把他哄得晕头转向，竟然在这片土地上押上了自己的全部财产。然而，这片在乌拉巴海湾建立的圣塞瓦斯蒂安的新殖民地在没让他得到一粒黄金的情况下，传来了紧急的求救声。那些殖民者中的大半都在争斗中被当地的土著人杀死了，其他的则饿死了。为了挽回已经投进去的财产，恩西索毫不犹豫地拿出所剩的积蓄，要打造一支远征支援队。

伊斯帕尼奥拉岛上那群萎靡不振的人们，当听说恩西索需要人手时，立刻来了精神，都打算趁机赶快离开这个鬼地方，摆脱债务和总督的监视。但是当债主们一发觉这些欠他们钱的家伙都想逃跑时，便采取了防范措施，他们一次次请求总督下令，在得到他的允许之前，谁都不能擅自离开这个岛。总督同意了他们的请求，并且进行了严格的监察，要求恩西索的船只能在港口外停泊，与此同时，派出政府的小船进行巡逻，防止有人在未经许可的情况下偷偷上船。那些虽然不怕死，但是却怕老老实实地工作或者负债累累的人已经无路可走了，他们只好万分无奈地目送恩西索的船起锚扬帆，越走越远，开始他们的冒险事业。

2. 在木箱子里躲起来的人

恩西索的船高高扬着帆，从伊斯帕尼奥拉岛起航，静静地驶向美洲大陆。岛屿一点一点地在地平线消失。这次航行是以平静开始的，没有一点儿异常的端倪，直到一只壮实有力的狼狗出现，那是著名狼狗贝塞里科（小牛）的崽子莱昂西科（小狮），它自己也因为取了这样的名字而出名。人们发现它时，它正在甲板上不安地跑来跑去，用鼻子到处闻着，谁都不知道这只狗的主人是谁，也不知道它是怎么跑到船上来的。让人更加吃惊的是，这只狗最后竟然在一只食品箱前停住不动了，那是最后才搬上船的一只巨大的箱子。

上帝啊，快看，那只木箱竟然莫名其妙地自己开了，一个大约三十五岁的男人从里面钻了出来，他身上全副武装，头戴盔甲，腰佩长剑，手握盾牌，简直是卡斯蒂利亚的保护神圣地亚哥。他就是巴斯科·努涅斯·德·巴尔沃亚，他要将自己的胆略和机敏用这种方式展现出来。他出身于赫雷斯·德·洛斯·卡瓦雷洛斯的一个贵族家庭，曾经是一个普通士兵，跟着罗德里戈·德·巴斯蒂达斯远航至这个新世界，经历好几次迷航，最终登上了伊斯帕尼奥拉岛。

岛上的总督曾经看中了巴尔沃亚，想把他培养成出色的殖民地开发者，可是没有做到。没过几个月，他就丢弃了总督分配给他管理的土地，直到彻底破产。然后，他的日子就是想尽办法摆脱那些债主。然而，就在那些负债人握紧拳头眼睁睁地盯着那些阻碍他们逃窜到恩西索船上去的政府小船却无可奈何时，巴尔沃亚却在一只空的大食品木箱里躲了起来，被奴隶们抬到了船上，成功地从总督设置的防线蒙混过关。而当时船上的人正一片混乱，忙着起航，没有一个人发现这暗中的举动。直到船已经看不见海岸，再没有办法因为他一个人而返回时，这个偷渡的人才跳出来，而现在，大家都看到他了。

一般来说，法学家都是缺乏浪漫情怀的，学法律出身的恩西索也不例外。现在，他的身份是新殖民地的行政长官和警察总督，他可不愿意他的领地上出现白吃饭或者不明来由的可疑人员，所以，他丝毫不留情面地对巴尔沃亚说，他不打算把他带到目的地，他将在途经下一个岛屿时把他赶下去，无论那岛上是不是有人烟。

但是事情最终没有发展到那步。因为在中途，这艘船和另一艘满载着人的小船相遇了,这真是太神奇了,因为在茫茫的大海上,当时一共只有几十条船在行驶。这艘小船的船长名叫弗朗西斯科·皮萨罗,不久,他的名字将被世人所知。小船上载着的刚好都是来自恩西索的殖民地圣塞瓦斯蒂安的人,一开始,恩西索以为他们是一帮擅离岗位的叛乱分子,但接下来的事情让恩西索惊慌失措:所谓的圣塞瓦斯蒂安已经消失了,这片昔日的殖民地上最后一批人就是他们了,司令官奥赫达驾驶着一艘小船私自溜走了,留给剩下的人的只有两艘双桅小帆船,为了能够让每人获得一个位置,他们只好等到死亡人数达到七十人后才起航。其中一艘船在路上出了事故,皮萨罗率领的这三十四个幸存者,成为"黄金的卡斯蒂利亚"最后一批人。

事到如今,他们该何去何从?恩西索的人没有一个愿意回到那个只有恐怖的沼泽气候,还被土著人的毒箭威胁着的偏僻殖民区。他们想了又想,现在,唯一的办法就是回到伊斯帕尼奥拉岛去。而就在此刻,巴尔沃亚突然走出来说,他跟随罗德里戈·德·巴斯蒂达斯第一次航行时,就掌握了中美洲各沿海地区的基本情况,他记得曾经到过一个名叫达连的地方,那里有条含金河流,当地的土著人非常友好,他们应该到那里去开辟新世界,而不要回到那个讨厌的鬼地方。

船上的全体人员都热烈响应巴尔沃亚的建议,于是,船改变航线,向着巴拿马地峡的达连驶去。到达达连后,他们做的第一件事就是大肆屠杀当地土著,然后,因为他们发现掠夺来的财物中有金子,于是,便决定定居在这个地方。之后,他们又怀着虔诚的感恩之情,用"达连古老的圣玛利亚"命名这座他们将要建设起来的新城市。

3. 可怕的升迁

没多久，新移民区的投资人，倒霉的恩西索"学士"就万分后悔了——他应该早在海上时就把巴尔沃亚和他藏身的木箱一起扔进海里。因为几周过去之后，这个充满野心的家伙便已经将所有的权力篡夺走了。法学家恩西索从小受纪律和秩序观念影响，一开始他曾经努力去做一个行政长官，以未就任的总督的身份管理他的殖民地，以便于西班牙朝廷更好地进行统治。他在印第安人简陋的茅屋里，端坐桌前，字迹工整而又严密地签发出一封封法令，就像他以前坐在自己在塞维利亚的法律办公室里一样。因为只有朝廷才有收购黄金的权力，所以，在这片没有人烟的荒野上，他严格禁止士兵掠夺土著人的黄金。他想尽办法用法律和秩序约束这些亡命徒，但收效甚微，一个文弱书生根本不会被那群天生的探险家放在眼里，只有刀剑才是他们的信仰。就这样，没过多久，巴尔沃亚就当上了这块新殖民地上实际的主人。

恩西索为求保住生命，只好从这个地方逃离。而尼古萨——国王派往这片新大陆的总督之一——来到这里时，巴尔沃亚根本就不让他的船靠岸。国王封给他的土地，他连碰都没碰到，就被那伙人赶走了，在回国途中，这个倒霉的人又遇到风浪，淹死了。

现在，这个从木箱里出来的巴尔沃亚成了这片殖民地的主人。但是愉快和满足并没有伴随着他的成功而到来。他背叛了国王，还使得国王派来的总督命丧大海，国王是不会饶恕他的。他心里非常明白，逃跑的恩西索现在正前往西班牙，怀里揣着控告信，法庭迟早要以叛乱的罪名审判他。好在西班牙离这里远得很，一艘船来回横渡大洋的时间对他来说还是绰绰有余的，他必须以过人的胆略，充分利用时间——这是他唯一拥有的，才能尽可能长久地将自己篡夺来的权力保住。他明白，在这段时间里，只要他找得到能够为自己违法行为辩护的充分理由，同时，为国家献上大量的黄金，那么，这场官司就有可能推迟或者免除。黄金代表着权力，眼前最重要的事情就是把黄金弄到手。于是，他联合弗朗西斯科·皮萨罗对周围的土著人进行了大规模残忍的掠夺，而他竟然在这残酷的屠杀中，交到了一次决定性的好运。

一天，他突然居心不轨地来到一个名为卡雷塔的印第安酋长家里为非作歹。酋长自知难免一死，便向他提出建议：为什么要把印第安人当作敌人，而不愿和他们的部落结成联盟呢？而且，为了表达自己的忠实，他把自己的女儿当作信物交给了巴尔沃亚。巴尔沃亚是个聪明人，他立即明白，结交一个可靠而又有权力的土著人对他是非常有利的，于是他毫不犹豫地接受了卡雷塔的建议。更让人难以想象的是，一直到死，他都对那个印第安姑娘满怀深情。于是，他联合卡雷塔酋长，将周围全部印第安人都征服了，在众人面前为自己树立了高权威的形象。最后，就连当地最有权势的柯巴格莱也把他当作贵客，恭恭敬敬地请到家中。

巴尔沃亚的一生，因为这次拜访而出现了具有世界历史意义性的转折，在那之前，巴尔沃亚最多只能算是个亡命徒和背叛朝廷的叛乱分子，绞绳和砍刀都在等着他呢。

柯巴格莱酋长在一间宽敞的石头屋子里接待了巴尔沃亚，屋子里四处堆满了金银财宝，巴尔沃亚惊讶得睁圆了眼睛，还没等他开口，柯巴格莱就把四千盎司黄金慷慨地送给他。然而接下来发生了让酋长瞠目结舌的事情，他毕恭毕敬接待的这些如同来自天边的贵客，前一秒还是一副尊贵、高傲、威严的样子，可是黄金摆到他们眼前的那一瞬间，他们立即变成了野兽。他们拔出刀剑，紧握着拳头，大声嚷嚷起来，互相谩骂，每个人都想多抢到哪怕一点儿碎渣滓。眼看着这狂乱的争吵，酋长面露困惑的神情。这就是文明人的举动，在天涯海角生活的自然之子无论如何都无法理解：那小小一粒黄金，在他们眼里，怎么会有比他们从文明上取得的一切物质和精神还要高的价值。

酋长最终走上前来说了几句话。当翻译员为这群西班牙人翻译完这几句话后，他们的脸上流露出让人感到畏惧的贪婪。柯巴格莱说，这些无用之物不值得你们为之争吵，如果为这些普通的金属互相残杀，还惹那么多麻烦，实在难以理解。在这些高山后面是一片大海，很多河流汇聚到此，它们都含有黄金。那里居住的民族乘坐的船和你们一样有帆和桨，他们国王的饮食都用黄金制作的器皿，你们如果想要得到黄金，可以到那里去找，无论多少都可以满足。到达那里虽然用不了几天，但是路途险恶，因为那里的酋长们不会轻易让你们通过。听了此番话，巴尔沃亚欣喜若狂，他梦寐以求的黄金国，原来不是传说。先驱们曾跋山涉水，四处寻找它，而现在，如果酋长说的是真实的，那么，他就在离黄金国仅仅几天路程的地方。而这也证实了另一个大洋的存在！包括哥伦布、卡博特在内的无数著名的伟大航海家都曾苦苦寻觅通向这个大洋的道路，但是没有一个人成功。找到这个大洋，就意味着找到环绕地球的那条航线！作为第一个亲眼看见新大洋，并且为自己的祖国去占领它的人，他的名字将万古流传！

巴尔沃亚意识到，他必须去完成这项事业，因为这可以让他赎清自己全部的罪过，成为横跨巴拿马地峡、到达这片通向印度的南海的第一人，为西班牙朝廷征服黄金国，赢得流芳百世的荣耀。

巴尔沃亚在柯巴格莱酋长的石屋的这一刻改变了命运。从此,这个四处碰运气找机会的冒险家,有了超越时间的崇高意义的生活。

4.在不朽的事业里寻求保护

能够在生命的中途,也就是年轻力壮的时候找到自己能够肩负的使命,这真的是人生最美好的事情。巴尔沃亚心里清楚得很,摆在他眼前的是一场赌博:或者惨死在断头台上,或者流芳百世。一开始,他要使用贿赂,以此博得朝廷的宽恕:承认他篡夺权力的卑鄙行为是合法有效的!就这样,这个昨日还是叛乱者的人,现在却成了最谦恭坦诚的臣仆,他不仅将柯巴格莱酋长赠送的黄金的20%送给了伊斯帕尼奥拉岛的王室财务总管帕萨蒙特——其实法律规定这20%应该归属于王室,而且除了向朝廷正式进贡外,他还将一大笔黄金私下送给了财务大臣,请财务大臣将他确认为这块殖民地的司令官——相对于古板的法学家恩西索,巴尔沃亚更加善于耍手腕,是个圆滑的人。虽然帕萨蒙特并没有权力成全他,但是为了对他赠送的那笔黄金表示答谢,他寄给巴尔沃亚一份并没有什么实际价值的临时文书。

与此同时,巴尔沃亚也从其他方面寻求保障,他派了两名最信任的部下前往西班牙,直接将他为王室建立的功业上奏朝廷,并且报告了他从酋长那里获得的宝贵信息。巴尔沃亚向塞维利亚请求一千兵力的支援,他保证将为卡斯蒂利亚创造至今为止任何一个西班牙人都无法创造的伟大奇迹。他将肩负使命,找到那片新的海洋，占领那个终于得知方位的黄金国。那是哥伦布曾经承诺却最终没能找到的黄金国，而现在，他——巴尔沃亚要将它征服。

眼下的形势看似有了转机，好运似乎已经偏向于这个原本居于劣势的叛乱者和亡命徒。可是，下一艘从西班牙驶来的船却带来了坏消息。为他卖命的那个他信任的部下返回并且告诉巴尔沃亚，现在的局势对他没有一点儿好处，他有可能连性命都保不住了。这个篡权夺位的强盗已经被那个上当了的"学士"告上了法庭，要求巴尔沃亚赔偿他的损失。然而那个有可能挽救他的有关附近南海的消息却还没有抵达西班牙。不管怎样，法庭人员肯定会跟随下一艘船来到这里，巴尔沃亚的叛乱行为将被清算，如果不是当场处决，就是要被戴上枷锁回到西班牙去处理。

巴尔沃亚清楚地知道自己已经输了。在他那关于附近南海和黄金海岸的情报被人们得知之前，他就要被判决了。显而易见的是，在他人头落地的时候，另一个人会获得他的权力，取代他去完成他渴望的事业，而西班牙已经不会给他带来任何希望。谁都知道，因为他，国王任命的合法总督才会丧命，是他自作主张把那个行政长官赶走的，如果他如此为非作歹得到的惩罚仅仅是坐牢，而不是被砍头，那简直太幸运了，因为他已经没有任何权力了；他现在唯一能指望的只有黄金，而这个最佳辩护者的声音微弱得无法保证他能够得到宽恕。如今，只有去做一件更大胆的事情才可以救他免受因为恶劣的冒险行为而招来的惩罚。如果在法庭人员的船靠岸前，在枷锁套到他脖子上之前，他能够找到那片海洋和黄金国，那么，他就有可能得到拯救。对他来说，这个文明世界的尽头，如果能有逃脱的方法，也仅此而已了，他要逃到显赫的行动中，到不朽的事业里去寻求保护。

5.载入史册的刹那

他们是以考伊巴地区为起点横跨巴拿马地峡的,卡雷塔酋长——他的女儿已是巴尔沃亚的妻子——是那里的小国王,但就像后来证实的那样,这个地区并不是巴拿马地峡最狭窄的地方,因为对此不了解,他绕了远路,多走了很多险路,然而,对他来讲,一个人孤零零地冒险到一个未知领域时,一个能给他提供补给或者掩护他撤退的友好的印第安人是十分重要的。现在,一百九十名装配着剑、矛、弓箭、火枪的士兵和一群凶猛强壮的狼狗一起,乘着十条大独木船从达连离开,从海路到达考伊巴,那个结盟的酋长把自己部落的印第安人向导派来,还带来很多用来运货的牲口。

9月6日,他们起航横穿地峡,开始了这荣耀旅程。对于这群经验丰富、勇敢坚强的冒险家来讲,穿越这个地峡依旧是对他们意志力的考验。赤道的气候灼热难耐,让人疲惫虚脱、窒息,而这些西班牙人必须忍耐着穿过低洼地。即使是在几百年后,修建巴拿马运河工程时,也有几千人被这里的沼泽泥潭和肆虐的疟疾夺去了生命。这是一条人迹罕至的路,满是有毒的藤萝丛林,从进入它开始,就需要用刀斧和利剑披荆斩棘,就像从一座广阔的绿色矿井穿过去。灌木丛中,开路者走在最前面,开辟出一条狭窄的道路,接着,西班牙军队排着长得看不到尽头的队伍,一个一个地穿过这条窄路。他们手中始终握着武器,他们每一秒钟都保持着清醒和高度警惕,防止土著人的突然袭击。巨大的树冠散发着潮气,如同穹顶笼罩在头上,树冠下方闷热至极,四处都是阴暗的,雾气沉沉地蔓延着,树冠上方则是炎炎烈日,干燥的酷热把人烤得口干舌燥，汗水直流。这支队伍背着沉重的装备、拖着疲惫的步子，一里一里艰难地前行；而转瞬间，暴雨又会从天而降，小溪的水位突然涨高，涓涓细流变成了湍湍急流，他们必须蹚着水走过去，如果不想这样，就只能爬那座印第安人搭起来的、摇摇晃晃的树索桥。

这些西班牙人只带了少量的玉米当干粮，他们很快就饥渴疲惫得难以忍受，成群的吸血昆虫萦绕在他们身边，他们的衣服和脚都被尖刺划破了，眼睛里满是血丝，嗡嗡乱叫的蚊子把他们的脸叮得肿了起来。一星期的艰苦行军后，他们中的大多数已经支撑不下去了。但是真正的危险还在后面等着他们，巴尔沃亚很清楚这一点。所以，要完成这决定性的冒险，他宁可只带领那些精挑细选的人，而留下全部害热病和无法继续行军的人。

地势终于开始上升了，那些只能在低洼的沼泽地茂盛生长的热带丛林逐渐稀少了。因此，再也没有树荫为他们遮挡如火的烈日，赤道晃眼的阳光照向他们，把他们的行李炙烤得仿佛着了火一般滚烫。这群人已经极度疲惫，他们迈着很小的步伐，在通往高山顶的斜坡上缓缓攀登。山岭延绵不绝，好像一道石头脊梁，将两个大洋之间的狭长带隔离开。视野渐渐开阔起来，空气也逐渐清新起来。这样看来，经历十八天艰苦的跋涉之后，他们已经克服了最大的困难。他们的眼前就这样高高耸立着一条山脊。根据几个印第安向导所说，从那座山峰上可以眺望到大西洋和另一个那时还不为人所知的太平洋。

然而，正当大自然的顽强抵抗就要在他们的努力下崩溃时，又出现了一个新的敌人。当地一个印第安部落酋长率领几百名战士试图阻拦他们。巴尔沃亚和印第安人作战的经验很丰富，他知道，只需要发射一排火炮就可以胜利。那些人造的电闪雷鸣足以让土著人失魂落魄，西班牙狼狗则会将那些喊叫着的惊慌的土著人追得落荒而逃。然而这次，那种轻易就能够取得的胜利无法让巴尔沃亚感到满足，他要学所有西班牙侵略者的样子，以最惨绝人寰的方式进行杀戮，他要让自己臭名远扬：他把一批俘虏绑住手脚，让他们失去自卫能力，然后放出一群饥饿的狼狗来撕裂、吞噬他们的身体，这样的乐趣比斗牛或者击剑刺激得多。就是这样的屠杀行为，让第二天就能够流芳百世的巴尔沃亚，毁掉了自己的名声。

在这些西班牙占领者的性格以及所作所为中，确实有一种奇怪的让人琢磨不透的现象存在。他们一方面以一种只有基督徒才拥有的狂热和虔诚信仰着上帝，而另一方面又借着上帝的名义做出历史上最卑鄙无耻而又残忍的行径。他们确实能够凭借自己的坚强勇敢获得最伟大的胜利，然而同时他们又以最卑劣的方式互相欺骗，却以此为荣耀，为自己肩负的历史使命感到骄傲和自豪。

巴尔沃亚就是这样的人。在他让狼狗把那些可怜的俘虏活活吃掉的那个夜晚，也许他还得意扬扬地抚摩过还沾着新鲜人血的狼狗的嘴唇，而与此同时，他又清楚地明白自己的所作所为在人类史上代表的意义，并且设计出一种姿态，能够让自己万古扬名。9月25日，他清醒地意识到，这将是世界史上十分有意义的一天，所以，他决定用一种会让世人赞叹的西班牙人所独有的方式来证实自己是怎样肩负历史的重任。

巴尔沃亚那无与伦比的姿态是这样的：那个夜晚，经过了血腥的杀戮后，他听到一个土著人手指着不远处的一座山说，那不为人知的南海，在那座高山顶上就可以望见。于是巴尔沃亚毫不犹豫地决定让伤员和太过疲劳的一百二十三人留在这个刚刚被洗劫一空的村落，其他还能行军的六十七人去攀登那座高山。快到上午十点的时候，他们已经离山顶不远了，想要眺望一望无际的海和天，只需要再登上一个光秃秃的小山包。

就在这时，巴尔沃亚对全体人员下达命令：所有人原地停止，不要再跟着他。他要独自第一眼望到这个未知的海洋，他要一个人前进，成为横渡世界最大的海洋——大西洋后，第一个见到另一个未知的大洋——太平洋的西班牙人、欧洲人、基督徒，并且因此被载入史册！这伟大的时刻就要到了，他全身的热血都沸腾起来，心激动地跳着，左手举着旗帜，右手握着长剑，向着山顶缓缓地攀登上去。四周都是群山的阴影，空旷而寂静。他攀登着，神色从容，一点儿都不急躁，因为胜利就在眼前，只差几步的距离，而且，需要走的路程越来越短，越来越短。

他终于站到了顶峰，美妙绝伦的景色映入眼帘。山的斜坡后面，是一片郁郁葱葱的山坡，紧接着，是一片闪着波光的无垠大海，辽阔得让人眩晕。这就是那未知的新大洋，在那以前，它只出现在人们的梦境中，从来都没有人真正见到过。几年来，这冲击着美洲、印度和中国的传说中的大洋被哥伦布和他之后所有的冒险家们四处寻找，但它隐蔽得那么深，没有人成功过。而现在，这片大洋就摆在巴尔沃亚的眼前。他望着大海和天空的交界处，内心满是骄傲和幸福，他被这样一种意念陶醉了：他的双眼是第一双映入无垠的蓝色大海的欧洲人的双眼！

巴尔沃亚久久遥望着远方，心醉神迷，等他享受够了，才把他的同伴叫上来一起分享。这些人兴奋地喊叫着，奋力攀登着，粗重的喘气声夹杂着激动。他们登上顶峰，尽情地眺望着大海，目光充满了热情，他们赞叹着，指点着。随行的神父安德烈斯·德·巴拉突然唱起了感恩诗，喧闹和叫喊声一瞬间消失了，全体士兵、冒险家和匪徒们都粗着嗓子不约而同地唱了起来。印第安人惊呆地看着这一切：按照神父的指示，他们折下树枝，做成十字架竖立起来，用花体字在上面刻下了西班牙国王的名字，那十字架延伸向两边的横木，似乎能把大西洋和太平洋两个相距遥远的大洋一边抓住一个似的。

巴尔沃亚从一片肃穆和沉寂中站了出来，对自己的士兵发表了一次演讲。他说，他们要感谢上帝，是上帝将这荣耀赐予给他们，他们还要祈求上帝，保佑他们继续顺利地占领这片海洋和这里的全部土地；并且发誓，如果他们可以忠诚地跟随着他，就像以前那样，那么，当他们回去的时候，将会成为整个西班牙最富有的人。说罢，他庄重地迎风举起旗帜，向各个方向挥舞着，以表明只要有风吹过的地方，就会有西班牙人去占领。接着，为了永远记录这一刻，他指示文书安德烈斯·德·巴尔德拉瓦诺起草了一份文件。巴尔德拉瓦诺在穿越原始森林的时候，就一直随身携带藏在密封木匣里的羊皮纸、墨水盒和羽毛笔，现在，他把那张羊皮纸摊开，要求所有"具有高尚品德和正派作风""在国王陛下的总督、出色而受尊敬的巴尔沃亚队长带领下有幸目睹南海"的贵族、骑士和士兵们在文件上签字证明："巴斯科·努涅斯·德·巴尔沃亚先生是第一位目睹这大洋的人，在他的指引下，后来者才得以见到这大洋。"

然后，这六十七人才从山顶下来，1513年9月25日，这是人类得知地球上未知的最后一片海洋的日子。

6. 金子与珍宝

一切已成定局，他们亲眼看见了这片新的大洋。但他们还是要到岸边去亲身体验一下这广阔的海洋，抚摩那拍打着海岸的浪头，亲口品尝海水的味道，并且到海滩上去敛取那战利品！他们用了两天时间从山上下来，巴尔沃亚将队伍分成几个小队，以便更快地找到一条从山顶通向海边的捷径。阿隆索·马丁做队长的第三组最先到达海滩。追求功利的虚荣心包围着这个探险小队的所有队员，就连最普通的士兵都期盼能够留下永垂不朽的名声。甚至那平凡的阿隆索·马丁也派人写下文件，当作证据证明他是在这无名的海水中弄湿手脚的第一人，为一直以来默默无名的自己记下这不朽的事迹。然后，他才报告巴尔沃亚，他已经抵达海边，用双手碰触过海水。

巴尔沃亚又立即给自己打造了一种新的豪迈举动。第二天刚好是9月29日，米迦勒节，他只带上二十二名随从来到海滩边。为了让自己看上去像圣米迦勒一样全副武装、庄严地将这片新的大洋占领下来，他并没有急着走进海水，而是得意扬扬地在一棵树下端坐休息，好像是这大洋的主人和受贡者一样，等待海浪随着涨潮轻抚他的双脚，如同一条狗温顺地用舌头轻轻舔着他的脚。然后，他才站起身，背起在阳光下如镜片一样闪亮的盾牌，手执长剑，举起印有天王之母形象的卡斯蒂利亚旗帜，走进海水里，一直到浪头拍打着他的髋部，他才把整个身体都浸入这一片陌生的海洋里。这个往日的叛乱者和亡命徒现在已经成为国王最忠诚的奴仆和凯旋者，他一边四处挥舞旗帜，一边大声向众人宣布："尊贵而伟大的卡斯蒂利亚、莱昂、亚拉冈的君主斐迪南和胡安娜万岁！我将以他们的名义，为卡斯蒂利亚皇室的利益，正式永久性地占领这里全部的海洋、陆地、海岸、港口、岛屿。我发誓，不管他是亲王还是船长，基督徒还是异教徒，不管他的信仰和地位，如果他有胆量抢夺这里的陆地和海洋，我都将以卡斯蒂利亚二王的名义进行保卫；因为这里全部的陆地和海洋从现在开始都已经归属于二王，只要世界还没有灭亡，只要最终的审判还没有到来，这一切财产就将永远归于他们。"

那些西班牙人将这个誓言重复了一遍又一遍。他们的声音比风的呼啸还要响亮。然后，他们每个人都俯下身去，让海水浸湿自己的嘴唇。文书安德烈斯·德·巴尔德拉瓦诺再次拿出纸笔将占领仪式的这一幕记录下来："这二十二人以及负责起草文件的安德烈斯·德·巴尔德拉瓦诺是第一批将自己的双脚踏入这片南海的基督徒，他们每个人的手都碰触过这海水，嘴巴品尝过这海水，以此确认和别的海洋里的海水一样是咸的。当他们确认了这一点后，便一齐向上帝跪拜感恩。"

终于完成了伟大的事业，如今，他们要从这种英勇的行动中获得实惠。他们掠夺或者换取了一些土著人的黄金。然而，在他们享受胜利的喜悦之时，还获得了意想不到的惊喜。附近的岛屿有数不尽的珍珠，在印第安人赠予他们的几大捧极富价值的珠宝中，有一颗名为"佩莱格里纳"的珍珠，被塞万提斯和洛佩·德·维加赞美过，西班牙国王将它作为最美丽尊贵的珍珠镶嵌在自己的王冠上。这群西班牙人把所有大大小小的口袋都塞满了这种宝物。但是，在此地，珍珠和贝壳、沙粒的价值是一样的。当他们贪婪地打探着黄金——他们心中最贵重的东西时，一位印第安酋长伸手指向南方天边那隐隐起伏的山脉说，越过那座山，就可以到达那片埋藏着无尽宝藏的土地，在那里，国王用黄金做的器皿举行宴会，用长着四条腿的体型硕大的牲畜——美洲骆驼——驮运货物，将贵重物品大包大包运进国王的宝库。在说出这个山脉另一边、大洋以南的国家的名字时，酋长发出了类似"皮鲁"的声音，这声音既动听又陌生。

顺着酋长的手指看去，在那遥远的地平线上，山峦隐隐约约。那"皮鲁"两个字以其优美的发音和丰富的魅力在巴尔沃亚的心里打下了深深的烙印。他的心难以平复地剧烈跳动。这是他这一生中第二度得到意外的伟大预示。他已经完成了柯巴格莱预示的有关附近南海的这一伟大使命，他已经找到了这遍布珍珠的海滩和南海。如今，又出现了第二个使命：发现和征服印加帝国，这个世界上真正的黄金国，或许这次他也能成功完成。

7. 神明很少眷顾

巴尔沃亚望着遥远天边的目光始终都是贪婪的。酋长所说的"皮鲁"就是"秘鲁"，这两个字的发音就如同神圣的钟声一般回响在他的灵魂深处。但是，这一次他只能忍痛放弃，他再也没办法继续冒险了。他手下总共二三十人已经累得筋疲力尽，再也没有力气去征服一个王国。看来，他们只好先返回达连，养足精神后，再沿着他们探出的这条路去征服那新的黄金国。他们在返回的途中再次遇到了很多困难。他们必须将此前吃过的苦重温一遍，而且先前的精锐部队如今只剩下身患疾病、吃力前行的一小队人。巴尔沃亚自己也快要死了，他被几个印第安人用一张吊床抬着行进。就这样，四个月后的1514年1月19日，他们终于重返达连。

最终，这人类史上最伟大的行动之一还是完成了。巴尔沃亚将自己的承诺变成了现实。每个跟随他冒险到那未知地的人都成了富翁。他的手下从南海沿岸带回如此多的财宝，远远超过了哥伦布和另外几个西班牙征服者取得的成就。其他殖民者获得的仅仅相当于他们的一部分，巴尔沃亚将20%的战利品进贡给朝廷。在分配战利品时，巴尔沃亚也像其他参战者一样，分给自己的狼狗一笔钱财：五百金比索，以奖赏它残暴地撕咬土著人的身体。没有人对此有反对意见。在获得这一切成就后，在这片殖民地上，已经没有人对巴尔沃亚作为总督的权威有异议了。这位冒险家和叛乱者已经被人们像神明那样尊崇着。他已经得意地派人将消息送去给西班牙：他已经为卡斯蒂利亚朝廷完成了比哥伦布更为伟大的事业。他似乎已经看见长久以来压制他命运的层层乌云被时来运转的红日拨开，他的运气可以说正如日中天。

但是巴尔沃亚的好运气并没有维持太长时间。过了几个月，六月普通的一天，阳光明媚，让人感到不寻常的只有达连的居民，他们竟然都到海滩上聚集起来。在海与天的交接处，一张白帆渐渐显露出来，在这偏僻世界的一个角落会出现这样的情景，本身就是奇迹，然而跟在后面的是第二张、第三张白帆……没过一会儿，就已经出现了十艘，不，是十五艘，不不，是二十艘帆船，向着海港驶来的，是整整一支舰队，他们很快就弄清了真相：这支舰队是被巴尔沃亚的信引来的，但并不是他们报告凯旋的那一封——那封信还在送去的途中——而是之前他写的那封，在那封信里，他首次报告了印第安人酋长介绍的关于附近的南海和黄金国的消息，并请求派来一千名士兵，以便将那片土地征服。西班牙朝廷毫不犹豫地立刻派来一支如此强大的舰队以支援这次远征行动。

然而，这样的重任，塞维利亚和巴塞罗那方面根本没打算交给像巴尔沃亚这样名声败坏的冒险家和叛乱者，随着舰队前来的，还有他们委派的一位真正的总督——豪门贵族出身、备受尊敬、六十岁的佩德尔·阿里亚斯·达维拉（一般被称为佩德拉里亚斯），他将以国王的总督身份在这片殖民地上建立秩序，在那之前发生的所有违规行为都将被处决，同时，他还将带着士兵寻找南海，征服传说中的黄金国。

对于佩德拉里亚斯来讲，他在这里遇到的一切并不令人愉快。一方面，他要肩负使命，追究巴尔沃亚这个叛乱者驱逐前总督的罪过，证实他犯下的罪，并且逮捕归案，否则就证实他没有罪；而且他要找到南海。然而，当佩德拉里亚斯换乘的小船靠岸时，他就立即得知，巴尔沃亚这个等待他审判的人，已经将这一不朽的事业完成了，佩德拉里亚斯期盼已久的凯旋早已被这个叛乱者实现了。巴尔沃亚为西班牙朝廷做出的是自从发现美洲以来最伟大的贡献。所以，他现在无法像处置犯有滔天大罪的罪犯一样将他送上断头台，而必须恭恭敬敬地向他表示问候，并且献上热切的祝贺。实际上，至此，巴尔沃亚已经彻底失败了。佩德拉里亚斯永远都不会原谅这个独自完成伟大事业的竞争对手，因为完成这项事业、能够万古流芳的人本应是他自己。然而，为了不太早将这些殖民者激怒，他暂时忍下了对他们心中的英雄——巴尔沃亚的怨恨，无限期地拖延对其罪责的追究。为了制造和平假象，他甚至还把自己留在西班牙的女儿许配给巴尔沃亚。虽然在他内心深处并没有减少一点儿对巴尔沃亚的嫉恨，反而越来越多了。

现在，西班牙人已经知道了巴尔沃亚完成的伟大功绩，一纸委任状已经从西班牙到达这里,这个以前的叛乱者得到了补授的头衔——总督,而且告知佩德拉里亚斯,如果有什么重要的事情必须和巴尔沃亚商量。可是这片土地对于两个总督来说实在太小了,所以必定有一位面临着向对方屈服甚至下台的命运。

巴尔沃亚感到这里的形势对他不利,他时刻都有可能遭遇不测,因为军权和司法权在佩德拉里亚斯手里,于是,他决定再次到不朽的事业里去寻求保护,因为第一次他这样做时,取得了显赫的功绩。于是,他向佩德拉里亚斯请求装备一支远征队,到南海沿岸区探索和占领它四周辽阔的土地。其实,这个诡计多端的巴尔沃亚真正的意图是:摆脱所有监视,到南海沿岸去建立自己的舰队,成为那片土地真正的主人,等到时机成熟了,就去征服那新世界的黄金国秘鲁。但佩德拉里亚斯也是个狡诈的人,他答应下来,因为他知道,如果巴尔沃亚在这次行动中丧生,那么就刚好让他满意了;而就算巴尔沃亚成功了,他仍然有的是时间等待时机把这个贪图功利的人置于死地。

就这样,巴尔沃亚再次到不朽的事业里去寻求保护,他期待能从第二次的行动里取得比第一次更高的荣耀。但是,虽然命运总是倾向于有成就的人,他的第二次行动却没有取得像第一次行动那样的荣耀。这一次横跨地峡的长途跋涉中,巴尔沃亚不仅带着自己的队伍,还派几千名土著人拉木材、木板、船帆、铁锚和双桅帆船用的绞盘,想借助强大的物质条件攻下沿岸全部土地,征服那些遍布珍珠的岛屿,以及黄金国秘鲁。

然而这一次,命运却和这勇猛的冒险家作对了,他一次次受到挫折。在穿越闷热潮湿的热带灌木丛时,木材被虫蛀掉了;到了目的地后,他又发现木材已经全部发霉,烂掉了,根本没法儿再用。尽管如此,巴尔沃亚仍然没有泄气,他信心十足地命令人们在巴拿马海湾砍伐新的木材，做成新的木板。他发挥自己的能力创造出了新的奇迹，眼看着一切都准备妥当，准备用来在太平洋上航行的第一批双桅帆船已经建好了。然而，停泊船只的河流突然大发洪水，刚刚造好的船被冲走了，在海上被撞成了碎片。

巴尔沃亚只好第三次返工。两艘双桅帆船终于再次建好，只要再造两三艘同样的船，他们就可以起航了。顺着酋长指向南方的手望去，并且第一次听到"皮鲁"这个满是诱惑的名字的那一刻，他就已经打定主意要去征服那片梦想之地。如今，只要再添几名勇敢的军官和一支拥有精良装备的后备军队，他就能够建立自己的王国了！只要再多出几个月的时间和一点点好运气，那么就能实现他伟大的设想，战胜印第安人、征服秘鲁人而名垂千古的就将不是皮萨罗，而是他巴尔沃亚了。

然而，就算是命运的宠儿，也无法永远得到命运的眷顾。这个凡人在众神的保佑下完成了一项不朽的事业，从此就再也得不到他们的眷顾了。

8. 毁灭

巴尔沃亚是个坚强的人，他以顽强的毅力为自己的伟大计划准备着。然而，给他招来灭顶之灾的正是从这伟大计划上取得的成功开始的。因为他一直都在被佩德拉里亚斯猜疑的目光注视着、揣摩着，佩德拉里亚斯要知道自己这个下属的真正意图。不知道是不是因为叛徒的出卖，让他知道了巴尔沃亚是要野心勃勃地建立自己的统治，还是纯粹因为嫉恨，担心这个以前的叛乱者会再一次取得胜利。总之,他突然给巴尔沃亚写了封信,用恳切的言辞希望他在远征开始之前,最好回到达连附近的阿克达城进行再次协商。因为巴尔沃亚期望能得到佩德拉里亚斯进一步的兵力支援,所以他立刻按照信中的指示返回。城门外,一小队士兵正迈着正步向他迎去,就像来迎接他一样。他兴奋地匆忙走向他们,他想去和他们的队长、自己多年来的战友、发现南海时的同伴、最可信的朋友弗朗西斯科·皮萨罗好好拥抱一下。

然而,皮萨罗却在走到他面前的同时把手用力地压在他肩上,宣布他已经被捕了。皮萨罗也期望能够做出一番不朽的事业,他也眼馋那黄金国,所以,当他知道要将这个拥有强大实力、肆无忌惮的障碍除掉时,没有犹豫一步。佩德拉里亚斯总督审判了这场所谓的叛乱,并且做出了一项并不公正的判决。几天后,巴尔沃亚和他的几个最忠实的同伙被送到了断头台上。刀斧手手起刀落,巴尔沃亚的人头滚落在地上,一秒钟内,他的眼睛就永恒地闭上了,这是一双人类的非凡的眼睛——它们曾经首次在同一时间看到过地球上的两个大洋。

亨德尔：
亨德尔的重生

音乐巨匠贝多芬曾这样评价亨德尔："亨德尔是历史上最伟大的一位作曲家,我非常愿意在他的墓碑前下跪。""钢琴之王"李斯特也发出过类似的赞叹："像宇宙一样伟大的亨德尔是个天才……"

这位赢得音乐界高度认可的天赋型创作者,却也遇到过几乎毁灭性的打击。在重创之下,音乐的灵感悄然而至,成就了天才的自我救赎。

亨德尔

1685—1759

英籍德国音乐家

明星闪耀时

1710 年　在德国汉诺威担任选侯的宫廷乐长。

1713 年　向安妮女王献上《祝寿颂歌》,由此得到女王的特许,让他为庆祝《乌得勒支和约》谱写感恩赞,并取得英国"宫廷作曲家"的位置。

1724 年　之后 10 年内创作了大量意大利歌剧,包括《尤利乌斯·凯撒在埃及》等,在当时伦敦的音乐生活中占主要地位。

1742 年　创作清唱剧《弥赛亚》,表现了上帝派耶稣降生人世以至受难、复活、升天的过程,反映了英国资产阶级革命成功后,要求建立其"千年王国"的理想。

1759 年　不顾久病和双目失明,仍然顽强地指挥了重要作品《弥赛亚》的演出。

1737年4月13日下午，布鲁克大街一座房子底层的窗前，乔治·腓特烈·亨德尔的仆人正做着一件可笑的事情。他有点儿不高兴，因为他的备用烟叶已经抽光了。实际上，他想弄到新烟叶，只需要穿过两条街，到自己的女友多莉开的小杂货店去一趟，然而此刻他却没有胆量从这个房子离开半步，因为，他的那位音乐大师主人正在气头上，这让他害怕极了。从结束排练回到家，乔治·腓特烈·亨德尔就已经怒气冲冲，他的脸被涌上来的血液涨得通红，两侧太阳穴处青筋突出，他用力关上门。此时，他正在二楼自己的房间里像野兽一样走来走去，烦躁不堪。地板被踩得"咯吱咯吱"响，楼下的仆人听得清清楚楚。主人在发脾气，仆人知道，这时候自己必须老老实实的。

所以，仆人只好找些别的事情做，以打发时间。这时，他没办法从嘴里吐出漂亮的蓝色烟雾圈圈，就用自己短嘴的陶瓷烟斗蘸着肥皂水吹起了泡泡。他把一小块肥皂浸在水里，笑嘻嘻地从窗口向着街上吹着五彩缤纷的肥皂泡。路过的行人都停了下来，兴致勃勃地把这些彩色泡泡用手杖一个一个地戳破，还兴奋地挥着手，一点儿也不觉得奇怪，因为任何事情都有可能发生在布鲁克大街的这座房子里：有时，半夜三更会突然传出喧闹的羽管钢琴声；有时，会传出某个女歌唱家号啕大哭或者小声哽咽的声音，因为她们把一个八分之一音符唱得太高或太低，那个脾气暴躁的德国人立即火冒三丈。对于在格罗斯文诺住宅区居住的其他人来说，布鲁克大街25号的这座房子简直就是个疯人院。

仆人一声不吭地一个劲儿吹着五颜六色的肥皂泡。没过多久，他的技术就有了明显的提高，那些闪闪发光的泡泡越来越大，泡壁越来越薄，飞得越来越高，越来越轻。其中一个竟然从大街上方飞过，一直飞到了对面楼房的二楼。突然，一声闷响把他吓了一跳，整个屋子都震动了，窗子上的玻璃咯咯作响，窗帘颤抖起来。楼上肯定是有又大又重的东西掉在地上了，仆人从座位上"腾"地跳起来，急急忙忙地爬上扶梯到楼上主人的工作室。

主人工作时坐的那把软椅子是空的，房间里也没有人。仆人刚要转身去卧室，却突然发现亨德尔一动不动地躺在地板上，瞪着两只目光呆滞的眼睛。仆人惊呆了，愣在那里，主人在地板上发出压抑而又沉闷的喘息声，他一向身强力壮，而此时却躺在地板上费劲地哼哼，呼吸像快要死掉一样越来越微弱。

他快死了！仆人这么想着，惊慌起来，他赶忙跪在旁边抢救已经半昏迷的主人，但是主人魁梧的身体太沉重了，他没法儿把主人抱起来到沙发上，他只得先把紧紧勒住主人脖子的那条围巾扯掉，那压抑的呻吟声也随之消失了。

这时，亨德尔的助手克里斯多夫·史密斯从楼下走了上来，他本来是来抄几首咏叹调的，他刚到的时候，也被那沉闷的声音吓了一跳。现在，他们两个一起把这个沉重的大汉抬到了床上，亨德尔的两条胳膊无力地垂着，好像死人一样。他们把他扶正，躺好，把头部垫高。"把他的衣服脱下来。"史密斯对仆人命令道，"我立刻去叫医生来，你洒些凉水到他身上，直到他醒来。"

克里斯多夫·史密斯没顾上穿外衣就跑出去了，他没有太多时间，必须加快速度。他沿着布鲁克大街匆忙地向邦特大街跑去，一边跑一边向所有路过的马车挥手，然而，那些马车只顾神气十足地迈着小步跑着，慢腾腾地从他身边驶过，没有一个理睬这个只穿着衬衣、跑得上气不接下气的胖男人。最后，终于有辆马车停了下来，那是钱多斯老爷的马车，他们认出了史密斯。史密斯顾不上礼仪了，他将车门一把拉开，对着坐在车里的公爵大声喊："亨德尔快不行了！快带我去找医生。"他知道这是个平素酷爱音乐的公爵，赞助过他所爱戴的这位音乐大师，同时也是亨德尔的朋友。公爵没有废话，让他赶快上车。接着，那几匹马挨了狠狠的几鞭子。

没多久，那位正在忙于化验小便的詹金斯大夫就被他们请出了他位于弗利特的公寓，他立即和史密斯一起坐着自己那辆轻便的双轮双座马车向着布鲁克大街赶去，途中，亨德尔的助手以绝望的语气絮叨着："肯定是太多的忧虑和烦恼让他垮掉的，那些人都在折磨他，那些可恶的歌手和伶人，都是些马屁精和挑剔鬼，一群恶心的蛙虫，为了能够挽救剧院，亨德尔一年连续创作出了四部歌剧，可是其他人却都在忙着讨好女人和宫廷，那个意大利人最甚，把所有人都搞得发了疯一样，那个可恶的伶人，就是只尖嗓门的猴子。唉，我们好心眼儿的亨德尔怎么会被他们这样对待？他已经付出他的全部财产了，整整一万镑啊！可是这群人还追着他不放，非要把他逼死。从没有人像他一样有这样高的成就，也没有人会像他那样拿出自己所有的财产，可是，像他这样卖力工作，就连巨人也会受不了的。唉，他是多么了不起的人啊！是伟大的天才！"

詹金斯大夫一声不吭，冷静地听他说着，在进入公寓之前，医生又深深吸了一口烟，他把烟灰从烟斗里面磕出来，问史密斯："他多少岁了？"

史密斯回答："五十二岁。"

"这个年龄最糟了，他肯定会工作卖力，像一头牛，但是这个年龄的人也会强壮得像头牛。好吧，让我来看看我能做些什么。"

仆人手捧着一只碗，克里斯多夫·史密斯把亨德尔的一条胳膊抬了起来，医生把血管割破，一股鲜红温热的血液流了出来。没过多久，亨德尔紧闭的嘴唇放松了下来，长长呼出一口气，接着，他深深地呼吸着睁开了眼睛，但是眼神很疲倦，看上去有些异样，没有精神。医生将他的胳膊包扎好，想要站起来，因为似乎已经没有需要他做的事情了，然而这时，他发现亨德尔的双唇在微微颤着。他把耳朵凑过去，听见亨德尔正在用微弱的声音一边叹气一边断断续续地说着话，似乎只是在喘气："我完了……完了……没力气……我不想活下去了……"詹金斯大夫俯下身注视着他，发现他的右眼眼神直勾勾的，左眼却在不停转动。大夫试着把他的右胳膊拎起来，可是手一松，胳膊就垂落下去，就像没有知觉一样，接着，他又拎起亨德尔的左胳膊，左胳膊却可以保持悬空不动，詹金斯立即就明白了一切。

詹金斯离开亨德尔的工作室后，史密斯一直跟着他走到楼梯口，惴惴不安地问："他得了什么病？"

"中风了，右半身瘫痪了。"

"那么他……"史密斯犹豫着停了一下，"还能好起来吗？"

詹金斯大夫慢悠悠地吸了一小撮鼻烟。他不喜欢别人提这样的问题。

"或许可以，什么事情都只能说或许。"

"难道他会一直这么瘫痪下去？"

"现在看来恐怕是这样了，除非出现什么奇迹。"

对亨德尔忠心耿耿的史密斯并没有就此罢休。

"那他至少能够恢复工作吧？他如果不能创作，肯定就活不下去了。"

詹金斯大夫此时已经站在了楼梯口。

"再没有继续创作的可能了。"他轻声说，"我们或许能够帮他保住生命，但他的天分我们难以保住。因为这样的中风会影响人大脑的活动。"

史密斯目光呆滞地看着大夫，眼睛里满是痛苦和绝望，这终于打动了大夫。"刚才我不是说过了吗，"他重复道，"除非有奇迹出现，当然，我是说，到目前我还没有见到奇迹。"

乔治·腓特烈·亨德尔过了四个月有气无力的生活，而他的生命就是力量。他那右半边身体就像死掉了一样。他不能走路、写字，弹琴时不能用右手。他也说不了话，因为右半边身体从头到脚都瘫痪了，所以他的嘴巴也恐怖地歪向一边，说话时只能吐出几个模糊的发音。当朋友为他演奏时，他的一只眼睛会射出几缕光芒，接着，他那无法自控的庞大身体就乱动起来，像疯子一样。他想用手和着音乐打拍子，可是四肢的筋肉就像冻僵了一样，完全不听他的使唤——那种麻木非常可怕：这个平素健壮魁梧的男人感到自己像是被锁在了一个无形的坟墓中。

当音乐声一停止，他的眼睛又立即沉重地闭上了，像一具尸体一样摆在那里，显然，这位音乐大师的病是好不了了，詹金斯大夫无奈之下，提出了把病人送到亚琛去的建议，因为那里滚烫的温泉水或许对他的病情有好处。

如同地下蕴藏的那种神秘而滚烫的泉水一样，亨德尔那僵硬的身体里也潜藏着一股无形的力量，那就是他的意志力，那是他生命的原动力。命运带给他的毁灭性打击没有让这种力量屈服，它不愿意让那短暂易逝的躯壳压制住那永恒的精神力量。这位魁梧坚强的男人没有轻言放弃,他一定要活下去,他还要继续创作,而最终创造出违反常规的奇迹的,正是这种意志力。亚琛的医生们曾经反复地提醒他,在滚烫温泉水中浸泡的时间不能超过三小时,否则他的心脏将承受不了,他会因此而死去。然而,为了能够恢复期盼已久的健康,为了能够活下去,他有胆量冒着死亡的危险。每天,他都在滚烫的温泉水里浸泡九小时,医生们都非常吃惊,而他的耐力却与日俱增。一周后,他已经可以重新拖着沉重的身体艰难地行走了,两周后,他的右胳膊已经开始能够活动了。他凭着顽强的意志和坚定的信念,终于战胜了疾病,再一次从死亡的枷锁中挣脱出来,重新获得了生命。相比他以往任何一次胜利,这一次都更加伟大和令人激动;只有他这个从病魔手掌中逃脱出来的人,才能明白那种难以形容的喜悦。

　　离开亚琛的那天,亨德尔已经完全可以自如行动了。他走进教堂,以前他从来没有表现得如此虔诚,如今,上帝重新赐予他自如的步履,他踏上摆放着管风琴的唱诗台,激动极了。他用左手试着按了下琴键,清脆、纯正的风琴声回旋在大厅里。他迟疑了一下,又伸出右手去尝试,这只手长时间藏在袖管里,已经僵硬了。然而,右手按键的同时,管风琴也随之发出了优美动听的声音。他开始缓缓地弹奏起来,跟随着自己的思绪,内心也随着琴声起伏。那声音就像无形的砖石,垒起了一层层的宝塔,奇妙地一直通向那一样无形的顶峰。只有天才,才能建造如此的构筑,它越升越高,宏伟壮丽,有时如此地无迹可求,只是一种无形的、用声音发出的光芒。唱诗台下,一些陌生的修女和虔诚的教徒认真地倾听着,他们从来没听过一个凡人可以演奏出如此的音乐。而亨德尔只是低着头,谦恭地不停弹奏着,他终于再次找回了属于自己的语言,这种语言可以让他能够向上帝、人类和永生倾诉，他终于又能够弹奏乐器、创作曲子了。直至此时，他才知道自己是真的痊愈了。

"我终于从阴间回来了。"乔治·腓特烈·亨德尔舒展厚实的胸膛，伸开强壮的双臂，骄傲地对詹金斯大夫说。对于这种奇迹般的治疗效果，医生发自内心地表示惊叹。重获健康的亨德尔内心激荡着狂热的工作激情和成倍的创作欲望，他再一次全身心投入到了工作中。曾经以奋斗为乐趣的精神再次回到了这个五十三岁的人身上。他的右手已经可以随意使用，他以最快的时间创作出一部歌剧，然后，立即又写出了第二部、第三部歌剧，创作出了《扫罗》《在埃及的以色列人》和小夜曲《诗人的冥想》几部大型清唱剧[①]，他的创作灵感就如同多年积蓄的泉水一样，不停涌出，似乎永不会枯竭。

然而不幸的事情发生了，真是时运不佳。卡罗琳王后的逝世致使演出中断，西班牙战争紧随其后爆发，虽然每一天在公共场所都有人呼喊、歌唱，但是歌剧院却始终空无一人，剧院负债累累。寒冬紧跟着来临了，冰雪覆盖着伦敦，泰晤士河的河水被冻住了，雪橇在光滑的冰面上奔跑，发出嚓嚓的声音，所有的音乐厅都在这天寒地冻的季节里关门了，任何天使般的音乐声都不会在这空旷而冷清的大厅里与严寒做斗争。接着，歌唱演员接连病倒，演出也只好一场一场地取消了；亨德尔的处境也随之变得越发糟糕。债主纷纷登门逼债，评论家冷嘲热讽，大众则保持沉默、漠不关心；这位被逼上绝路的勇士，渐渐丧失了信念。虽然一场义演暂时让他摆脱了债台高筑的困境，但是像乞丐一样过日

[①] 清唱剧：一种多乐章大型声乐套曲。没有布景、服装和动作，多在音乐会上演出；篇幅较大，有较鲜明的戏剧结构和情节，富有史诗性和戏剧性。亨德尔与巴赫同为清唱剧巨匠。

子简直是一种耻辱！于是亨德尔开始远离人群，情绪变得特别低落。早知道会这样，还不如就做个半身瘫痪的人，那样面对困境还能好受一些。

直至1740年，亨德尔再次感到自己是个失败者。往日的荣誉已经如尘土一般。虽然身在困境，他还是把自己早期的作品进行整理，偶尔也写一些小品类的作品，但是那种像奔涌的巨流一样的灵感已经枯竭了。那种原动力，在他康复了的身体里已经消失了。这个身材魁梧的汉子第一次感到疲惫不堪，这个不服输的人第一次感到自己失败了。他感到自己三十五年来的创作之泉一下子断流了，神奇的创作灵感好像已经彻底离他而去。他再次完蛋了。这个完全陷入绝望的人心里很明白，或者他以为自己很明白：这一次，他是彻底地失败了，他抬起头来长叹一声：如果世俗想要再次将我置于死地，上帝又为什么让我重生于病患？与其这般在冷酷的世界上像个阴魂一样地游荡，当初还不如死了算了。然而有的时候，他在悲愤之中却又用低喃的声音低声念着被钉在十字架上的耶稣的话语："我的主啊，主啊，你为什么离开我？"

一个被抛弃了的、绝望的人，对自己的一切都已经心灰意冷，对自己的力量再也没有信心了，也许，他对上帝也没有信心了。那几个月，每到夜晚，亨德尔就徘徊在伦敦的街头。只有在天黑之后，他才敢走出家门，因为白天债主们都在他家门口蹲守着，手里拿着债据等着拦截他；不仅如此，大街上的人们投来的都是冷漠和鄙夷的目光。曾经有一段时间，他打算躲到爱尔兰去，他的名望依然被那里的人们所景仰，唉，那里的人们怎么都不会想到他已经落魄到这种境地了；或者，他也可以躲到德国去，意大利也行，那里也许能够融化他内心的冰雪，荒芜的心田在那温和凉爽的南风的抚摸下，或许能够重新迸发出优美的旋律。

不！这种失去创作能力和无聊的生活让他难以忍受，乔治·腓特烈·亨德尔已经失败的事实让他难以接受。有时，他伫立在教堂前，然而他明白，主是无法给他任何慰藉的。有时，他坐在小酒馆里，然而，如果以为醉酒能够让人忘记现实的残酷而获得纯净的创作灵感，那么得到的结果也只有被劣质烧酒搞得呕吐不止。有时，他呆呆地凝视着泰晤士河桥下漆黑的如同黑夜般静静流淌着的河水，甚至想一咬牙跳进去解脱算了！因为他实在是已经无法再忍受那种远离了上帝和人类，却又令自己感到压抑与无边的、空虚的、可怕的孤独感。

那段时期，每到夜晚降临时，他就会在街头上一次次地徘徊。1741年8月21日，那天异常炎热，天气闷热、阴沉，整个伦敦上空仿佛被一块正在熔化的铁板所笼罩。在这样糟糕天气的情况下，亨德尔只有在家中等到天色完全黑下来，才走出家门到格律恩公园里去透一口气。他异常疲倦地坐在没有人能看到他，没有人会逼迫他的幽暗的树荫里。如今，他对周围的一切都感到厌倦了，他就像一个患了绝症的人，懒得说话、创作，懒得弹奏、思考，甚至对自己的感觉和人生都厌倦了。这样活下去还有什么意义？究竟要为谁活着？他沿着蓓尔美尔街和圣詹姆士街向家走去，像个醉汉一样，驱使他的只有一个渴望的想法：睡觉，睡觉，不要想任何事，也不想再知道任何事，只要安静地休息，最好永远睡下去。

在布鲁克大街，那座属于他的房子里，没有人醒着。他摇摇晃晃地爬上楼去——唉，他显得如此疲惫，那些人已经把他逼得这样心力交瘁——他每迈出一步都非常费力，以至于那木头楼梯因为这种重力而发出咯吱咯吱的声响来。最后，他走进自己的房间，擦亮火柴，点燃放在书桌上的蜡烛，他的这些动作完全是下意识的、机械的、不由自主的，这就如同他多年来养成的习惯那样：在书桌前坐下准备工作，把身体埋进椅背，长长地叹气。以前他每次从外面散步回家，脑子里总会有一段主旋律，为了不让自己在睡一觉后忘记，他一回家就立即把这段旋律记录下来。而此刻，书桌上空荡荡的，连一张记谱纸都没有。磨坊的水轮在冰冻的水流中凝固着，没有任何事开始，也没有任何事等待结束，书桌上似乎什么东西都没有。

不，请等等，书桌那里不是有一件叠成四方形的白色纸包在蜡烛光下闪着亮光吗？并非什么也没有啊！这是一个邮包，亨德尔把它拿在手中，感觉这个邮包里装着厚厚的一叠稿件，于是他非常迅速地将它拆开。稿件的最上边是一封曾为他的《在埃及的以色列人》和《扫罗》作词的诗人詹宁士写来的信。在信中，詹宁士说，他寄来一部他新创作的剧本，希望有着伟大的音乐才能的亨德尔能够多多包涵他拙劣的剧本，并希望亨德尔伟大的音乐才能可以帮助他的剧本飞向永恒的天宇。

好像被什么让自己憎恨的东西触碰到一样，亨德尔霍地一下从椅子上站了起来。难道这个詹宁士还要来讥讽一个已经是行尸走肉且麻木不仁的人吗？亨德尔怒骂道："这个流氓！无赖！"他几下就把那封信撕碎，捏成一团，扔在地板上，又在那封信上踩了几脚。然后，他怒气冲冲地把蜡烛吹灭，在黑暗中摸进自己的卧室，外衣也没有顾得上脱就躺在床上了，黑暗中他感觉到一种屈辱的泪水溢满他的眼眶。原来詹宁士信中对他的赞美之词赶巧碰到了他内心的隐痛处，揭开他的疮疤，这让事业上屡遭失败的亨德尔痛苦不堪。由于情绪失控，这个时候，亨德尔浑身上下颤抖不已。多不公平啊，在这个世界上已经是一无所有的人还要遭受他人的讥讽,这一刻对于亨德尔来说,真是旧疮未愈又添新伤。为什么在这样的时刻还有人要去招惹精力殆尽、心灵麻木的亨德尔呢?他的创作灵感已经僵死,他的意志已经昏睡,怎么可以让处在如此状态下的亨德尔去创作一部新的作品呢?不,现在亨德尔只想像一头牲口那样睡去,只想什么都不做,忘掉一切和音乐有关的东西。被失败搅得心烦意乱的亨德尔就这样毫无理智可言地瘫倒在床上。

即使这样,亨德尔还是无法入睡。他内心无法平静,因为糟糕的心情让亨德尔满腔怒火像飓风暴雨中的海洋一样。他在床上辗转反侧地想赶快进入睡眠,可睡意反而越来越淡。是不是应该从床上起来去浏览一下那个剧本呢?不,对一个意志已经消沉的人来说,歌词不会起到任何作用。既然上帝已让他和神圣的生活洪流分开,让他坠入地狱,那就再也没有什么能让他——亨德尔重新振作起来。可是,仍然还有一股神秘的力量,一种神秘的好奇,在亨德尔心灵的深处涌动,在驱使着他,这种力量和好奇让虽然神志不清的他无法抗拒。

在亨德尔身患偏瘫时,奇迹不是出现过一次吗?说不定这次上帝会再次为他带来让人振奋且能治愈灵魂的力量。亨德尔猛地从床上跳了起来,走回书房,用他因为激动而发抖的手点亮蜡烛,并把烛台移到书桌上那叠写着字的纸上。稿纸的第一页上写着《弥赛亚》,啊,这又是一部清唱剧。在前段日子里,亨德尔写的几部清唱剧都没有演出,但这次亨德尔还是把稿子的封面翻开,并开始阅读起来。但就在这一刻里,亨德尔的心情还是无法平静。

这部清唱剧的第一句歌词就让亨德尔一下愣住了。"拿出你的勇气来!"这就是这部清唱剧的第一句话。这简直就不像歌词,而更像一句咒语，神赋予的回声，就像九霄云外的天使向亨德尔那颗沮丧的心发出的召唤声。这歌词仿佛顷刻就有了声音，它唤醒了亨德尔那个怯懦的心；充满了鼓励人有所作为、有所创造的力量。亨德尔刚读罢和领悟到这句歌词后，他就仿佛听到了这句歌词的旋律，各种声乐和乐器在歌唱、咏叹、狂啸和飘飞。一下子，亨德尔重新又感觉和听到了音乐的声音。

亨德尔用他不住哆嗦的手一页接着一页地往下翻看这部清唱剧，仿佛每一句歌词都以一种不可抗拒的力量对他发出召唤，亨德尔被深深打动了。"上帝这样说！"这句歌词难道不就是对亨德尔说的话吗？难道不正是上帝的手把他打倒在地，随后又仁慈地把他扶起来？"他会让你的心灵彻底纯净"，对，这句歌词也在亨德尔的身上得到了应验：阴霾在亨德尔的心里被清扫干净了，他此刻的心情豁然开朗。这声音仿佛一束把心灵照彻又让它如水晶般纯净的阳光。

看来这个住在戈布萨尔可怜的三流诗人詹宁士是唯一了解亨德尔困境的人，除了这个人，还会有谁能在字里行间倾注如此激励人心的力量？"人们把准备好的祭品奉献到天父的面前。"是的！献祭的火焰已在亨德尔热烈的心中被点燃了，这炽热的火焰直冲云霄，要去回应天父庄严而又美好的召唤。"这是你的天父发出的强有力的呼唤"，这一句歌词也好像是针对亨德尔个人说的，对，这句歌词一定要用声音嘹亮的长号、像汹涌波涛般的合唱以及有着雷鸣般声响效果的管风琴来表现，这就如同我主耶稣基督在受难的第一天里再一次去唤醒那些仍在黑暗中绝望地行走的人那样，"看啦，黑暗仍将笼罩着大地"，是的，黑暗仍旧笼罩大地，民众依然没有领会到被拯救的快乐，而此时此刻，亨德尔却已深深地体会到了这种快乐。

在几乎是亨德尔刚读完这些歌词的那一刻,感恩的"伟大的天父,我们的指路人,是你创造了世间的奇迹"的合唱就在亨德尔的心中变成了汹涌激荡的音乐。是的,对创造了一切奇迹的天父就应该如此赞美,因为只有天父知道该如何为世间受苦受难的人指路,而就在这一刻,天父已给予了亨德尔那颗破碎的心灵以宁静!"因为天父的使者已向他们走去",一点儿都没错,天父的使者已张开她银白色的翅膀向亨德尔的房间飞去,并轻触到他,将他拯救了。只不过在这一时刻没有人们的欢呼声、对天父的感恩声、歌唱和赞美声:"一切的荣耀归于我主!"而所有的这一切只不过是亨德尔心里的想象罢了。

亨德尔在书桌前一页页地阅读着清唱剧的歌词,仿佛自己置身于一场暴风雨当中一般,他身上的一切疲惫都被这场暴风雨荡涤干净了。此刻,亨德尔感到自己的精力从来没有像今天这般充沛,创作的激情也从来没有像今天这般强烈。如同融化冰雪的阳光般的歌词,不断地倾泻在他的身上。那些富有无穷魅力的歌词每一句都说到了他的心里,让他的胸怀变得豁然开朗起来。当亨德尔看到"愿你快乐!"的这句歌词时,顿时他好像感觉到四周响起了气势恢宏的合唱一样,他不由自主地张开双臂,把低着的头向着天空慢慢地抬起来。"他是真正的救世主",亨德尔就是要向世人证明这一点,因为这个世界上还从来没有人这样做过,因此亨德尔要高举着自己的证明,就像人们要在这世间树立一座永世的丰碑一般。人生永远如此:只有饱经过苦难的人才懂得什么是快乐,历经磨难的人才会预感到仁慈的最后赦免。亨德尔就是想在世人的面前去证实,他在经历过死亡之后,得到了新生。

"他曾遭受过鄙夷",当亨德尔看到这句歌词时,他马上陷入对往事的回忆当中,心中的音乐随即转入低沉与压抑的音调。那些鄙夷过亨德尔的人以为他已注定失败了，在亨德尔躯体还活着的时候就开始要将他埋葬，并尽情地嘲讽他。"他们曾以嘲笑的目光盯着他看"，"并且在当时没有人给这个深受苦难的人半点儿同情"。的确，当亨德尔在事业上走投无路时，他的身边没有一个人安慰和帮助过他，可一直有一股神秘的力量在支撑着他。"他信奉唯一的上帝"，的确如此，亨德尔信奉唯一的上帝，并且还看到他信奉的上帝并没有让他躺进坟墓中去。"但你不可以将他的灵魂留在地狱里。"是的，上帝并没把他——亨德尔，一个身陷绝境且又心灰意冷的人的灵魂留在那儿，而是再一次将他唤醒，并让他担负起带给人们快乐的使命。"将你们的头高傲地昂起来"，这句歌词仿佛就是来自亨德尔自己心灵的深处，也是上帝直接下达给他的命令。看到这句歌词的时候，亨德尔心里一惊，接下来他就看到了詹宁士用钢笔写下的句子："这是神圣上帝对你所说的话。"

亨德尔这时屏住自己的呼吸。他想象不到，说出如此准确的话竟然是个平凡的人，而这些话正是上帝在天堂里要向他传达的。"这是神圣上帝对你所说的话。"这也正是上帝要向他——亨德尔传达的话语、声音与天意。亨德尔心想，自己一定要将这些话语的声音送回到上帝的那里，因为在他看来，心潮澎湃的心灵必将掀起狂澜向屹立在上天的主迎去，赞美上帝、歌颂主的美德就是一个作曲家的责任。啊，亨德尔心想，必须紧抓住这句话，回环往返、延伸扩张地充满全世界，必须让一切的赞美都紧紧地围绕着它，让它如同伟大的上帝般引导人类。啊，或许这句歌词会转瞬即逝，可不竭的激情和音律会将它推至永恒之境。现在你看啊，稿纸上写着："哈利路亚！哈利路亚！哈利路亚！"这句话应该用各种乐器进行反复地演奏，还有这个世间里所有的嗓音吟唱：女子柔顺的嗓音、男子刚毅的嗓音、低沉的嗓音以及清亮的嗓音，都应该汇聚在这里成为一个；并且这个"哈利路亚"的声音应当在一种充满节奏的合唱声中回旋上升，而且充溢如同天空中的白云那样聚散的变化。沿着音乐的天梯，这个合唱声忽上忽下地，伴随着优美的小提琴的弓弦悠扬婉转，吹奏嘹亮的长号而热情奔放，雷霆一样的管风琴的乐声而汹涌澎湃。"哈利路亚！哈利路亚！哈利路亚！"这个从感恩词里被创造出来的赞美如同要从尘世滚滚向上，最后将回到万物的创造者——上帝那里！

此刻，泪水已经模糊了热血沸腾的亨德尔的双眼。虽然这部清唱剧的第三部分中的几页歌词亨德尔还没有阅读完，但在阅读完这句"哈利路亚，哈利路亚"的歌词之后，他已经无法再阅读下去了。这用元音歌唱的赞美声如同喷涌而出的火焰，不断地扩大、蔓延并充溢在亨德尔的心里。这拥挤、攒动的声音正从他的心中迸发出来，飞升着回到天空之中。亨德尔如同一艘鼓满风帆的船在狂风骤雨中无法停住地一往无前，他立即拿起笔，飞快地记下从他内心喷发出来的每一个音符。

此刻，四周万籁俱寂，阴冷潮湿的黑夜正笼罩着伦敦这座城市。而这一刻，亨德尔的内心正被一片光明照亮，所有美妙的旋律在他亮着蜡烛的书房中合鸣，只是人们听不到而已。

第二天早上，当亨德尔的仆人悄悄走进书房时，亨德尔仍旧坐在书桌旁奋笔疾书。亨德尔的助手克里斯朵夫·史密斯走近前询问是否需要自己帮助誊写乐谱时，亨德尔只是粗声粗气地嘟噜了一声，没有正面回答他。就这样，从那时候开始，再没有人敢走进亨德尔的书房。整整三个星期里，亨德尔自己也从没离开过那间屋子。仆人把饭送来的时候，他只是匆忙地用左手撕下一点儿面包吃而已，他的右手好像不知道疲倦地写着自己心中的乐谱，好像无法停止下来，完全沉浸在创作的激情之中。有时候，亨德尔的眼睛里流露出异样的目光，从椅子上站起身来，在房间里来回地走动，一边打着节奏高唱着什么。那段日子里，别的人和亨德尔说话，他仿佛刚刚睡醒似的，语无伦次，回答得含糊其词。

在亨德尔完全沉浸到创作激情的日子里，他的仆人可受苦了。找他讨债的、要求参加节日的康塔塔大合唱的演员们、白金汉宫派来邀请他去王宫的使者，都被拒之门外，因为仆人知道，哪怕是自己想要跟正在埋头创作的主人说上一句话，也会遭到亨德尔劈头盖脸的一顿痛骂。在那几个没有昼夜概念、只有节拍和旋律的星期里，亨德尔全部的身心都被那从他心灵深处喷涌而出的激流裹挟着，当作品越接近尾声，这激流就越是喘息、奔放。亨德尔将自己囚禁在心灵的房间里，踏着音乐的节奏，他的脚走遍了这所心灵的屋子；时而坐在羽管键琴前弹奏，时而哼唱，时而又回到写字台那里不停地谱写曲子，直至他的手指发出钻心的疼痛。有生以来，亨德尔自己从没有经历过如此投入的音乐创作，也从没有过如此旺盛的创作欲望。

进入创作的三个星期后，也就是9月14日那天，作品终于在亨德尔的手中完成了。人们永远无法想象，那些前不久还是枯燥苍白的歌词，在亨德尔谱上声乐曲后变成了既生动又美妙的永恒之声，即使在今天，这也是难以想象的事情。这就如同亨德尔那曾瘫痪的身体奇迹般获得新生一样，这颗被永恒之光照亮的心灵如今又为人们创造了奇迹。

这部清唱剧的曲子已经谱写好了，并且自己还弹奏过，那些歌词也变成了优美的旋律，所有这一切都已完成了，就只剩下整个作品的最后一个词"阿门"没有配上音乐，现在，亨德尔只需要抓住这两个紧密连续在一起的短促音节——阿门,创造成一种直冲云霄的声乐。亨德尔心里知道,这两个音节得配上完全不同的音调,还要配上不停变换的合唱;他得让这两个音节得到延伸,还得不断地将它们拆开,再重新组合,以便在最后能产生出充满激情的效果。

亨德尔如同上帝的灵气一般将自己巨大的热情倾注在这部清唱剧收尾的这个歌词上,使它如同宏大和充实的宇宙一般。清唱剧最后的一个词没有放过亨德尔,同样,亨德尔也没有放过这个词。他在这个"阿门"的词上配上了雄壮的赋格曲,让"阿"这洪亮的第一个音节作为最初的原声,在天宇下激荡回旋,直至这个"阿"字的最高音直冲云霄;这个原声将越来越高,随后又降了下来,再升上去,随着管风琴暴风骤雨般地加入,这和声的强度会一次高过一次地四处振荡,充塞整个天空,充塞在全部的和声里,如同天国里的天使们也一同在唱着赞美诗,能够让处在人们头顶上的屋宇梁架在这个"阿门!阿门!阿门!"永无休止的声音中震裂。

当亨德尔谱写完这最后的乐谱后,他吃力地从座椅上站起来,羽毛笔从他的手中飘落到地板上,亨德尔已殚精竭虑,完全不知道自己身在何处,精疲力竭的他什么也看不见,什么也听不见。他身上一点儿力气都没有,神志也异常模糊,如同一个盲人步履踉跄地扶着墙壁,一步步地往卧室挪动,一到卧室,亨德尔立刻就像一个死去的人那样,倒在床上沉睡过去。

那天上午,亨德尔的仆人曾三次轻手轻脚地打开卧室的门,他看见亨德尔嘴唇紧抿,眼睛紧闭,身体像大理石雕塑那样一动不动地躺在床上;到中午的时候,仆人故意重重地敲门,在亨德尔面前大声地咳嗽,想以此叫醒沉睡中的主人,可亨德尔好像听不到任何声响似的仍然沉睡不醒。他的助手克利斯朵夫·史密斯也跑过来协助仆人，可亨德尔还是如同一块凝固了很久的岩浆静静地躺在那里，当史密斯伏下身子察看睡在床上的亨德尔时，他甚至觉得此刻的亨德尔如同一个经历了一场艰苦卓绝的战斗英雄，虽获得胜利，最终因疲惫死去，面无任何表情地躺在床上。可是，亨德尔的助手和仆人当时并不知道，这三个星期以来，亨德尔所获得的胜利和在事业上所取得的功绩。他们都被此刻的亨德尔吓坏了，感到从没有过的恐惧，他们看到亨德尔躺在那里那么久都一动不动，担心他再一次中风了。

晚上的时候，亨德尔还在沉睡，他任凭助手克利斯朵夫·史密斯与仆人使劲摇晃也不愿意醒过来。这时，亨德尔已经一动不动地沉睡了十七个小时。因此，史密斯不得不出去为亨德尔找医生来看病。他并没有一下子就找到詹金斯医生，因为当时詹金斯为了享受这个和风宜人的傍晚，去泰晤士河边钓鱼去了；当史密斯找到他的时候，詹金斯医生因他打扰了自己的雅兴而很不高兴，嘴里嘟嘟囔囔的，只是在知道亨德尔生病了后，詹金斯医生才收拾好钓鱼的器材，立刻让史密斯和他一起回诊所去取外科手术的器械，因为詹金斯医生估计会给亨德尔做手术，带好外科器械以便必要时使用。为了做这些准备，他们耽搁了不少时间。最后，由一匹小马拉着的马车载着他们迅速向布鲁克街出发了。

当他们快要到达的时候，他们看见亨德尔的仆人隔着一条马路挥动双臂向他们示意，并大声地告诉他们："主人已经起床了，正在吃饭，他所吃下去的东西有六个搬运工吃的那样多。半只约克夏猪的肘子被他三下两下就吞下去了，在喝完四品脱啤酒后还觉得不够。"

当史密斯和詹金斯医生进到屋里的时候，亨德尔果然就坐在堆满各种食物的桌前，样子好像一位心满意足的国王。这就如同他用一天一夜的时间补足那不分昼夜工作的三个星期的睡眠一样，这一刻里，他正用自己庞大的身躯猛吃狂喝，好像一下子想要把那三个星期里因为创作而消耗掉的能量补充回来。在几乎是没有完全看到詹金斯医生前，亨德尔就已经在开怀大笑了，并且他的笑声越来越大，那大笑声在整个屋子里萦绕回荡。这是史密斯整整三个星期以来第一次看到亨德尔的笑脸，对于亨德尔的助手来说，过去的那三个星期，自己没有看到过亨德尔的一丝笑容，亨德尔的脸上只有紧张和愤怒的表情。现在，亨德尔源自天性的率真开朗的性格经过那么久的蓄积之后终于爆发了出来。那发自内心的欢笑声，就像波涛溅起的浪花。在亨德尔的一生中，他还没有如此开怀地笑过，因为他知道自己现在身心已痊愈，并且内心充满了对生活的热爱，在状态如此好的情况下，他却看到了詹金斯医生。他把啤酒杯高高举起来，并在手中轻轻摇晃着向身着黑色披风的医生致意。见此情形，詹金斯医生显得非常诧异，他不禁追问道："这到底是怎么回事？是谁让我来看病的？亨德尔，你怎么啦？难道是酒精让你一下子变得如此精神焕发？"

亨德尔一边神采奕奕地用眼睛打量着医生，一边大笑，不久后，他的神情逐渐变得严肃，他从桌子边缓缓站起身来，径直走到羽管琴那里坐下，将两只手的手指在琴键的上方停滞了一会儿，然后，他转过身来对着自己的助手和医生诡异地微微一笑，随后，半说半唱地轻声吟诵起那咏叹调来："你们都给我听好了，我马上就要将一个秘密告诉你们。"这正是清唱剧《弥赛亚》里的歌词，那歌词也正是如此诙谐地开始的。

当他的手指刚刚触碰到这柔和的空气时，整个身体也随之立即融了进去，他忘记了周遭的一切，包括他自己。在这独特的音乐旋涡里，他沉浸着，屏住呼吸，聚精会神，瞬间便重新陷进了自己的作品中，他高声唱着，弹着最后那几首合唱曲；而以前，他似乎只在梦中听到过这几首合唱曲，现在，他终于清醒地听到了："啊！让你的痛苦毁灭吧！"此刻，他感到发自内心地热爱生活，歌声越来越嘹亮，好像自己就是整支合唱队，正在热烈欢呼，高唱赞歌。他不停弹着、唱着，一直到"阿门！阿门！"，他把整个身心和所有力量都投入音乐中，整个房间充满了各种各样的声音，房屋好像要被音乐的激流冲破似的。

大夫詹金斯完全被亨德尔的音乐迷住了。当亨德尔从羽管键琴旁站起身来时，他不知道如何赞美了，只是机械地说："嗨，伙计，这是我一生中听到过的最好的音乐了。你是不是被什么施了魔法？"

这时，亨德尔神情凝重地站在那里。真的，这部作品的魔力连他自己也感到惊诧不已，就如同得到梦中神授一般。亨德尔有点儿不好意思地转过身来，用轻得连他们几个人都听不太清的声音对医生说："但，我更愿意相信是上帝帮助了我。"

几个月后，伟大的音乐大师亨德尔旅居在都柏林艾比大街的一幢公寓里，有一天，两个穿着讲究的人到这幢公寓来拜访这位来自伦敦的尊贵客人。他们毕恭毕敬地向亨德尔提出了他们的请求。他们说，居住在这座爱尔兰首府的人们，这几个月来，为他们能够欣赏到亨德尔如此惊艳绝伦的音乐作品而感到兴奋不已，因为在这里的人们还从来没听过如此美妙的音乐。现在，他们听说亨德尔要在这里举行他的新清唱剧《弥赛亚》的首演，他选择这里而不是伦敦，将自己最新的作品奉献出来，他们对此感到万分荣幸。这是一部反响非凡的大型声乐协奏曲，肯定能够带来巨大的收益，因此他们来向这位一向慷慨的音乐大师征求意见，问他是否愿意将他首演的收入捐给他们所代表的慈善机构。

亨德尔面带友善的表情望着他们。这座城市给予他厚爱，让他打开了心扉，他爱这座城市。

他微笑着说，他愿意，但是他们应该说明他们将把这笔收入捐献给哪些慈善机构。"为了帮助那些身陷各种困境的人。"站在前面、头发花白、和蔼可亲的先生说。"还有那些慈善医院里面的病人。"另一位先生说。他们没忘记强调，他们只希望亨德尔能将首演的收入捐献出来，其余几场的收入仍然归他本人所有。

然而，亨德尔拒绝了。他压低声音说："不，这次演出的钱我全不要，我自己不会留下一分，我也不想欠别人的债。我要将这部作品永远献给那些病人和困境中的人，因为曾经我也是个病人，这部作品治愈了我，是它从困境中解救了我。"

两位先生望着亨德尔，目光迷惑，好像搞不懂。但是他们立即一边反复道谢，一边鞠躬告别，将这一喜讯传遍了都柏林。

终于到了最后一次排练的日期：1742年4月7日。坐落在菲施安布尔大街上的音乐堂大厅里，只准备了微弱的照明，这是出于节俭考虑。开始这次排练时，整座音乐大厅的长椅上只坐着三三两两的几个人，他们都是被允许旁听的两个主教堂合唱团团员的部分亲属，在稍微显得寒冷阴暗和潮湿的宽敞的大厅里，等待聆听来自伦敦的这位音乐大师的音乐新作。排练中，当多声部宛若洪流奔涌的合唱刚转入低鸣时，一件让人意想不到的事情发生了——那些先前零散地坐在音乐大厅长椅上旁听的人不由自主地聚集到了一起，悉心倾听和感叹赞叹的人群慢慢地在排练舞台前形成了黑压压的一片。如此气势雄浑磅礴的音乐让这些人，在这有着千钧之势、强劲的音乐面前无法承受，仿佛要是独自一个人倾听就会被它冲走、拽跑一样；因此，他们好像一群虔诚的教徒在教堂里越来越紧地聚集，用心倾听着，他们想从这交织着各种声音、不断转变形式、又气势雄浑的混声合唱中获取信心一般。每一个人都感到了自己的谦卑与渺小，人们似乎愿意被这种气势宏大、强悍、猛烈的音乐震撼，并紧紧地跟随着它。一阵一阵的情感波浪携带着欢乐向人们袭来，并传遍了聆听的人的全身，当"哈利路亚"的歌声第一次雷鸣般响起时，旁听者中有一个人情不自禁地站起来了，接着所有的人都站了起来，大家好像是被一种神秘的巨大力量所控制住一样，不由自主地不愿再伏贴在地上，而是站起身来，以便紧跟着"哈利路亚"的合唱去接近崇高的上帝，并向主表达出自己作为仆人那样的敬畏之意。在《弥赛亚》清唱剧排练完后，他们便立刻跑出音乐大厅，在都柏林城的大小街巷里奔走相告，一部旷世的音乐巨作问世的消息让整个都柏林的人们激动不已。

4月13日，也就是那次排练后的第六天的晚上，都柏林的人们在音乐厅的门前聚集着。为了给大厅腾出更大一点儿的空间给前来看清唱剧的人们，都柏林的女士们那晚没有穿传统晚礼服钟式裙，贵族绅士们也没有佩带装饰的佩剑，七百人的听众会聚一堂（这个是在当时都柏林听音乐剧有史以来破纪录的数字），大厅里，人们在低声地谈论着这部作品所获得的赞誉，但当音乐开始时，嘈杂的大厅顿时鸦雀无声，甚至连人呼吸的声音都听不到了。紧接着，排山倒海的多声部合唱令在场所有人的心都震颤得似乎要迸发出来。这时，亨德尔亲自站在管风琴的旁边，他要监督并参加自己的作品这次的演出。自这部作品脱稿之后，到开始演出，亨德尔好像从来就没有创造过、演奏过、听到过这部作品似的，觉得它非常陌生，他的心在这股独特的音乐激流里再一次地受到了震荡，现在他完全地沉浸到这部作品里去了；当音乐最后的"阿门"合唱开始时,他也不知不觉地加入跟着合唱队一起高唱。可当这部清唱剧结束,听众的欢呼赞美声如同潮水般在整个大厅汹涌、经久不息地回荡时,他却悄然走开,躲到舞台的角落去,以免自己忍不住向那些真心诚意向他致谢的听众表达谢意,因为此刻他要致谢的是上帝,是上帝将这部作品赐予他的。

自此以后,音乐创作的闸门打开了,激情与灵感的激流年复一年地奔腾不息,再也没有什么可以让亨德尔屈服,也没有什么能够再次打倒这位获得新生命的人。虽然他所经营的伦敦歌剧院将再次面临破产的危险,债主们日复一日地向他讨债,可亨德尔真正地站了起来,他已经能够经受得起任何狂风巨浪的袭击。这位六十的老人,尽管岁月渐渐消减了他的力气,手臂已不再灵便,双腿因痛风病而不时地痉挛,可面对着他人制造出来的种种困难和障碍,他已经知道如何光荣地去战胜;因此,老亨德尔仍不知疲倦地创作着,神态自若地沿着自己作品的里程碑向前走着。在创作《耶弗他》时,他双目失明了,可仍旧在看不到任何东西的情况下,像贝多芬在自己听不见声音的情况下一样,孜孜不倦、毫不退缩地创作。亨德尔在人世间越是伟大,他在上帝的面前就越是表现得谦恭和虔诚。

亨德尔一生中和所有对自己严格要求的、真正的艺术家一样,对自己的作品从不沾沾自喜,也从不自得自满,可对于《弥赛亚》这部清唱剧十分喜爱。他之所以对这部作品满怀感激之情,是因为这部作品将他从绝境之中解救了出来,还因为在这部作品的创作中,他自己拯救了自己。这部作品成功之后,亨德尔每一年都要在伦敦演出它,并且把演出所得的五百英镑的全部收入捐献给医院,用来帮助医治那些身患残疾的人和救济深陷困境里的人。亨德尔还准备用这部曾令他顽强走出绝境的作品向这个世界告别。

亨德尔七十四岁的时候已身患重病，可在1759年4月6日的那天，这个双目失明，全身因为疾病和衰老连走路也颤颤巍巍的人，还是在科文特花园剧院再一次走上了指挥台，站在了众多音乐家、歌唱家以及他忠实的崇拜者中间指挥了自己最后一场音乐演出。虽然那时亨德尔双目已经失明，可当如潮汐般向他汹涌而来的各种乐器声响起，暴风骤雨般的合唱团的合唱声向他席卷而来时，他原本因疲惫而黯淡的面容顿时变得容光焕发，萎靡的精神随即振奋起来，他高举着双臂，精力充沛地指挥了整场音乐演出。整场演出中，他始终和大家一起放声歌唱，样子非常的虔诚，就如同站在自己灵柩旁边为自己和所有人的灵魂祈祷的牧师那样。在整场音乐演出中，只有一个瞬间，那就是当亨德尔喊"长号吹起"和所有的铜管乐器嘹亮地被吹响时，亨德尔全身战栗，他抬起头向天空久久凝视，仿佛是自己已准备好去面对上帝最后的审判一样。亨德尔好像很清楚自己已非常出色地完成了上帝赋予他的使命一样，他完全可以昂首阔步地走向对他微笑的上帝了。

演出结束时，亨德尔的朋友们异常感动，在他们把失明的亨德尔送回家时，他们已经感觉到这是他们和亨德尔的最后一次告别。疲惫不堪的亨德尔躺在床上，嘴唇微微颤动地低语着，自己希望在耶稣受难日那天死去。对此，在场看护病重中的亨德尔的医生们诧异不已，因为他们并不清楚，正是4月13日耶稣受难那天，亨德尔被命运那沉重的手击倒，也是在那一天，他的旷世著作《弥赛亚》公演，他的身心曾在那一天死去，可是又正是那一天，他奇迹般地再次站立起来。此刻，亨德尔希望自己在重新站立起来的那天死去，用此来证明自己从此获得如同耶稣那样的永生。

确实，上帝能够主宰我们的生，还能驾驭我们的死。亨德尔的生命能量终于在 4 月 13 日消耗殆尽，他那庞大的身躯仿佛一个空洞而沉重的躯壳，静静地躺在褥垫上，这个能回荡大海波涛声的亨德尔的空贝壳里，那我们无法聆听到的音乐仍在回响激荡，似乎比他生前听到的更为优美动听、悦耳和奇妙。这滚滚波涛般的音乐逐渐地在亨德尔消失生命活力的身上带走他的灵魂，这音乐还轻轻地将亨德尔的灵魂托举起来，将它带到浩渺的宇宙里，并永久地在永恒的宇宙里回荡。第二天复活节的钟声还没有敲响时，人类最伟大的音乐家乔治·腓特烈·亨德尔终于离开了无法让他永生的尘世。

鲁热：
一个流星般的天才

　　法国大革命取得了胜利，欧洲其他国家的统治者惊慌失措，纷纷扬言要派遣军队，主持公道，就这样，一场正义的保卫革命战争开始了。普、奥两国的联盟军队马上就进入法国的国境。

　　与此同时，法国军事工程师、业余歌曲创作者鲁热像在为某个陌生人作口述笔录一样，在一夜之间将一首军歌的词曲谱好。这一晚，如同有一股神奇的力量把这个本来非常平凡的人拉到了离他万里之遥的地方，又将他像一颗闪烁着转瞬即逝的光芒的流星般射向天空……

鲁热

1760—1836

法国工兵上尉

明星闪耀时

以工程师的身份加入军队并获得上尉军衔。（年份不详）

1792 年 受托创作《莱茵军战歌》，后改名为《马赛曲》，并成为法国国歌。

1804 年 写信给拿破仑，批判法兰西第一帝国。

1792年，法国的立法会议对于皇帝与国王们的联合行动是战是和已犹豫了两到三个月的时间。连路易十六自己也在犹豫不决，因为他担心，革命党人无论是胜利还是失败都会带来危机。各个党派也有不同的意见：为了保住自己的权力，吉伦特派极力主张开战，而罗伯斯庇尔和雅各宾派则极力主张和平，因为这样有利于他们在这段时间里夺取政权。然而形势却越来越紧张，报纸杂志上发表着各种论调，俱乐部里面的人们也在各抒己见，并且出现了越来越多耸人听闻的谣言。公众舆论也越发激进。因此，4月20日那天，法国国王终于向奥地利皇帝和普鲁士国王宣战时，这一决定就如同往日那样成为一种解脱。

在几周内，巴黎的天空就像罩着电压似的，让人烦躁不堪；那些边疆城市更是蠢蠢欲动。军队已经将全部的临时营地都集结了。武装志愿者和国民自卫军在每一座城市、村庄检修要塞。阿尔萨斯地区的人们最清楚法国和德国间的交锋会像往常那样最先降临到他们这个地区。对他们来说，在莱茵河另一岸的所谓敌人，可不是巴黎人印象中那种模糊、激昂的修辞概念，而是实实在在的存在，那些正在开过来的普鲁士军队离得那么近，从加固了的桥头堡旁、主教堂的塔楼上，都能一眼看到。德国人的隆隆滚动的炮车和铿锵碰撞的兵器，以及军号阵阵的声音随风飘过月色之下粼粼波光的河流。所有的人都知道，普鲁士此刻静默的大炮只要一声号令就会喷射出闪电和雷鸣般的火光，发出巨响。一场千年之争的德法之间的战争再一次开始了，只不过这次法国是为了争取新自由，而德国是为了维护旧秩序。

1792年4月25日，这一天，当驿站的邮差紧急地将巴黎宣战的消息传到斯特拉斯堡城时，顿时，市民从大街小巷涌向公共广场，驻扎在那里的所有军队为了出征，也接受了身披三色绶带①的迪特里希市长的最后一次检阅。当他挥舞着镶嵌着国徽的礼帽向准备出战的士兵致意时，战鼓和军号的声音让议论纷纷的市民们停止了所有的交谈。在迪特里希大声地用法语和德语向聚集在市中心广场的人们宣读了巴黎的宣战书后，军乐队奏响了《前进吧！》这第一支临时性的革命战歌。这支纵情又富有激励性且诙谐的舞曲，在即将出征的士兵们沉重整齐的步伐声中一下子增加了威武的节奏。阅兵式完后，聚集在中心广场的人们带着被激励起来的爱国热情散去。

一时间，斯特拉斯堡的大街小巷的大小咖啡馆、俱乐部里，到处都是发表煽动性演讲的人和散发传单的人。"公民们，警钟已经敲响了！拿起你们的武器，把战旗在手上高高举起！"一类的口号，出现在各种报纸、布告上，演讲者与每个公民的嘴里全都是"前进，为自由而战的人们！让我们武装起来！让那些头戴王冠的暴君们瑟瑟发抖吧！"这样富有节奏而又坚定有力的声音，围观的群众每一次都会对此报以热烈的欢呼和掌声。

斯特拉斯堡的街道和广场空地上始终都有为宣战而欢呼的民众，可这也避免不了另一些人因为忧虑和恐惧宣战而悄声嘀咕，只是他们欲言又止或者私下里窃窃私语罢了。所有的母亲都在担心自己的孩子会被德国兵杀害，所有的农民都在担心自己的财产

---

① 三色绶带：法国国旗为蓝、白、红三色，绶带上的三色代表法国。

遭到暴徒洗劫、自己的庄稼遭到践踏。只有身为斯特拉斯堡市长的德里希·迪特里希男爵和当时法国的进步贵族一样，决心为争取自由的事业而献身，因此他可以把宣战的那天在斯特拉斯堡变成一个公众的节日，并用慷慨激昂和铿锵有力的声音向人们表明自己坚定的信念，从一个聚会场地赶到另一个聚会场地，激励人民，并犒赏出征的士兵以美酒和美食。

到了晚上，他又邀请军队的各级指挥官和斯特拉斯堡的重要文职官员，到布罗格利广场旁的自己宽敞的府邸参加欢送会。隆重而热烈的氛围让这个欢送会一开始带有庆功的色彩。坐在主宾席上的是对这场战争有着必胜信念的将军们，而年轻的军官们则认为这次战争能让自己的人生充满新的意义，在宴会上自由交谈或者相互鼓励；有的因冲动相互拥抱，有的则因兴奋拔出战刀在空中挥舞，有的在慷慨激昂地演讲，有的则在为祝福干杯。无一例外地，这些人在宴会上的所有言辞都在重复宣言与报刊上的那些豪言壮语："前进！让我们武装起来，公民们！是到了拯救我们祖国的时候了！胜利的旗帜已经展开，那些头戴王冠的暴君必定瑟瑟发抖！把三色旗插遍世界的时刻到来了！让我们为了法国国王和这三色旗，为了自由奉献出自己的全部力量！"此时此刻，法兰西全国上下空前地团结，所有的人对于这场战争的胜利以及自由事业充满信心。

就在这样热烈的气氛中，迪特里希市长突然想起，自己身旁这位其貌不扬但温文尔雅的要塞部队年轻上尉鲁热，曾经在半年前宪法公布时，写过一首很棒的自由颂歌。军团中的音乐家普莱叶尔读后立即为其谱了曲，这首颂歌简朴、严肃、朗朗上口，非常适合军队演唱。军乐队已经把它练熟，曾经在公共广场上演奏并且大合唱过。而眼前，用音乐来体现宣战和出征的庄严场面不是再合适不过了吗？所以，迪特里希市长以随意的语气问鲁热上尉（他擅自为自己的名字加了个贵族的标志"德"，于是他的名字就成了鲁热·德·利勒，其实他并没有这样的权力）——就像对一个朋友请求帮个小忙一样——在这种爱国情绪高涨的关头，他是否愿意为那些将要奔赴战场的勇士们写些歌词，为明天就要踏上征途的莱茵将士们写一支战歌。

鲁热性格谦虚平和，从来都没有把自己当成过出色的作曲家——他的诗歌从没公开过，他创作的歌剧也没有得到过演出机会——但是他很清楚自己的水平，他擅长的是即兴诗。为了让市长和市长的朋友们高兴，他说他愿意从命。是的，他想尝试一下。"太好了！鲁热。"在对面就座的一位将军一边向他敬酒一边说，战歌完成后要马上送到战场上，交到他的手中。一首能够鼓舞斗志的爱国主义进行曲正是莱茵军需要的。在这期间，又有人开始热烈地聊起来，然后又是干杯声、喧闹声。热情之浪很快就将他们之间的短暂交谈淹没了。宴会越发热闹、令人沉醉，越发激动疯狂，一直到下半夜，宾客们才从市长宅邸散去。

下半夜了。这就意味着因宣战而令斯特拉斯堡激动的4月25日已经结束了，4月26日已经悄然到来。虽然夜色依然朦胧，但这种安静的黑夜仅仅是一种表象，整个城市依然弥漫着兴奋的气氛。士兵们正在兵营里为出征做最后的准备，紧闭门脸的店铺后门，一些小心翼翼的人或许已经悄悄溜走了。一队一队的步兵正在街道上整装待发，通信骑兵急促的马蹄声夹杂在里面，接着是炮车驶过时发出沉重的隆隆声，单调的口令一个哨位一个哨位地传递着。敌人已经兵临城下，这座城已经处于危险之中，居民们情绪高亢，在这决定性的时刻，他们难以入睡。

鲁热当然也不例外。此时的他已经回到了位于中央大道126

号的房子里，登上了螺旋楼梯，进了自己那间朴素的小屋里。他的心情也是一样激动，而且他并没有把许下的诺言忘记，他要抓紧时间谱写一首战歌、一支进行曲献给莱茵军。他在自己狭小的房间里来回踱步，烦躁不安。该如何开头呢？如何开头？各种演说、宣言、祝酒词里的那些鼓舞人心的句子依然在他脑海里纷乱地盘旋："公民们！拿起你们的武器！前进！向往自由的人们！……消除专制！……举起战旗！……"然而此时，出现在他脑海里的，还有以前听过的一些话，他想起了那些担心自己儿子是否安全的妇女，想起了那些担心法国的田野会遭到外国士兵践踏的农民，这头两行歌词，他几乎是下意识写出来的，那是所有呼喊的回音、记录和反响。

  前进！前进！祖国的儿子！
  荣耀的时刻已经到来！

  这时他顿住了，停了下来，这样的开头很不错，恰到好处。现在，他需要找到可以和上歌词的节奏和旋律。他把自己的小提琴从柜橱里拿出来，调试了一下，很棒。很快，开始几拍的节奏就和歌词的旋律融合在一起了。他赶快接着往下写，那种力量好像从身上奔涌而出，推着他继续向前。此时此刻，他心中的一切情感：那些在街道上、宴会上听到的话语；对暴政的仇恨；对国土的忧愁；对胜利的信念；对自由的追求——一时间都汇集到了一起。无须构思和编撰，鲁热只要把在今天一天广为传播的话语和上节奏和旋律，就可以将全国人民共同的、最深切的感受传达出来、唱出来。

  而且，他在作曲上也不需要费太多脑筋，因为节拍已经来自街上，来自时间，来自军队行军的步伐、军号的吹奏、辚辚的炮车声，那振奋人心的节奏已经穿透紧闭的百叶窗，进入他的耳中——也许他并没有意识到，他也没有刻意地竖起耳朵去听，然而这天夜里，他却听到了那节拍，藏在他平凡躯壳中的耳朵，对时间却有敏感的触动。就这样，旋律越发趋于那全体国民欢呼的节奏。

鲁热写得越来越快，就好像有人在口述，他在记录一般——作为一个小市民，他那狭隘的心灵中从来都没有如此汹涌地爆发过灵感。这狂热和激情并不是他个人的，而是受一种神奇的魔力驱使，推动他迸发激情，把这个本来非常平凡的人拉到了离他本我万里之遥的地方，又将他像一颗闪烁着转瞬即逝的光芒的流星般射向天空。就在一夜之间，这位再普通不过的鲁热·德·利勒上尉便成为一个不朽的人。他那创造性的歌词集合了街头巷尾、报刊上最原始的呼声，升华为不朽的诗篇，和它万古流传的曲调相映生辉。

我们面对神圣的祖国，
发誓向敌人复仇！
我们渴望宝贵的自由，
立志要为它而战！

接着，他写下了从第五节到最后一节的全部歌词，激情贯穿在整个诗篇中。歌词和旋律交融，完美无瑕。这首不朽的歌曲终于在黎明时分诞生了。鲁热关上灯，躺到床上，连他自己都觉得莫名其妙，刚才是什么力量驱使他如此思路清晰、灵感四溢，而现在，又不知道是什么把他带入了梦乡。而现实就是如此，他又重新失去了那属于诗人和创造者的天分。然而，那已经诞生、脱离了这位酣睡者的作品却依然摆放在桌子上。它就像奇迹一般飘然而至，降临到他身上。这首歌的词曲几乎是在同一时间诞生的，其创作速度之快，词曲交融之和谐，在各族人民的文化史上都难以找到能够与之相媲美的第二首。

大教堂的钟声像平常一样，提醒着人们新一天的凌晨已经到来，小规模战斗交锋已经开始，莱茵河的晨风带来了零星的枪击声。鲁热被这声音唤醒，但睡意犹存，他努力地从床上坐起来，隐约想起好像发生过什么和他有关的事情，但也只是模糊的印象。接着，他猛然看到那张摆在桌上墨迹未干的纸。诗歌？我什么时候写过诗歌？歌曲？这难道是我亲自创作的？我是什么时候为这首歌作曲的？噢——我想起来了，这不就是迪特里希市长昨天委托我为莱茵军写的那首进行曲吗！他一边看着那歌词，一边跟着哼唱起来。然而，就像大部分作者一样，他总是感觉自己刚刚完成的这部作品不是很好，幸好自己团里的一位战友住在隔壁，于是，他让战友帮他看一看，并且给他唱了一遍，而这位战友看上去对这首歌还是非常喜欢的，只是提议作几处小改动。在这样的肯定和嘉许下，鲁热获得了信心，他心怀作者常有的迫切感和对能够如此快速地完成诺言的自豪感，立即向迪特里希市长家中赶去。

此时正是清晨，市长正在花园里散步，思考着他的一篇新的演说稿。鲁热，你刚才说什么？这么快就完成了？好啊，那就快让我听听吧。

于是，他俩走进客厅。鲁热唱着歌词，市长用钢琴伴奏。这一大早就响起的音乐声吸引了市长夫人来到房间。她说，她愿意将这首新歌誊写几份。作为一个专业的音乐家，她还愿意为这首歌曲配写伴奏,这样就可以在今晚家里举行的集会上,和别的歌曲一起演唱给朋友们听,于是,颇为自负于自己甜美男高音的迪特里希市长便更加认真地钻研起这首歌来。

4月26日晚上,就在市长家的客厅里,这首在这天凌晨刚刚才完成作词谱曲的歌,让那些特地挑选出来的上流社会人士成为第一批大饱耳福的人。

对此,听众们都以友好的态度报之掌声,这是对在场的作者表示祝贺必不可少的礼节。然而,斯特拉斯堡大广场的德·布洛格利饭店的客人们当然无法预感到,他们生活的世界即将降临一首不朽的歌曲。

一个伟大的人或者一部伟大的作品通常是很难被同时代的人一眼识出的,就连市长夫人都没有发觉这将是一个特殊的时刻,我们可以从她写给自己兄弟的一封信中得到证实。在信中,她将这个奇迹的诞生简单地说成是社交界的一件普通事:"你知道的,我们要在家中招待很多人,总得想些新点子来作为消遣,所以我丈夫想出了一个好办法,让人为一首即兴的歌词作曲。工程部队的鲁热·德·利勒上尉是个脾气很好的人,而且还会作曲和写诗,他没用多长时间就写出了一首军歌的曲子,而我丈夫的男高音也很优秀,立即就将这首歌演唱了出来。这是一首有魅力而且有特色的歌曲,他唱得非常好,感情饱满;而我,也出了力,将我写伴奏的才能发挥了出来,写了钢琴和其他乐器的总谱,忙得不可开交。我们已经在社交界演奏过这首歌,受到很不错的评价。"

这句"受到很不错的评价",我们现在看来是非常平淡的,只不过是表达一个不错的印象和一般性质的称赞。然而,在当时,这是完全能够理解的,因为在这样的一次演出中,《马赛曲》无法将它真正的力量显示出来，他并不适合在小资产阶级的沙龙里，夹在浪漫曲和意大利咏叹调之间，用甜美的男高音来演唱。

它是一首富于战斗性的军歌，节奏感强烈，情绪激昂。"公民们，拿起你们的武器！"这是对成群结队群众唱的，真正能够表现它的是大步前进的军队、嘹亮的军号以及铿锵作响的武器。

这是一首为那些团结一致去共同战斗的人们创作的歌曲，而不是为那些安静地坐在咖啡馆里欣赏音乐的人写的。因此这首歌曲适合成千上万的人一起合唱，而不适合男女高音歌唱家独唱，这是一首非常典型的、适合作为庆祝凯旋演奏的曲子，也适合在国家蒙难时用来表达悲伤的歌曲，更是一首适合于振奋人心的进行曲，属于全法兰西人民的国歌。虽然这首歌曲的创作者的创作动力来自当时全法兰西人民的爱国激情，可在当时并没有得到更广泛地流传。当时法兰西的军队还不知道这首进行曲，法兰西大革命也不知道自己已经拥有了这首不朽的战歌。这首歌曲的歌词在当时还没有在法兰西人民的心中得到广泛的共鸣，这首歌曲的旋律还没有飞入全法兰西人民的心中。

连鲁热·德·利勒自己也没有想到奇迹在一夜之间降临到自己的身上，如同一个梦游者那样，在非常偶然降临的神秘力量的引导下写下了这样伟大的歌曲。当被邀请而来的客人为这首歌曲热烈鼓掌，并彬彬有礼地向他祝贺时，天生胆大却又资质平庸的利勒当然感到高兴，怀着一个小人物的虚荣心，想着今后一定要在自己的小圈子里尽量炫耀这个成就。为此，利勒还在咖啡馆亲自为他的战友们演唱了这首歌，还请人抄写了几份副本分别给莱茵军团的将军们送去。与此同时，斯特拉斯堡乐团接到市长的命令排练了这首《莱茵军战歌》，并且在部队出发时，斯特拉斯堡自卫军乐队在广场上演奏了它。有一个斯特拉斯堡的爱国出版商还对外宣布，准备出版这首《莱茵军战歌》，因为这是吕克纳将军的一个部下怀着敬意给将军创作的。但莱茵军团里没有一个将军在军队行军时想演奏或让士兵唱这首军歌。因此，"前进！前进！祖国的儿子！"这首歌曲，在这一刻看来还仅仅是鲁热个人在沙龙里的一次偶然的成功，只是地方上的一个小事件，并且会迅速被多数人遗忘的事件而已。

可是，在这个世界上，从来就不会有哪一部蕴含强大能量的作品被埋没或者长久地被封存，也不会有哪一件优秀的艺术品随着时间的流逝被遗忘，虽然会有暂时被禁锢或者埋葬的可能，但，终究有一天，具有顽强生命力的它会冲破所有阻碍脱颖而出。这首《莱茵军战歌》在刚被创作出来的一两个月里，人们没有听到过它，歌曲的手抄本和少量的印刷本也只是在一些无关紧要的人的手中流传着。然而，一件作品若是能够真正地将哪怕是一个人的激情点燃，就已经够了，因为无论是哪种真正的激情，它本身还可以激发出更多更大的创造才能。

6月22日，这一天在法国马赛的宪法之友俱乐部，人们正在为即将出征的志愿者举行欢送宴会。身着崭新的国民自卫军军服的五百名朝气蓬勃的青年人，整齐划一地坐在长桌旁，一种与4月25日斯特拉斯堡相似的气氛弥散在他们中间。在这场宴会上，马赛人所特有的南方气质使得整个气氛显得更加的亢奋、热烈与冲动，所不同的是，这时的马赛人没有像刚宣战时那样对战争充满必胜的信念了。因为这些刚从莱茵河对岸撤回的革命的法国军队不同于那些高谈阔论的将军们；况且德军现在已经深入法国境内，法兰西人的自由和自由事业正面临威胁，处在紧急危难关头。

宴会进行到一半的时候，突然蒙彼利埃大学医学院一个叫米勒的年轻学生把手中的酒杯重重地在桌子上一放，他站起身来，四周的人们以为他要进行致辞或演讲纷纷地安静下来。但让人们没有想到的是米勒并没有演讲，而是挥动右臂高唱了一首大家从来没有听过的新歌。没有人知道他是在哪里学会这首歌的。"前进！前进！祖国的儿子！"

这歌声在此情此境中好像火花遇见了火药一样，顿时把人们的感慨和情绪带到了高潮。那些明天就将要开赴战场去为自由而战，为祖国献身的热血青年，在听到这歌声后都认为它把自己内心最真挚的情感与愿望表达了出来。他们潜藏在内心的激情被歌声的节奏激发出来，歌曲的歌词深深地打动了他们，曲调也变成了他们自己的曲调，情不自禁地跟着米勒唱了一遍又一遍，宴会当中所有人的情绪不由得激动起来，全体起立，高举起酒杯齐声高唱："公民们，为自由武装起来！公民们，去为祖国而战！"

雄壮的歌声将街道上的人们吸引过来，最后这些被歌声吸引过来的人们，也加入了歌唱的队伍。

第二天，成千上万的马赛人都在哼唱这首歌，人们开始散发这首歌新出的唱片，直到那五百名马赛志愿军勇士出发的7月2日那天，这首歌已经被传唱开了。当马赛的勇士们在行军的路途上感到疲劳，他们的脚步变得无力时，只要队伍里有一个人唱起这首歌，这首歌有力的节奏就会重新赋予他们无穷的力量。

当这支由志愿人员组成的军队经过某个村落时，这首被他们反复哼唱的歌曲马上就会引起当地人的注意，当地人会好奇地聚集在一起，跟随他们一起高唱这首歌曲。

现在，这首歌曲完全成为马赛志愿军的军歌了。可这些马赛人根本没有想到的是，这歌原本是为莱茵军团而写的，他们甚至也不知道这首被他们当成生死信条的军歌的作者是谁，它于哪一年被创作出来。这歌就像马赛军的一面旗帜，在他们斗志昂扬的行军中传遍世界。

不久，鲁热的这首圣歌便被人们命名为《马赛曲》。在马赛人从巴黎郊外进入巴黎的时候，马赛志愿军的军旗和这首歌引起了人们的注意。7月30日的那天，成千上万的巴黎市民站立在街头等待着他们，以便隆重地欢迎这些赶来巴黎救援的人们。当五百名马赛男子随同这首歌曲的节奏，一遍遍高唱着这首歌曲大步向巴黎走近的时候，欢迎他们的所有巴黎市民都在用心聆听，他们想知道马赛人到底唱的是哪一首歌，竟然让人如此心潮澎湃。这首歌如同让人振奋的号角，伴随着战鼓的鼓点敲扣在人们的心弦上："公民们，让我们武装起来！"在短短的两三个小时之后，这首马赛人高唱的歌曲就在巴黎的大街小巷里回荡。而那首《前进吧》的歌曲现在一下子就被人们遗忘了，巴黎大革命的人们终于找到了能够完全表达自己心声的声音，找到了属于自己的战歌。

就这样，这首歌曲在巴黎如同雪崩般地、势不可挡地飞散开：它在宴会上、剧场与俱乐部里被人们放声高唱，后来甚至在教堂里，当人们唱完赞美诗后也会唱起它，不久后更是替代了赞美诗公然地在礼拜后被人们高唱。

在短短的一到两个月的时间里，这首《马赛曲》就成为法兰西全民会唱的歌曲，成为全法国最能激励斗志的歌曲。时任共和国第一任军事部长的赛尔旺独具慧眼，他马上就认识到这首歌曲具有鼓舞斗志、振奋人心的无与伦比的力量。因此，他立即签发一道紧急命令，印刷十万份送发到军队中去。于是，这个当时还不为人知的歌曲作者的作品，在两三天内的发行量比拉辛、伏尔泰和莫里哀所有的作品的发行量还要多得多。从此，法兰西没有一个节日不是以《马赛曲》作为压轴曲目，没有一次战斗不是从军乐队演奏《马赛曲》开始。

在法国的热马普与内尔万战役时，许多团队在发动决定性冲锋时，都齐声高唱着这首歌曲编队进行冲锋。这时，那些以前只知道用双份犒劳酒的老办法激励士兵的敌军将领也惊诧地发现，当成千上万的法国士兵高唱着同一首歌曲，如同海啸般咆哮着冲锋时，几乎没有任何力量能够阻止他们。此刻，《马赛曲》就如同插上翅膀的胜利女神奈基，振翅翱翔在法国的各个战场上空，给无数法国人带来勇气和不可战胜的信念。

而这个时刻，鲁热这个不为人知的法军上尉正在为修筑防御工事，在许宁根驻地自己的营房里一丝不苟地绘制防御工事的图纸。这时的他也许早就忘记了自己于1792年4月26日深夜创作的《莱茵军战歌》，而在他通过报纸看到这首歌曲如同暴风骤雨般地征服整个巴黎时，他简直无法想象这首洋溢着必胜信念的歌曲中的每一个节拍和词语，只不过是那天深夜突然降临在他身上的一种奇迹罢了。

当这首军歌在法国响彻云霄、缭绕天宇时，整个法国并没有人把创作这首歌曲的作者捧到天上去，也没有人去关注这位名叫鲁热·德·利勒的上尉；好像这首战歌所赢得的巨大荣誉只属于歌曲本身，和它的作者鲁热一点儿关系都没有。命运有时就是如此残酷。人们在印刷歌曲时并没有将鲁热的名字同时印上，而这个已习惯了不被他人重视的人，对此也不以为然。虽然他的这首不朽的战歌推动了巴黎革命的进程，可鲁热自己并不是一个革命者，相反，他那时还想尽自己的全力来阻止这场革命。

鲁热早就对革命厌倦了，当巴黎和马赛起义的民众高唱他创作的歌曲，对杜伊勒里王宫发动猛攻和推翻国王的时候，他拒绝为新的共和国效力而辞去自己的职务，同时他也拒绝为雅各宾派服务。在这首战歌中，"渴求宝贵的自由"这句歌词代表了他真实的内心，鲁热对于法国国民公会里的新独裁者和暴君的厌恶情绪并不亚于对法国周边的国王和皇帝的憎恨情绪。当他的朋友，那两个对《马赛曲》诞生起到过关键作用的吕克纳将军（他的这首歌曲是献给他的）和迪特里希市长，以及当他创作完的第二天晚上听《马赛曲》的头一批听众（军官和贵族）们，一个接一个被推上断头台时，鲁热不满地对罗伯斯庇尔福利委员会进行了公开表白。

更荒唐的是，作为一个革命诗人的鲁热自己不久后也被当成反革命被捕，并指控他犯有叛国罪。一直到罗伯斯庇尔被推翻的热月①9日那天，沉重的监狱大门被打开，这才使得法国革命免遭了将激励过这次革命前进的战歌的作者送交给"国民剃刀"的奇耻大辱。

要是鲁热当时真的被处死，也可谓死得壮烈英勇了，而且也免去了日后遭受的穷困潦倒、糊里糊涂度日的生活。更不幸的事情是，在鲁热四十多年的生活中，他虽然度过了成千上万的日子，可是真正对于他有意义的日子只有一天。

这个平庸、擅自闯进不朽者行列的作者，后来被军队开除，并取消了退休金；他所创作的歌剧、歌词和诗歌都没有获得演出和出版，看来命运并没有宽待他。后来，这个小人物做过各种各样并非干净体面的工作，并在穷困潦倒中度过了渺小的一生。虽

---

① 热月，法国共和历的第 11 个月，相当于公历 7 月 19 日至 8 月 17 日，某些年份会有微小差异。

然，卡诺和拿破仑都曾出于同情想给予他一些帮助，可到后来还是没有能够如愿以偿。

一次偶然的机会，命运让鲁热做了三小时的天才，然后又不屑一顾地将他残酷地抛回到原先他所在的那个微不足道的位置上。就是因为这样残酷的命运，鲁热的性格里就像是被掺进了毒素，他变得特别乖戾，对每个执政者都是一肚子的不满和牢骚。他写了一封言辞激烈的无礼信件给想提供帮助给他的拿破仑，公然表示自己自豪于曾经在全民投票时投了拿破仑的反对票。他因为自己经营的生意而被卷进一些不光彩的事件里，甚至因为一张空头支票而被关进了圣佩拉尔热的债务监狱。他走到哪里都不受欢迎，债主跟踪堵截他，警察们总是找上门来调查，最终，他忍受不了这样的生活，在省里找了个隐秘的地方躲了起来。

他远离人群，人们已经遗忘了他，他就像在坟墓里窥探着自己那首不朽歌曲的命运。他听说那战无不胜的军队已经将《马赛曲》带到了欧洲每一个国家，然后，他又听说拿破仑要将这首过度革命化的歌曲在自己登上皇位之前从所有的节目单中撤掉，最终，他听说波旁王朝的后裔将这首歌彻底禁止了。

1830年7月，已经过了一代人的时光，革命再次爆发，巴黎的街道上又一次响起马赛曲，旧日的生机和力量重新点燃。鲁热以诗人的身份得到了资产阶级国王路易·菲利普赠送的一笔菲薄的养老金。他给人们留下的印象只是隐约的记忆，然而这一切对于这个与世隔绝太久的老人来说，却如同一场梦。当1836年，这位七十六岁高龄的老人在舒瓦齐勒罗瓦去世时，他的名字已经几乎没有人能够叫得出甚至为人所知了。

但是，当又一次过去几代人的时光，到了第一次世界大战，

《马赛曲》早已作为法国国歌,重新在法国的每一个战场上空响起,这位卑微的上尉的遗体也被送到荣耀军人教堂里安葬,和其同放一处的,还有曾经也是卑微少尉的拿破仑的遗体。这样,令这个平庸而又曾经创作出一支不朽战歌的作者倍感失望的祖国,终于赐予他一块供其长眠的荣耀墓地,虽然,他的角色不过是短短一夜的诗人。

拿破仑：
滑铁卢的一分钟

　　拿破仑三十岁时发动了一次政变,并自任为法国第一执政,那天是1799年11月9日。1804年,拿破仑的权势达到顶峰,法国元老院授予他皇帝的称号。1814年,拿破仑被反法联军打败,并被放逐到位于地中海的厄尔巴岛。次年,拿破仑潜逃回法国,并重新称帝。此时,正在维也纳准备召开瓜分法国会议的欧洲各国君主立即临时组成第七次反法同盟,同年6月18日,在比利时的滑铁卢,惊心动魄的战斗打响。拿破仑的传奇能否继续?

拿破仑

1769—1821

法兰西第一帝国皇帝

Napoleon I

明星闪耀时

1785 年 任炮兵少尉。法国大革命爆发后,加入雅各宾俱乐部,成为参加资产阶级革命活动的极少数军官之一。

1793 年 在土伦会战中立功,获准将衔。

1795 年 在镇压葡月 13 日王党叛乱时表现果断,晋升少将,并被任命为巴黎卫戍部队司令。

1796 年 统兵到意大利作战,以出色的指挥,并依靠人民反奥、反封建力量,打败皮埃蒙特和奥地利联军。

1798 年 率军远征埃及。

1799 年 返巴黎,发动雾月 18 日政变,推翻督政府,组成执政府,任第一执政。

1804 年 建立法兰西第一帝国,称拿破仑一世皇帝。

1815 年 兵败退位一年后重返巴黎,恢复短期统治,同年 6 月滑铁卢会战失败后再次退位。

命运从来都是青睐强权的人和勇敢的人，命运总是屈从于这样的人物：凯撒、亚历山大、拿破仑，因为命运总是喜欢这些与自己一样不可捉摸的强悍人物。

但是，有时也会出现很罕见的情况，命运不知道是出于什么样奇怪的心态，竟然把自己抛给一个平庸的人。有时，一个无能的人瞬间就掌握了命运之线，这是历史上最让人诧异的瞬间。那些平庸之辈像一阵风暴似的被卷入了英雄们的世界。但是当上天将重任交付给他们时，他们与其说是感到荣幸，不如说是惊慌失措。这些主动投怀送抱的机缘总是被他们慌慌张张地从手里丢掉。确实，极少有平庸者能够将机缘一把抓住，然后平步青云。因为上天只会在短短的一瞬间将重任交付给平庸的人。如果谁错过了这一瞬间，就绝对不会再有第二次机会。

1.格鲁希

正在进行的维也纳会议上，弥漫着跳舞、嬉戏、调情、欺诈、吵闹，此时，如一枚炸弹一般破空飞来一则震惊四座的消息：像一头被困的雄狮一样的拿破仑已经闯出了厄尔巴岛的牢笼。而后，其他的信使也都纷纷带来了新消息：里昂被拿破仑占领了;国王被他赶走了;狂热的军队又挥舞着旗帜倾向他一边;他已经回到巴黎了;他已经在杜伊勒里王宫入住了——莱比锡大会战和 20 年艰辛的战争全都成了徒劳。那些刚刚还在相互不停指责、吵闹抱怨的大臣就像被一只利爪钳住了一样,重新聚集在一起,他们匆忙地从英国、普鲁士、奥地利、俄国的军队中分别抽调出一支来。现在,他们要再一次联合起来,将这个篡权者彻底击败。欧洲的那些合法皇帝从来都没有这么惊慌不安。法国北边,威灵顿①已经开始进军过来,而在另一个方向,布吕歇尔率领的一支普鲁士军也作为他的支援部队正在靠近。莱茵河畔,施瓦尔岑贝格严阵以待;而德国境内,后备军俄国军团正在缓缓穿过。

很快,拿破仑就意识到自己面临的形势是如此的千钧一发。他心里明白,绝对不能眼睁睁看着这些猎犬集结成群。在普鲁士人、英国人、奥地利人结成一支欧洲盟军之前,在自己的帝国没落之前,他必须将他们一个一个攻破;他的行动必须迅速,否则国内就会一片怨声;他如果想取得胜利,必须赶在共和分子重整旗鼓并且联合王党分子之前,在诡计多端的两面派富歇和同他一样龌龊的塔列兰联合起来并且在他背后捅一刀之前,他必须凯旋;趁着自己的军队热情高涨,他必须将敌人一鼓作气地了结。每一天、每一小时都是损失,充满危险。于是,他匆忙地将赌注压在比利时这个全欧洲流血最多的战场上面。6 月 15 日凌晨 3 点,目前仅有的一支拿破仑大军的先发部队越过了比利时的边界。6 月 16 日,在林尼,法军与普鲁士军遭遇并很快地将他们击败。这是拿破仑冲出牢笼后第一次非常凶狠的攻击,虽然不是致

---

① 威灵顿(1769—1852):英国元帅,反拿破仑战争中的盟军统帅之一,因滑铁卢一役闻名于世。

命的一击。被拿破仑打败可并没被消灭的普鲁士军很快就退到布鲁塞尔去了。

与此同时,拿破仑正在筹备第二轮攻击威灵顿的军队的计划。他既不给对手稍微喘息的机会,也不允许自己有喘息的机会,他非常明白每耽搁一天的时间,就意味着自己给了对手增添力量的机会。对于拿破仑来说,胜利的捷报就如同烈性烧酒一样,能够给自己身后的法国以及流血和不安的法国人民如醉的狂喜。6月17日,当拿破仑亲自率领自己的军队抵达四臂村的高地前时,他的对手,这个意志顽强又处事冷静的威灵顿早就在高地上修筑好工事,严阵以待。拿破仑对这次战役的部署不同于以前,他做得非常详细周到,下达命令时也非常明确和清晰。在进攻方案上不仅反复斟酌,而且也充分地预计到自己军队所要面临的各种危险因素所在,那就是当布吕歇尔的军队只是被击败而并非是被完全歼灭时,布吕歇尔的军队会随时与威灵顿的军队合兵一处。为了防止这种可能的存在,拿破仑抽调自己军队里的部分兵力对普鲁士军进行追击,以防止他们与英国军队会合。

拿破仑将这支追击部队的指挥权交给格鲁希元帅,这个作风踏实可靠、兢兢业业的有着平庸气质的老兵。他在担任骑兵队长的时候,被评价为非常称职的骑兵队长,仅此而已。因此,他既没有内伊那样的勇气,也没有圣西尔和贝尔蒂埃那样的深谋远虑,更不用说缪拉那样的雄才大略了。他是个没有任何传奇故事和英雄事迹的人。在跟随拿破仑的生涯中,他不是凭借特殊功勋而获得荣耀与地位的,之所以后世人们知道这个人是因为他的厄运和不幸。从军二十多年,他参加过从西班牙到俄罗斯、从尼德兰到意大利的很多战役,才一级一级地升到元帅这个军人的顶峰位置。也不能完全说他没有什么功绩,只是他没有特殊的成就而已。因为俄罗斯的寒冷、阿拉伯人的匕首、埃及的烈日以及奥地利人的子弹使得他的前任相继阵亡（拉纳在瓦格拉姆、克莱贝尔在开罗、德赛在马伦哥）。他之所以能够当上元帅，是在经受20多年的战争煎熬，水到渠成的结果，而非一鸣惊人的结果。

格鲁希既不是纵横沙场的勇士，也非运筹帷幄的谋士，在这一点上，其实拿破仑自己也很清楚，格鲁希只是个循规蹈矩、踏实可靠的人而已，手下有才能的元帅有一半已命归黄泉，而剩下的几个早就厌倦了这样风餐露宿的战场生活，正躲在自己的庄园里郁郁寡欢地养老呢。出于不得已的这种状况，拿破仑不得不对格鲁希委以重任。

6月17日，是拿破仑军队取得林尼战役胜利的第一天，也是滑铁卢战役的前一天，这一天上午十一点钟的时候，拿破仑首次把独立指挥军队的权力交给了格鲁希元帅。就是在这一天极为短暂的一刹那，格鲁希元帅从一个只知道唯命是从，以服从命令为天职的普通军人位置上一下走到了世界历史的行列中。这一刹那虽然是短暂的，但是又是决定整个世界命运的刹那。

拿破仑给格鲁希元帅所下达的命令再清晰不过，那就是当他向正面的英国军队发动进攻时，格鲁希元帅只需要带领拿破仑交给他的1/3的军队追击溃败的普鲁士军队就行了。这项看起来十分简单的任务，既不复杂也不含糊，可这个计划就像一把双刃剑一样。在拿破仑向格鲁希分配追击任务的同时，他还非常清楚地交代了另一件事，格鲁希必须在追击普鲁士军队的时候，随时与主力部队保持联系。

格鲁希不太习惯独立指挥军事行动，因此，在拿破仑向他下达命令的时候有些犹豫，当他看到拿破仑天才的目光后心里才踏实下来，不假思索地接受了任务。与此同时，他还隐约地感觉到自己手下的那些将领私下里对他有不满的情绪。也许这一次是命运躲在黑暗之处捉弄自己呢，他想。不过让他稍感安慰的是，军队的大本营就在附近，他率领的军队只需急行军三个小时就能够很快地和拿破仑的军队会合。

格鲁希在瓢泼大雨中率领自己的部队出发了。在湿滑泥泞的道路上，军队缓慢地朝着普鲁士军队前进。也许可以这样说，他率领着自己的军队朝着布吕歇尔军队所在的位置移动。

2.在卡右的夜晚

北方的暴雨不停地下着。拿破仑的军队在黑暗中步履艰难地前进，士兵们浑身被大雨浇得湿透，每个人脚底下的靴子上至少带有两磅重的泥土。整个行军的路上没有一幢可以用来躲雨的房子，甚至连田地里的麦秆和稻草全湿淋淋的，人们想在上面躺下休息都不可能。居于这样糟糕的状况下，拿破仑只好让他的士兵们十个或者十二个一组就地坐下，背靠着背相互取暖，在倾盆大雨中睡觉。拿破仑坐立不安，忧心如焚，因为在这样糟糕的气候里，他的部队无法实施对敌情的侦查，他的侦察兵递上来的报告也含糊其词，并且追击普鲁士军队的格鲁希也没有任何关于普鲁士军队的消息，这些不确定的因素使得他无法安心睡觉。

凌晨一点的时候，拿破仑冒雨步行到距离英军炮火射程以内的前沿阵地。他盯着英军阵地上茫茫雨雾中隐约闪现的模糊的灯光，思索着进攻方案。一直到拂晓才回到设在卡右的小房子里的那间极为简陋的统帅部。令他稍感宽慰的是，格鲁希送来了第一批报告,虽然报告中关于普鲁士军队撤退去向的部分非常含糊,但格鲁希承诺一定很好地完成追击任务。

雨水逐渐地停了下来,在那间简陋的小屋里,拿破仑焦急地来回走动,他不时停下来眺望发黄的地平线,想看看远处的一切是不是能够最终清晰地呈现出来,以便自己能为进攻方案下最后的决心。

清晨五点的时候,雨彻底停了,笼罩在拿破仑心中的层层疑雾也在消散,他最终下达了命令,全军必须在九点之前作好总攻准备,随即,他的传令兵把这一命令送达各部。不久,在军队集合的鼓号声响起时,拿破仑才在他的行军床上躺下,休息了两个小时。

3.那个滑铁卢的上午

因为三天连绵不断的雨水,地面变得湿软、泥泞不堪,影响整个部队的行军,也影响了炮兵的移动,因此,到上午九点时,拿破仑的部队还没有完全到齐。这一刻,突破阴云的太阳阴郁乏力地散发着淡黄的光芒,不像当年在奥斯特里茨那样灿烂,预兆吉利。天地之间大风呼啸着,拿破仑的军队在这样的情况之下终于做好了所有进攻前的准备工作,原地等待进攻的命令。

总攻打响之前,拿破仑骑上自己那匹白色的战马,沿前线对自己的军队进行了一次检阅。旗手们高举战旗,骑兵们挥舞着战刀,步兵们把自己的熊皮帽挑在刺刀上,在呼啸着的冷风中向拿破仑致意。所有的战鼓和军号的声响响彻云霄,但从七万名士兵喉咙里迸发出的低沉又洪亮的"皇帝万岁"声如同雷鸣滚过旷野般盖过了军号和战鼓的声音。

在位二十多年，拿破仑检阅过无数次军队，可从来没有哪一次的情形像今天这样壮观和热烈。欢呼刚完，炮兵就接到了用榴弹炮轰击英军的命令，这时已经是十一点了，比原先拿破仑预定的时间迟了两个小时，这也是决定拿破仑今后命运的两个小时。紧接着有"人中豪杰"之称的内伊亲自率领着步兵向高处的英军发动了首轮冲锋。

决定拿破仑命运的时刻终于到来了。

对于这场战役的描述有很多，可人们对各类记载这场战役的文字的阅读兴趣丝毫没有减弱，他们有时去看作家司汤达对这场战役的片段描述，有时又去看作家司各特写的鸿篇巨制。这场战役，无论人们站在哪个角度去看，都称得上是伟大的和具有多重历史意义的。这是部忽而陷入畏缩，忽而又充满希望，扣人心弦又富于戏剧性的艺术杰作。两种变幻不停的状态交织在一起，最后成为拿破仑命运的灭顶之灾。这场具有典型性悲剧的战役，让当时整个欧洲的命运全系在拿破仑的身上，他的存在如同在节日里让人炫目的烟火，在快要熄灭和落地时，突然又再次冲上天空。

战役从上午十一点打到下午一点，拿破仑的部队曾一度占领了高地的村庄和阵地，可很快他们又被英国军队赶了下来，随后法国军队又发动再次进攻，一万具尸首躺在泥泞空旷的山坡上面。双方除了在这场战役中消耗兵力外，再也没有什么作为。两边的统帅因此变得焦躁不安，士兵们也因此而疲惫不堪。两边的人心里都清楚，哪一方先得到援军，哪一方就会获得最终的胜利。拿破仑等待着格鲁希的部队，而威灵顿在等待布吕歇尔。拿破仑接二连三地派出传令兵到格鲁希那里,他显得非常焦躁不安,不时地举起望远镜观看整个战场的情况变化,如果他的那位元帅能够及时赶来增援,那么,在奥斯特里茨上空的那轮太阳将会重新照耀法兰西大地。

4.格鲁希致命的错误

可此刻,格鲁希本人并未意识到拿破仑和法国的命运已经由他掌握,只是遵照拿破仑给他的指令在6月17日晚上出发,按照预定的方向追击溃败的普鲁士军队。这时,雨早已经停了,昨天初尝火药气味的这些年轻的法兰西新兵,因为始终没有出现过敌情,没有寻找到被击溃的普鲁士军的行踪,正无忧无虑、慢腾腾地走着,好像正走在一个充满和平的国度里一样。

6月18日早上,就在格鲁希元帅吃早餐的时候,突然他感到脚下的大地微微地震颤起来。所有人都屏息聆听,从远处传来沉闷的大炮轰鸣的声音,从炮声中人们可以听出,离他们的驻扎地至多只有三小时的路程。几个军官像印第安人那样伏在地上试图弄清楚炮声的方位。这一刻,隆隆作响的沉闷炮声不断地从远处传来。人们都知道这是圣让山的炮声,滑铁卢战役已经打响了。

格鲁希立即开会征求各位将领的意见。他的副手热拉尔急不可耐地说:"部队这时应该立即朝开炮的方向进发!"第二个发言的将领也认为,部队应该立刻朝开炮的方向运动,而且速度一定要迅速!在格鲁希的军队里,几乎所有的人都清楚地意识到,拿破仑已经向对面的英国军队发动了进攻，重大的一次战役已经打响，但格鲁希这一刻依旧举棋不定。这个平时习惯了服从命令的人，谨小慎微地抱定了写在纸上的拿破仑的命令：去追击被击溃正在撤退的普鲁士军队。他的副手热拉尔看到他犹豫不决，就有些冲动地说："部队赶紧朝开炮的方位靠拢！"当着二十多名军官和平民，这位副司令的话简直像在下达命令，而且口气里丝毫没有请求的意思。他的话让格鲁希感到非常不快。因此，格鲁希语气强硬、态度严厉地告诉他，在皇帝下达撤回命令之前，他绝不会擅离职守。所有的军官都感到绝望了，就在这个时候本来还在隆隆作响的炮声却不祥地沉默下来。

热拉尔只能妥协，他想尽最后的努力，于是，他恳求格鲁希允许他率领自己的一个师和部分骑兵赶回拿破仑的身边，他向格鲁希一再保证自己能够及时赶到。格鲁希考虑了一会儿，也许他就考虑了一秒钟的时间。

5. 被瞬间决定的历史

也许格鲁希自己根本没有想到的是他考虑的这一秒钟，却是决定拿破仑与他自己命运，甚至世界命运的一秒钟。整个19世纪的格局就这样在瓦尔海姆的一家农舍流逝的一秒钟里被决定了，而决定着整个格局和命运的一秒钟却掌握在一双有点儿神经质地搓揉了皇帝命令的手上，掌控在那个刻板迂腐的平庸者的一张嘴巴里，这是多么的不公平和多么大的不幸！在这短暂的一瞬间，如果格鲁希能够不拘泥拿破仑的命令，拿出自己的勇气和魄力，相信再清楚不过的战情信息，那么法国就会因此而获救。非常可惜的是，格鲁希天生就是个没有主见，又循规蹈矩，只会听从写在纸上的条例的家伙，因此，他是不会听到命运对他的召唤。

格鲁希态度坚决地对热拉尔摆了摆手说，把原本就很少的兵力分散是不负责任的，再说，皇帝给他的任务是去追击普鲁士军队，于是毫无商量余地地拒绝了这一违背拿破仑命令的建议。

会议上，军官们闷闷不乐地静坐着，会场一片沉寂。这决定世界历史的一秒就在这静默中一闪而逝了。自此之后，不论人们用什么样的行动和言辞都无法挽回这至关重要的一秒钟。威灵顿获得了滑铁卢战役的胜利。

固执己见的格鲁希率领着他的部队继续前进寻找普鲁士军队，他的副手热拉尔和旺达姆紧握着拳头，愤愤不平地跟随。随着时间一小时一小时地流逝，格鲁希自己也变得不安起来，对于自己坚持遵守拿破仑追击命令的决定也越来越没有把握。因为让人弄不明白的是，普鲁士军队始终没有出现，非常明显，他们并没有找到布鲁塞尔撤退的方向。接下来，侦察兵报告上来的情况向他显示出，普鲁士军队在撤退的过程中已分兵几路迂回到激战正酣的主战场。要是在这一刻，格鲁希马上挥军去救援拿破仑，那还有可能补救和挽回败局，可他还是忐忑不安地等待拿破仑让他返回的命令。

可始终没有命令传来，只有这震颤大地的隆隆炮声，并且格鲁希和他的部队离这炮声越来越远。而此刻，滑铁卢战役正在进行着最后的一搏，那呼啸、轰鸣的炮弹声便是这场赌博掷下的骰子。

6.滑铁卢战役的下午

6月18日下午1点,拿破仑发动的四次进攻都被英国军队打退下来,可处于防御状态的威灵顿的主阵地的防线明显出现了快被撕开的迹象。眼下,拿破仑正在酝酿发动一次决定战场形势的进攻。他增强了炮兵对英国军队阵地的轰击。在炮弹的硝烟如同帷幕般遮掩住山头前,拿破仑对着战场扫视了最后一眼。

就在这个时候,拿破仑突然发现战场的东北方位,从树林冒出来一队黑压压的人马。一支身份不明的军队使得战场上的所有望远镜都朝着这个方向聚焦。难道是格鲁希奇迹般地违抗命令而赶来?但实际上不是这样。一个被带过来讯问的俘虏说,那是普鲁士军队,是布吕歇尔将军的前卫部队。此时,皇帝第一次有了预感:为了抢先和英军会合,那支被击溃的普鲁士军队已经摆脱了后面的追兵;而他自己却将自己三分之一的兵力浪费在广阔的空地上像无头苍蝇一样徒劳地追逐。他立即写了封信给格鲁希,命令他马上不顾一切向自己靠拢,并且阻止普鲁士军队集结威灵顿的军队。

此时,内伊元帅又接到命令,要求他必须在普鲁士军队到达前进攻并且歼灭威灵顿的军队。而突然之间,取得胜利的概率大幅度减少。这样的时刻,无论赌注多大,都算不上是冒险。整个下午,法军向威灵顿的高地发起了好几次进攻。战斗越发残酷,投入的步兵数量一次比一次多。

很多次,他们冲进被炸毁的村庄,但被击退回来,然后又再次举着战旗拥上已被击散的方阵。但威灵顿依旧毫发未损。这个时刻,格鲁希率领的部队依然没有任何消息。而普鲁士军队正一步步向着法军靠近,心神不定的拿破仑喃喃自语:"他到底在哪个地方呢?格鲁希到底在干什么?"拿破仑手下的指挥官也因此焦躁不安起来。元帅内伊的战马已经被英军击毙三匹了,他已经准备把全部的预备队拉上战场去决一死战。内伊是如此的勇猛果敢,但格鲁希却是那样的优柔寡断。

内伊把手中所有的骑兵都投入到战斗中。一万名步骑兵和铁甲骑兵拼死一战地将英军方阵踏烂,他们冲破了英军最前面的几道防线,砍死了英军的炮手。虽然他们再一次被迫撤退下来,可是英军的战斗力在这个时刻已经呈现出消耗殆尽的迹象。如同铁桶般严密的防线在高地上已经被法军冲散开。拿破仑在内伊伤亡惨重的骑兵被英军的炮火赶下高地时,正指挥着他最后的预备队——老近卫军艰难地朝着英军阵地进行冲锋。此刻,全欧洲的命运取决于拿破仑的军队是否能够攻占这个山头了。

7. 最后的决战

6月18日那天,英法双方军队阵地上的四百门火炮从上午开始就不间断地相互开炮轰击。朝着开火方阵冲杀的骑兵的铁蹄声响彻前沿阵地。敲得咚咚作响的战鼓震耳欲聋,使得整个平原为之震颤。可英法双方的统帅在各自的山头上对此充耳不闻,他们只是在凝神静听一种更为细微的声音。

双方统帅手里各自紧捏着一块嘀嗒作响的怀表,这轻微的钟表声响超过了战场上所有如同雷鸣般的声响与呐喊。拿破仑和威灵顿心里各自像有一个计时器那样,一小时、一分钟、一秒钟地计算着，这场战役最具有决定性意义的增援部队到来的时刻。

一方是拿破仑希望格鲁希就在主战场的不远处，另一方是威灵顿也希望布吕歇尔的部队在自己附近。因为眼前英法双方作战的预备部队都不多了，哪一方的援军先到，哪一方就能在这场战役上取得胜利。威灵顿和拿破仑此刻都焦急地用手中的望远镜搜寻着树林边沿地带。那股如同烟雾出现在那里的普鲁士军，是被格鲁希追击的普军主力？还是被格鲁希在追击中打散的士兵？

现在，英法军队如同两个双臂酸软、气喘吁吁的摔跤手，法军的进攻已到了强弩之末，而处于防守位置的英军也只能作最后的抵抗了，双方在最后的较量之前喘上一口气，决定最后胜利属于谁的时刻马上就要到来。

枪击的声音终于在普军的侧翼响起。难道只是场遭遇战？为什么只能听到轻武器的声响？拿破仑深吸了一口气，心想："格鲁希的部队终于回来了！"他轻松地自以为阵地的侧翼安全了，于是，马上把最后的预备队全部集中起来，朝着威灵顿的主阵地——通往布鲁塞尔的门闸，也是通往欧洲的最后一张他必须摧毁的大门，再一次发动了进攻。

可他刚才听到的那阵枪响完全是出于一场误会才发生的。因为英军里穿着别样军服的汉诺威兵团，让赶来的普军产生了误会，当他们看到汉诺威兵团时就开枪了。然而，这场因误会而起的遭遇战很快就停了下来。大批的普鲁士军队浩浩荡荡、毫无阻碍地从法军侧翼的树林里冲杀出来。这扑面而来的根本不是格鲁希的部队，而是布吕歇尔的军队！法军的厄运降临的消息立刻在军队里传播开了。正在攻击的法国军队开始有秩序地撤退，而这一刻，威灵顿看准了这一难得的机会，他立刻催马冲上英军坚守住的山头高地最前沿，摘下帽子向正在撤退的法军挥舞。他的士兵立刻从他的动作中领会到胜利的意思。所有幸存的英军士兵从战壕里一跃而起，朝着溃败的法军冲杀过去。正在这个时候，普军的骑兵也从侧翼掩杀过来，法军中到处都是"各自逃命吧！"的尖叫声，只有短短几分钟的时间，这支军威赫赫的军队就成了任人驱逐、惊慌失措的毫无抵抗能力的人流。这股人流卷走了一切，连拿破仑本人也不例外。

英普军队的骑兵就像对待毫无抵抗、毫无感觉的流水一样，对慌乱奔逃的法军狂打猛击，在一阵阵混乱而惊恐的叫喊声中，毫不费力地就俘获了拿破仑军队的贵重物资，甚至还包括拿破仑御用的马车，拿破仑的全部炮兵也被他们俘获了。拿破仑本人由于天黑才得以逃脱。头昏眼花、满身泥水的拿破仑直到深夜才到达一家低矮简陋的乡间旅店里，在一把扶手软椅里疲惫不堪地瘫坐下来。这个时候，他不再是什么皇帝了。他的帝国、皇朝，以至他整个命运已经在这场战役里完蛋了。拿破仑永远不会想到，就因为一个微不足道的小人物的怯弱与犹豫不决，摧毁了他这个最富有远见和胆略的天才二十年来建立的全部。

8. 回归到平凡

就在拿破仑的军队刚刚被英军击败的那个时候，一个当时还没有名气的人驾着一辆四轮马车朝布鲁塞尔飞驰而去，接着他又从布鲁塞尔奔驰到海边。一艘船正等候着他。上船后，他急忙命令船员扬起风帆，以便赶在政府邮差的前面渡过大海到达伦敦。因为此刻很多人还没有得到拿破仑被英军击败的消息，赶在这一消息传到英国本土之前，他马上用一大笔资金进行了一次证券投机。这个人就是罗茨舍尔德。就在拿破仑被击败的那一天，他迅速为自己建立另一个帝国王朝。次日，拿破仑被英军打败的消息才传到英国；与此同时，在法国巴黎，一个习惯靠出卖伎俩得以发家的，名字叫富歇的人也得到了拿破仑失败的消息。可是，这时什么都无法挽回了，因为命运的天平已经倾向了布鲁塞尔和德国。

拿破仑战败的消息，如果说在第二天，这个世界上只有一个人不知道的话，那么这个人一定是距离决定这个世界命运地点仅有四个小时路程，酿成了这次惨剧的格鲁希元帅了。因为这个时候，他仍旧抱定拿破仑追击普军的命令不放。就在昨天下午，他奉命追击普军已经有一天了，可是奇怪的是他并没有发现普军的身影。而不远处的炮火声如同大声在向他求救似的让他心神不安。每一次大地的震颤，如同不是打在大地上而是打在他的心坎上，没有一个人在这个时刻心里不明白，那响起炮声的地方正在进行着一场具有决定性的战役，而绝不是一个小小的遭遇战。

格鲁希惶惑不安地骑着马在军官们中走动，可他的那些军官没有一个想和他说话，更别说提出什么有效的建议，因为在这之前，他们的建议全都被格鲁希否决了。

当他们终于在瓦弗遭遇到一支孤立的普军，这支部队是布吕歇尔的后卫部队，所有人都认为挽救战役的时机到来了，因此他们对普军的防御工事疯狂地发起了进攻。好像是被什么不祥的预兆驱使似的，热拉尔一马当先地冲到最前面，紧接着就被一颗冷弹击倒在地。从此，这个喜欢提意见的人不再说话了。

格鲁希带着他的部队终于在夜幕降临时攻下了普军阵地，可他们好像也意识到，击溃布吕歇尔的这支后卫部队没有什么意义。因为主战场在这个时刻突然让人不安地沉寂下来,一种阴森森、死一般的沉静。每一个人都感觉到,与其让这种让人茫然的沉静撕咬神经,还不如让他们听到大炮震颤大地的声响。

就在这个时刻,格鲁希收到了拿破仑亲笔签署的让他前往滑铁卢救援的命令。而一切已经无法挽回了!这场具有决定意义的滑铁卢战役到底是哪一方获得了胜利,格鲁希以及自己的部下都不知道。于是他们原地等待进一步的消息,可一夜之后,滑铁卢那边仍然没有任何消息传来,就如同拿破仑的那支伟大的军队已经把他们遗忘了似的。现在,格鲁希和自己的部队没有任何意义地站立在四周空旷一片的漆黑夜色里。

翌日清晨,他们继续行军。军队里的每一个人都显得非常疲惫,而且他们已经意识到自己的行动完全是漫无目的的。

上午十点的时候,一个总参谋部的军官骑马跑了过来。他们急忙把他从马背上搀扶下来,然后连珠炮般地向他提了许多问题。而这位军官由于紧张过度,脸上露出惊恐的表情,连鬓角的头发都汗湿了,并且全身发抖。格鲁希他们没有听懂从他嘴里说出的结结巴巴的话,或许可以这样说,那些话他们不想听懂也无法听懂。那军官说,法兰西失败了!再没有法兰西皇帝了!再也没有皇帝的军队了……

现在,在场的每一个人不是把他当成一个醉汉,就是把他看成一个疯子。但是到最后,他们还是从他断断续续的描述中逐渐了解了战役的全部过程。格鲁希脸色苍白地听完这个军官的让人沮丧的报告后,他用军刀竭力支撑住自己发抖的身体。他知道是该自己慷慨取义的时候了,于是他下决心担负起本来就力不从心的任务,想以此来弥补因自己的错误而带来的巨大损失。在那决定性的时刻,这个懦弱而又犹豫不决的拿破仑部下没有看到决定成败的战机，然而此时，危险渐近，他却摇身变成一个男子汉，一个英雄式的人物。

他立即将全体军官召集起来，简短地讲了几句话——悲愤的泪水在他眼睛里打转。他为自己的犹豫不决辩解，但又抱怨自己。此时，那些前一天还在怨恨他的军官们变得沉默不语。现在，原本谁都能够责难他，都能够夸耀自己当时意见正确，但是没有一个人有胆量这么做，也没有人愿意这么做。他们只是一直沉默着，这突然而至的悲痛让他们说不出话来。

现在，错过了那一秒的格鲁希重拾了一个军人的全部威力——可惜一切已经太迟了！当他恢复了我行我素的能力，不再对条文命令过于拘泥后，他的包括谨慎、干练、严密、负责在内的所有崇高品质，都被淋漓尽致地表现出来。虽然敌军人数相当于自己的五倍，他却能够不损失掉一个兵卒、一门大炮，率领军队突围，并且安全归来——简直算得上是出色的指挥。他要去拯救法兰西和拿破仑帝国最后一支军队。然而，当他回去时，却发现皇帝已经不见了。没有人感激他，也再不会有人以敌人的身份站在他面前。他回来得太晚了，永远都是如此！

虽然表面上看来，格鲁希在后来又一路高升，当上了总司令、法国贵族院议员，而且无论在哪个职位，他都能将自己的魄力和才干发挥得淋漓尽致。然而，这一切都无法赎回他那迟误了的一秒钟。那一秒，本来他是可以主宰命运的，然而他最终还是错过了那次机会。

就这样，那千钧一发的一秒钟进行了可怕的报复。寻常生活中，很少降临这样不可替代的一瞬间。当它随便选个普通人，降临到其身上时，通常，他不知道怎样利用它。在命运降临的那个伟大的瞬间，平凡人的所有美德——顺从、小心、勤劳、谨慎，都没有一点儿作用。它从来都只眷顾天才人物，并且成就其不朽的形象。那些犹豫不决、唯唯诺诺的人，只会被命运鄙视并且拒之门外。命运——这掌管世间事物的另一个神，他强壮有力的双臂只愿意高高举起勇敢者，将他们送上英雄的殿堂。

歌德：
玛丽恩巴德的挽歌

"当痛苦使得一个人难以言语之时，上帝允许我倾诉自己的烦恼。"

歌德在他七十四岁的时候，用余生所有的激情爱上了只有十九岁的少女乌尔丽克，火山喷发般的爱情使得他的情感世界为之震颤。最后，当歌德怀着悲伤的情感乘着马车离开乌尔丽克时，他在颠簸着的马车车厢里写下了这首《玛丽恩巴德的挽歌》。这是他情感的"圣物"，也是他这一生中最值得纪念的事件之一。

歌德

1749—1832

德国诗人、剧作家、思想家

明星闪耀时

1774 年 完成《少年维特的烦恼》,掀起"维特热",并因此成为世界知名作家。

1782 年 获得贵族称号。

1786 年 秘密访问意大利,遍游周边地区;第二年,结识画家梯施拜因,并创作大量绘画。

1794 年 建立和席勒的友谊,合力创作《赠词》抨击社会现实;此后十年,在席勒友谊的滋养下,获得创作丰收。

1806 年 完成《浮士德》第一部。

1808 年 受拿破仑召见,同年完成《潘多拉》。

1809 年 完成长篇小说《亲和力》。

1811 年 自传《诗与真》第一部完成。

1812 年 与贝多芬见面。《诗与真》第二部完成。

1823 年 认识爱克曼,并创作《玛丽恩巴德的挽歌》,自此进入沉静的晚年创作时期。

1831 年 7 月 22 日,完成《浮士德》第二部。

1823年9月5日，一辆旅行的马车缓缓地行驶在从卡尔斯巴德①通往埃格尔的乡村公路上，萧瑟的寒风在凉意袭人的秋日清晨掠过刚刚收割完庄稼的田野，在广袤苍茫的平原上，依然是一片蔚蓝的天空。

　　萨克森-魏玛公国的枢密顾问冯·歌德和他的老仆人施塔德尔曼，以及秘书约翰沉默地坐在这辆四轮单驾马车里，自从年迈的歌德在少女和少妇的簇拥、祝福和吻别中离开卡尔斯巴德以来，他就没有开口说过一句话。他默默地端坐在车厢里，只有凝神思索的目光偶尔在不经意间才会向人们透露出他内心的活动。

　　到达第一个驿站休息时，歌德的两个同伴看见他下车后，在驿站随手找到一张纸，在上面用铅笔匆忙地写下一些句子。从这之后，他们还看见歌德在去往魏玛的路上，不管是在休息的驿站，还是在行驶的马车里，都在一刻不停地写着什么。

　　第二天，即便是他们刚刚抵达茨沃滔的哈尔腾城堡，歌德也在奋笔疾书，接下来的几天里，在埃格尔和珀斯内克都是这样。歌德每到一处，所要做的头一件事情，就是把自己在路途中构思好的诗句马上记录下来。而在他的日记里，他只是非常简单地提到他正在做的事情："9月6日，推敲诗句"，"9月7日，星期天，继续写作诗歌"，"9月12日，路上把诗作再次作了润

---

① 卡尔斯巴德：疗养胜地。

色修改"。在他到达目的地魏玛的那天，这首《玛丽恩巴德的挽歌》已经完成，这并非一首无关紧要、无足轻重的诗歌，而是歌德晚年最喜欢的诗歌，因为它是年迈的歌德最发自内心和晚年最为重要的诗歌。它是年迈的歌德毅然开始新的生活，告别往昔的起点。

后来，歌德在一次访谈中将这首挽歌的诗句称为"最真实的内心写照"，在他的生活日记里或许不会有哪一页文字会像他写这些诗句一样，将自己真实情感的形成和迸发这样清晰率真地在我们眼前呈现。诗中哀怨的倾诉和悲怆的设问最好地为我们阐释了他最为隐秘的内心情感。即便是歌德在少年时期写作的抒发自己情感的诗篇里，也没有一篇是如此直接缘起于某一个具体的事件。

它是一个七十四岁高龄的老人在暮年"奉献给人类的最美妙的诗歌"，其深沉、老练的创作，好像漫射出璀璨光辉的西下的夕阳。这件作品环环相扣的每一节和一气呵成的气势是我们在他其他的作品里所看不到的。就如同歌德自己和爱克曼所说的那样，是"达到激情巅峰时的直接产物"，同时又在形式上和自我节制完美地结合在一起，因此，他在这部作品里将自己一生中最有激情的一面刻画得既神秘又坦率。

这首诗是歌德浓荫匝地、枝繁叶茂的生命之树上最为亮丽的一片叶子，甚至到一百多年后的今天，它并没有因为时光的流逝而有丝毫的褪色和凋零。9月5日是值得人类纪念的一天，它将会永世地成为未来德国人民最珍贵的记忆。

照亮这片叶子、这首诗和歌德本人以及那一个时刻的是，让歌德重新获得生命的那一颗闪亮的明星。1822年2月，歌德得了场大病，连日的高烧让他体力不支而经常昏迷，就连歌德本人心里也清楚这次他病得不轻，可是医生们检查不出歌德是得了什么病，他们只是觉得病情很严重，但又无计可施。然而，这病说来也很奇怪，来得非常突然，好得也非常迅速。

1822年6月，歌德在玛丽恩巴德疗养时，像换了一个人似的，好像那场病只不过是他返老还童的青春期征兆。这个几十年来面容冷峻、咬文嚼字、沉默寡言又满脑子只有诗句的人，突然再一次像个孩子那般完全地听任自己情感的摆布。套用当时他自己的话说就是，音乐"让他的心绪不得安宁"，每次听到钢琴响起的时候，尤其是长得像玛诺芙斯卡那样美丽的女人在弹奏时，他总是控制不住自己的情感，潸然泪下。

潜藏在他体内的本能和欲望时刻都在蠢蠢欲动，因此，那时歌德会经常去参加年轻人的聚会。和歌德一起在玛丽恩巴德疗养的人惊讶地发现，这个年纪已经七十四岁的老人，在疗养期间，直到深夜，他还在和女人散步，并看到多年没有涉足舞场的歌德又开始去参加舞会了。这就像歌德本人说的："当女舞伴变换位置的时候，许多漂亮的少女都会争着来牵我的手。"性情古板的歌德在这个夏天，心扉好像被爱的魔法师俘获，性情变得开朗起来。从歌德当时的日记里我们经常能够看到"春梦"这类的词语，"过去的维特"再次在他的内心复活了。这就像五十年前的他刚刚遇见莉莉·舍内曼时的情况那样，和女人们的亲近使他写出了很多优美的短诗、幽默的戏剧和诙谐的小品，可当时，他到底爱上了谁？刚一开始时，歌德本人并没有拿定主意。那时候，他先是爱上了一位美丽的波兰姑娘，直到后来，他才把自己全部的精力和全部的激情，放在了一名叫作乌尔丽克·冯·莱佛佐的十九岁的少女身上。而就在十五年之前，歌德曾爱慕过这位少女的母亲，即使是在一年以前，歌德还以一个父辈的身份亲昵地叫她"我的小女儿",可现在,歌德的怜爱之心一下变成了情欲,如同染上了一种疾病,歌德整个的身心在这火山般的情感世界里震颤,这种感受他已经很多年未曾有过了。

这时已经七十四岁的歌德完全像一个情窦初开的少年,每当他听见窗外林荫道上传来的笑声,就会连忙放下手中的工作,既不戴帽子也不拿手杖,飞快地跑下台阶去迎接那个性情活泼的可爱少女,如同一个少年、男子汉那样去向她献殷勤。就这样,一场充满欲望、结局悲惨的荒唐戏剧在我们眼前上演了。

在和医生私下商谈之后,歌德马上就找到同他一起疗养的、年龄最大的大公爵仔细地谈过这件事情,希望能得到他的帮助去莱佛佐太太那里向她的女儿求婚。当然,这时候,大公爵理所当然地回想起半个世纪前他们跟那些女人疯狂寻欢作乐的晚上,可能他们心里边却在幸灾乐祸地取笑这个被德国人和欧洲人最为称道的本世纪最睿智、最深刻、最大彻大悟的哲学家。即使如此,他还是非常正式地佩戴上他的勋章和绶带走访了那个姑娘的母亲,为这个七十四岁的老人向那个十九岁的豆蔻年华的姑娘求婚。当然,最后她如何回复却不得而知,估计跟无数类似的悲剧一样,她采取拖延时间的办法。因此,歌德对于这次求婚完全无法掌握。当他越来越强烈地渴望获得那位美人的垂青的时候,却只有敷衍式的亲吻以及安慰之词。被爱情冲昏了头脑的他当然希望在更有利的时间再尝试一次,这个时候,梦中情人却匆匆从玛丽恩巴德赶到卡尔斯巴德,他的愿望始终就没能实现。

在夏天快过去的时候,他的痛苦与日俱增。该是离开的时候了,承诺与暗示,哪怕是一个暧昧的眼神都没有见到。在离开的途中,这位预言家式的老人已经感觉到,自己这一辈子最非同小可的事情已经画上了句号。在这最为落魄的时候,自古以来最为勤奋的心理医生,永恒的精神伴侣——上帝来到他身边。天才的失落在世间最难找到匹配的平衡术。人世间只是一个冰冷的居所,天才就只好呼唤上帝了。就像歌德无数次从现实世界逃到诗歌世界一样,这一次,他毫无例外地遁入诗歌之中——当然,这是最后一次。四十年前,他曾经给塔索写过这样两行诗:

当痛苦使得一个人难以言语之时,
上帝允许我倾诉自己的烦恼。

为了用特殊的方式对上帝的恩赐和怜悯表达谢意,歌德把这两句诗作为现在的新诗的题诗写在前面,以此暗示他又奇怪地面对这种处境。

这时候,年迈的诗人在马车里陷入了深深的沉思,而心里的无数个无法解答的问题却让他忧愁万分。早上,乌尔丽克和她妹妹一起匆忙走过来,在告别和挽留声中为他送行,他始终还记得和那双散发着青春气息又无比甜美的嘴唇亲吻过,他又无从去分辨这究竟是一个充满柔情的吻?还是一个女儿献给父亲的吻?她究竟爱不爱他?或者说自己只是她的一个过客而已,她迟早会将自己遗忘。等着盼着他那笔丰厚遗产的儿子和儿媳能容忍这桩婚姻吗?人们会嘲笑他吗?明年,他会不会在她的眼里变得更加衰老?如果他们还能见面,那又会是怎么样的结局呢?

这些问题反复折磨着他,突然,一个最本质的问题变成一行诗,然后变成一节诗。

如今,花朵仍旧漫不经心地绽放,
再次的相逢,又有什么可以让我们期盼?

> 在你面前的是幸福的天堂，也是苦难的地狱，
> 我的心啊，竟是如此地辗转往复！

是仁慈的上帝允许诗人歌德"倾诉自己的烦恼"的，因此，歌德把自己对情感所有的疑惑、痛苦与挣扎通过他手中的那支笔变成了诗歌。内心的呐喊掀起巨大的波澜，不可阻挡地奔流、倾泻到这首诗歌中。

此时，歌德内心的悲伤如同透明的水晶在诗行间闪烁，是诗歌把他内心里激荡的浊流变得澄澈。如同诗人备受忧郁侵袭的纷乱心绪偶尔举目远眺那样，他在奔驰的马车车厢里凝视清晨宁静的波希米亚，那一派升平的盛世景象正好和他躁动的内心感受形成了强烈的对比，他眼中的这些生动画面随即进入到他的诗行之中：

> 世界不是还在那里吗？那峭壁的山岩
> 不是还在早晨的阳光下黝黑地挺立在那边吗？
> 庄稼不是已经成熟了吗？
> 河畔那里成片的树林和辽阔的牧场
> 不就是我心目中的那片碧绿的原野吗？
>
> 那笼罩大地的不就是云烟过眼，
> 变幻无穷的无际的天穹吗？

可是，眼前的现实世界对于正被恋情燃烧的歌德来说，仍然是缺乏生机的，这一刻，歌德只能把自己看到的一切和那令他心动的身影联系起来，于是，记忆的大门打开，那令他心迷神乱的

倩影再次幻化在他的面前：

> 在碧空薄雾里飘荡的窈窕身影
> 优美而轻盈，多么的温柔，又多么的纯净，
> 就如同天使撒拉弗轻巧地将云层拨开，
>
> 露出她的仙姿；
> 你看啊——仙女中最美的她，
> 正在婆娑起舞，那舞姿流畅而优美。
>
> 那替代者的身影，
> 你会感到这不过是短暂的一瞬；
> 还是让幻觉回到内心的深处吧，
> 在那里你会有更多的发现，
> 你心爱的人儿会在那里幻化出无穷的形象，
> 千姿百态，让你越看越美。

这位年迈的诗圣刚把这样的愿望表达出来，乌尔丽克的身影就迷人地浮现在他的眼前。于是歌德很自然地用诗歌描绘她是怎样与他亲近的，又是怎样地"一步步地让他陶醉在这种幸福中"的，在幻想中，歌德有些痴迷地把乌尔丽克最后一吻印在了他自己的嘴唇上。实际上，歌德一边让自己沉浸在这种幻觉中，一边又用最纯洁的形式写出一节，在当时包括德语在内的一切语言里最纯洁的诗句：

> 在我们纯洁的心中有一股热切的冲动，

> 出于感激的缘故,我们甘愿将自己奉献给一个
> 更加纯洁高贵的陌生人,
> 我们还将向这个永远都不知道名字的人
> 诉说自己内心的秘密,
> 如果有什么最为合适的名字来称呼他,
> 我们愿意称他为:虔诚!
> 只有在他的面前,
> 我才会感到这一时刻才是我人生中的极乐。

可是,就在歌德品味着这种极乐的快感时,这个孤独多年的老人才会更加品尝到眼下与心上人离别所带来的痛苦的滋味。于是,他内心的痛苦如喷泉般喷涌,把这首杰出的悲歌诗体的崇高情调几乎全都破坏掉了。它完全是种宣泄内心情感的方式,在歌德很多年的诗歌创作中实属首次,他头一次将自己亲身经历的事情直接写成诗歌,将自己内心的悲苦之情,感人至深地抒发出来:

> 如今我已经远走!眼下的时光
> 我不知道自己该怎么去排遣。
> 过去她馈赠给我的美好已经注定成为我
> 今后的精神负担,我必须把它扔掉。
> 可那难以抑制的思念却经常让我坐立不安啊,
> 再也没有什么消解的方式,除了我眼眶中
> 流不尽的眼泪。

紧接着,歌德在这首诗歌里的抒情达到了高潮,这就是最后

一节里极尽悲伤的呐喊，这内心的呐喊声一下达到了激昂高亢的地步：

> 一路陪伴我的伙伴，就请你把我留在这儿，
> 让我独自栖止于这沼泽里岩石的青苔上！
> 走吧，世界的怀抱仍旧向你们敞开，
> 那辽阔的大地和恢宏的天空也敞开了怀抱，
> 让你们去观察、研究和归纳，
> 世间一切的秘密将在那里向你们昭示。
> 尽管我过去是众神的宠儿，可现在
> 我一无所有，我也在失去自我；
> 是神在考验我，给了我潘多拉的魔盒，
> 那里有无尽的珍宝，同时也蕴藏着无穷的危险；
> 他们诱使我去亲吻那让人倾慕的嘴唇，
> 然后把我从那里拉开，又将我
> 投掷到无底的深渊。

歌德素来是善于克制自己情感的人，在他早年的作品里，我们很难看到这样类似的诗句在他创作的诗歌中出现。他在少年时代，就已经懂得怎么去掩饰自己的情感，到他青年的时候，更是知道如何去克服泛滥的情感，在写作中总是使用隐喻，象征性地流露一点自己内心的情感秘密。可是，当歌德到老年的时候，他却头一次在自己的诗行中放纵内心的情感。在这位多愁善感的诗人心里，五十多年来，或许从来没有比这个更为难忘的激情时刻，这肯定是诗人歌德一辈子最值得纪念的时刻。

这首诗歌的出现也让歌德自己觉得有些神秘，他隐约感到

这是命运馈赠给他的珍贵礼物。因此，当歌德一回到魏玛的家里，在还没有着手处理家务和工作之前，他首先做的事情就是亲手誊写这首刚刚完成的《玛丽恩巴德的挽歌》。在自己的静修室里，歌德像个修道士那样隐居了整整三天的时间，在自己精心挑选的纸张上用端庄的大体字把诗稿抄写好，又像保守一个秘密般地不告诉任何人，把它收藏好。为了避免不必要的麻烦，歌德亲手把诗稿装订好，并亲自挑选红羊皮做了诗稿的封面，用丝带扎好（而现在我们在歌德与席勒资料馆看到的那个用精致蓝色亚麻布做封面的，是歌德后来改做的）。

对于歌德而言，那几天是让人烦闷易怒的几天，他想结婚的计划招来了家人的讽刺和儿子的公开敌视；在那些日子里，歌德只有在自己写作的诗行里和自己心仪的姑娘缠绵。直到那位名叫施玛诺芙伊斯卡的美丽的波兰姑娘前来看望他时，歌德才得以重温在玛丽恩巴德的美好时光，变得健谈起来。

同年10月27日，歌德把爱克曼叫到自己身边来，用异于往日的庄重语气亲自朗诵了这首秘藏不露的诗歌的开始部分，以此对爱克曼表明自己对这首诗非同寻常的偏爱。歌德的仆人也被这种少有的气氛所感染，在书桌上点燃了两支蜡烛后，才请爱克曼阅读这首诗歌。自此之后，这首悲情的挽歌才逐渐地为人们所熟知。当然，这首诗歌还仅限于被歌德最亲近的那些人所熟悉。就像后来爱克曼在回忆里说的，是因为歌德把这首挽歌当成自己的圣物那样来守护。

在接下来的几个月的时间里，这首挽歌更表明了对歌德的一生有着非同一般的影响。在歌德的健康状况一天好过一天的时候，这个重返青春的老人的身体突然又出现衰竭的现象。看来，这一刻的歌德又濒临死亡的边缘了。那几个月里，歌德坐卧不安，一会儿从床上起来走到扶手椅那儿坐下，一会儿又从扶手椅那儿站起来躺在床上。

在那段日子里，由于儿子对歌德不满，儿媳又外出旅行了，没有人来照顾他，更别说有哪个人来安慰他了。

就在这时，歌德的朋友们由于担忧他的健康，将他远在柏林的莫逆之交策尔特尔找来照顾他。策尔特尔一到歌德家立刻就察觉到歌德那颗正被情欲燃烧的内心。他惊诧地在日记里写道："在我看来，这时的歌德就像一个正处在热恋中的青年人，就是这种热恋的感觉让老年的歌德的内心经历他青春时期的全部痛苦。"

策尔特尔为了医治歌德精神上的创伤，他怀着"深切的同情"为歌德一遍又一遍地朗诵这首对于歌德有非常意义的诗篇。每一次策尔特尔朗诵这首诗篇给歌德听的时候，歌德从来不会感到疲倦。歌德病好之后，写信给策尔特尔说："这是件多么奇怪的事，尽管我自己不愿意承认，在你朗诵我的那首《玛丽恩巴德的挽歌》时，你充满情感的柔和的嗓音，让我无数次感悟到我内心中深厚的爱欲。"

"你知道我非常喜欢这首诗，又刚好你和我在一起，一遍又一遍，你不断地给我朗诵，有时候是清唱，直到你能够背诵这首诗歌为止。"

"是这支刺伤他的长矛本身治愈了他。"事后，策尔特尔这样说。也许我们可以这样理解策尔特尔的这句话：歌德通过这首挽歌拯救了自己，使得自己最终战胜了痛苦，让那本来就没有希望的与"小女儿"结婚的幻想就此破灭。歌德最后也明白自己再也不会有前往玛丽恩巴德的机会了，那个只供贵族们休闲的娱乐世界的大门从此对歌德关闭了。在这之后，歌德知道，他所剩下的生命只属于工作。

　　饱经情感折磨的歌德这一刻已对自己的情欲失去了兴趣，在他生命的最后关头，一个伟大的词出现了：完成。冷静下来的歌德仔细地阅读了自己六十年来创作的作品，觉得这些作品过于分散和零碎。可此刻自己的身体状态又不允许他进行新的创作，因此，歌德决定对自己六十年来的作品进行一番整理。他和出版商签订了出版自己个人全集的合同，并获得了专刊权。于是歌德把前不久还倾注在一个十九岁少女身上的爱，全部献给了自己青年时代创作出来的《威廉·迈斯特的漫游时代》与《浮士德》这两部作品上。面对着已经发黄的稿纸，歌德重温着上个世纪制订的写作计划，精力充沛地工作着。

　　歌德不到八十岁时，《威廉·迈斯特的漫游时代》已经完成，八十一岁那一年，他又以坚忍不拔的毅力继续完成他毕生最想完成的作品《浮士德》的创作。《浮士德》是在《玛丽恩巴德的挽歌》完成后的七年里创作完成的，作品完成后，歌德也怀着对《玛丽恩巴德的挽歌》一样敬重的心情把这部作品盖印封存好，对外部世界秘而不宣。

　　在最后的情欲和理性之间，令人难以忘怀的转折时刻是悲伤和永恒之境的分水岭。9月5日，当歌德即将离开卡尔斯巴德，告别他最后的恋情的那一天应该成为德国诗歌中的纪念日，因为再也没有人能够像歌德那样把情欲的痛苦描写得这样绝妙，能够如此把亢奋的激情写进一首长诗之中，并使之充满了如此深厚的精神力量。

苏特尔：
被发现的黄金国

　　旧金山最初只不过是个小渔村而已，可现在，在探险者苏特尔的眼里，这个地方简直是黄金遍地的地方，并且这块地已经属于他了，成为他苏特尔的个人财产。一想到自己马上就要成为这个世界上最富有的人，苏特尔不由得心潮澎湃。

　　然而，突如其来的巨大财富带来的并非幸福，而是无尽的灾难。若干年后，人们将这个年老的乞丐（苏特尔）的尸体抬走时，并不知道就在这个去世的老乞丐的衣服口袋里藏着一份申辩书，他在这份申辩书上请求依照这个世界上所有公正的法律，保证给予他和他将来的财产继承人一笔有史以来最大的财产赔偿金。

苏特尔

1803—1880

加利福尼亚拓荒者

明星闪耀时

1835 年 到美国新墨西哥州州府圣菲经商。
1839 年 在圣弗兰西斯湾登陆。
1841 年 成为墨西哥公民。
1848 年 在其属地发现黄金,从而引起淘金热。

1. 厌倦在欧洲生活的人

1834年，从哈弗尔开往纽约的一艘美国轮船上有数百名逃亡的人，在这群人里有一个叫约翰·奥古斯特·苏特尔的人，他原籍是瑞士巴塞尔附近的吕嫩贝尔格，时年三十一岁。破产的他被指控犯有盗窃、伪造证件罪，为了免受将要到来的欧洲几个法庭的审判，他匆忙将妻子和三个孩子全部丢下，凭着一张假身份证，在巴黎弄到一点儿钱后，就开始了新的生活。

7月7日，他到了纽约，两年里，他几乎做遍了所有工作，打包工、药剂师、牙医、药材商、小酒馆老板，且不提是不是会干，最后总算稍微能够安顿在那里，开了家旅店，但是没过多久，就把它卖掉了。当时正值迁徙热潮，他也跟着搬到了密苏里州，在那做些农业经营，不久就攒下了一笔钱，足够他过安稳日子。然而，他的门前经常有皮货商、猎人、冒险家、士兵经过，他们有的从西部来，有的要到西部去。"西部"这个词逐渐开始散发出它诱人的光芒，听说首先要穿过一个野牛成群却人烟稀少的辽阔草原，才能到达那里。有的时候，整整一天甚至一个星期在草原上走，都看不到一个人，偶尔只能看到在草原上奔跑追逐猎物的红皮肤的印第安人，接着，便是峻峭难越的高山迎面而来，高山的后面，才是被称为"西部"的那片土地。

没有人能说得清楚这片土地的详细情况，然而它带有传奇色彩的富饶已经是人尽皆知。那个时候，加利福尼亚还是个神秘的地方，人们纷纷传说，在那里，牛奶和蜂蜜遍流大地，人们弯下腰就可以随便取用。只是那里实在是遥远至极,要冒着生命危险才能到达。

然而,约翰·奥古斯特·苏特尔全身都有冒险家的血液在流淌,那种安于现状的平凡生活是不能够满足他的。1837年的一天,他将自己的田地和家产卖掉,组建了一支远征队,从独立堡带着车子、马,还有一群美洲野牛出发,向着那陌生而遥远的地方前进。

2.向加利福尼亚进军

1838年,苏特尔一行乘坐着牛车出发了,他们中有两名军官、五名传教士、三名妇女。他们穿越了一片片辽阔的大草原,翻过一座座峻峭的山岭,向着太平洋的方向前进。三个月后的十月底,他们到了温哥华,还未到达之前,两名军官就退出了,五名传教士也在半路离开了,而三名妇女则在路上饿死了。

如今,只剩下苏特尔孤军奋战,有人劝他在温哥华留下,还帮他找了份工作,然而他拒绝了一切好意,没有什么能够阻止他的前行。他被加利福尼亚这个魔幻般的名字牢牢吸引住了。他独自一人驾驶一艘破帆船,渡过太平洋,先到达夏威夷群岛,然后沿着阿拉斯加海岸行驶,最后在一个被称为圣弗兰西斯科(今旧金山)的荒凉之地登陆。那时候的圣弗兰西斯科可没有今天繁华,只是一个贫瘠的小渔村,还没有成为加利福尼亚的主要城市,就连它的名字,也是因为设立了弗兰西斯教派的传教站才得以命名。那时候的加利福尼亚非常荒凉,没有人管理,在美洲新大陆最富饶的区域里，它还是一片等待开垦的处女地。

因为缺乏权威管理，西班牙的混乱局面日益加剧，频繁的暴乱，人力和畜力都陷于贫乏的状况，因此没有能力再进行细致的管理。当苏特尔走进肥沃富饶的萨克拉门托山谷，骑着租来的马走在这片土地上，不出一天，他就清楚了，在这里，他不仅可以建一座庄园、一个大农场，甚至还可以建立一个王国。第二天，他骑着马直接来到了首邑蒙德，向阿尔瓦拉多总督推荐自己，表达了要开垦这片土地的想法，并且将规划蓝图详细作了介绍，他要将居住在夏威夷群岛上勤劳的有色人种卡拿卡人迁徙到这里，并且愿意承担职责，为他们建立移民区。他要建立一个小国家，将其命名为新尔维夏。

"为什么要取这样的名字呢？"总督问他。

"因为我是个瑞士人，而且还是个共和主义者。"苏特尔这样回答。

"好吧，就照你的想法办吧，我把这片土地以十年的期限租让给你。"

事情就这样顺利地进行，他们马上签订了合约。一个普通的人，在这样远离文明世界、犹如天涯海角般的地方能够得到的一切，会远远超过守在家中的日子。

3.新尔维夏

1839年，萨克拉门托河岸，驮着货物的一行牲畜队伍向着上游缓缓前进。苏特尔将枪别在腰间，骑着马走在最前面，后面紧跟着两三个欧洲人，之后是一百五十名穿着短衣背心的卡拿卡人，再后面是牛车，满载着粮食、生活用品、种子、弹药，还有五十匹马、七十五头骡子和一大群奶牛、绵羊，最后面是一支很小的后卫队。所有这些就是前去征服新尔维夏的人马。

他们焚烧林木，因为这样比砍伐林木要简便很多，浓烟滚滚、火焰冲天，一片土地刚刚烧出来，树墩上还有残留未熄的余烬，他们就开始工作了：盖仓库、挖井、在不需要耕种的田地上撒种、搭建牛羊栏圈。从附近传教站开辟的殖民地来的大批新人逐渐迁徙至此。

在新尔维夏这片土地上耕耘的收获实在是太丰厚了。只要播下种子就能收获相当于五倍以上的回报。人们在那里生活不久，他们的粮仓很快就会装满粮食，他们的牲口也会成倍增加。虽然当时在这片土地上生存的人还会遇到一些困难，有时，人们需要对付不断侵扰他们的当地土著，可新尔维夏这片欣欣向荣的殖民地的领域却日渐辽阔。海外商店、磨坊工场纷纷在这里兴建起来，人们还开凿河道水渠，江河上船只日夜穿梭。苏特尔不但提供给温哥华和夏威夷群岛所需之物，而且还为所有在加利福尼亚停泊的帆船提供物品。他们种植果树——如今，这些加利福尼亚水果已经闻名世界。

看那小果实多么惹人喜爱！他将法国和莱茵河的葡萄品种引进来，没过几年，漫山遍野已经爬满了果实累累的葡萄藤。苏特尔自己则建造了很多房屋和庄园，还从巴黎运来一架普莱耶尔牌钢琴，花费了一百八十天的时间；还用六十头牛穿越整个新大陆，从纽约运来一台蒸汽机。他在英、法两国最大的钱庄银行里都有存款。而今，四十五岁的苏特尔的事业到达了顶峰。此时，他想起了十四年前抛弃妻子、逃避现实的情景，于是，他给他们写信，请他们到这片他自己的领土来生活。他觉得现在他是这里的主人，是全世界最富有的人之一，可以控制一切，并且将永远这样富有下去。

没过多久，美利坚合众国终于从墨西哥人手里将这块自由的殖民地划进了自己的版图，一切都变得非常安全并且有保障了。而过了几年，苏特尔确实成为这个世界上最富有的人。

4.一铁锹带来的厄运

给约翰·奥古斯特·苏特尔工作的一个名叫詹姆斯·威尔逊·马歇尔的细木匠突然闯进苏特尔家，表情特别激动，想马上和苏特尔交谈。苏特尔觉得很奇怪，因为就在前一天，他才刚派马歇尔到自己在柯洛玛的庄园建一个新的锯木场，而他竟然未经允许就私自跑了回来。现在，他情绪激动，浑身颤抖着站在苏特尔面前。他推着苏特尔进了房间，锁上门，然后从口袋里掏出一把夹杂着少量黄色颗粒的沙土，说道，前一天挖地时，他突然发现了这些东西，他觉得这是黄金，但是旁边的人都取笑他。苏特尔严肃地拿着这些颗粒去作了分析试验，结果发现果然是黄金！他决定第二天随马歇尔去那个庄园。可是马歇尔当天晚上就骑着马，冒着暴风雨赶了回去，他同样急不可待地想要得到证实——他是被那种狂热之情抓住心的第一人，没过多久，整个世界都充满了这种可怕的狂热。

第二天上午，苏特尔赶到了柯洛玛。人们将水渠里的水截流，然后检查里面的泥沙。只需要将筛网轻轻晃动几下，泥沙就会落下去，亮闪闪的黄金颗粒就显露出来。苏特尔把站在旁边的几个白人召集起来，要求他们在锯木场建成前对这件事保密。然后他骑马回到了自己的农庄，虽然保持着严肃的表情，可是内心却已经波澜起伏：谁都知道，到现在为止，还没有人能够如此轻易地得到黄金——简直可以从地上随便拾取，而他是这片土地的主人，他拥有全部的财产，可见，他一夜之间变成了世界上最富有的人。

5. 淘金热潮

  世上最富有的人吗？不，他最终变成了世上最穷困潦倒的乞丐。八天后，一个女人——总是因为女人！——把这个秘密泄露给了一个过路人，还把几粒黄金送给了他。

  在这之后，发生了绝无仅有的事情。一时间，为苏特尔工作的人全都不再干活儿，铁匠、牧羊人、种葡萄的、士兵，都离开了自己的工作岗位，所有人都像疯了一样，匆忙地拿着筛网和煮锅奔向锯木场，去从泥沙里淘黄金。

  整片土地一夜之间就被人置之不理了，没人挤奶的奶牛大声叫着，有的倒在地上死了；野牛从牛圈里冲了出来，将农田践踏得一塌糊涂；成熟的庄稼无人收割，全烂了；奶酪工场已经停止生产；谷仓倒塌了；大工场里的机械一动不动。唯一有生机的就是电讯，它穿过陆地和海洋，将发现黄金的好消息带到了每个地方。于是，潮水般的人群从各个城市、海港涌到了这里，从水手到政府的公务员，都离开了自己的岗位，淘金的队伍一望无际，有人步行,有人骑马,有人乘车,人们从四面八方会聚至此,成为一支淘金热流。

他们就像一群蝗虫。在他们眼里,没有法律,只有拳头;没有法令,只有左轮手枪。这群乌合之众占据了这片繁荣的殖民地,他们没有顾忌,只相信暴力。在他们看来,这里的一切不属于任何人,也没有人有胆量去阻止他们。奶牛被宰了,谷仓被拆了,耕地被践踏,机器被盗了,他们盖起了自己的房屋,将土地据为己有,一转眼,约翰·奥古斯特·苏特尔就变成了穷人,如同迈达斯国王因自己点化的黄金而窒息一样。

这淘金的风暴越发猛烈。整个世界都在流传着这个消息,1848 年至 1852 年,从德国、英国、法国来的数以万计的冒险家涌进这里,仅仅纽约一个地方,就来了一百艘船。有些人绕过好望角而来,然而对于急性子的人来说,这条路简直太远了。于是,他们决定走一条危险的道路:穿过巴拿马地峡。一家公司听闻此事,在地峡铺了一条铁路,几千工人因此害上寒热病而死。这一切只不过是为了让那些急迫的人早三四个星期得到黄金。一个又一个规模庞大的队伍越过美洲大陆,不同种族、不同语言的人从各个方向源源不断地赶来。

他们挖掘约翰·奥古斯特·苏特尔的土地,就像挖掘自己家的土地一样。就这样,一座城市在圣弗兰西斯科的土地上以梦幻般的速度崛起,互相不认识的人彼此贩卖着属于苏特尔的土地和田产,甚至还有可以做证的政府签署的公文。最终,新尔维夏——这个属于苏特尔的王国之梦终于在加利福尼亚的"黄金国"这个诱人的名字中破灭了。

约翰·奥古斯特·苏特尔又破产了。他眼巴巴地看着自己的一切被强取豪夺,却束手无策。一开始,他还想和他们抢,他想带领自己的仆人和同伴一起挽救他的财产，然而所有的人都离他而去。他只好从淘金区全身而退，远离这片带给他灾难的河流以及夹杂着贪婪欲望的泥沙，回到自己的一座远离人世的山庄过起了隐居生活。

在那里，他终于见到了他的妻子和三个已经成年的儿子，一家人团聚了，然而没过多久，妻子因为旅途中劳累过度而死去。如今，儿子们总算在他身边，他们四个人加起来一共有八条胳膊，于是，苏特尔带着儿子们一起重新创业，他再一次打起精神，和儿子们进行农业经营，默默地、坚韧地在这片肥沃无比的土地上拼命劳作着。又一项宏伟的计划在他心中孕育起来。

6. 控诉

1850年，美利坚合众国已经将加利福尼亚划进了自己的版图，在严格治理下，这块被黄金眷顾的土地也连同财富一起接纳了社会秩序，这样一来就终止了混乱的无政府状态，法律在这里重新得到了权力和地位。

约翰·奥古斯特·苏特尔突然将自己的权益要求提出来。他说，他要求将圣弗兰西斯科城所占的全部土地归还给他，他有足够合法的理由；他的那些因遭遇盗窃所造成的所有财产损失，加利福尼亚州政府有责任做出赔偿；他要求分得一部分那些淘金人在他的土地上淘到的黄金。

一场人类历史上绝无仅有的广范围的诉讼就这样开始了。

在苏特尔的种植区安顿下来的一万七千多名农民都被他告上

了法庭，被要求搬离他们私自强占的土地。此外，他还要求加利福尼亚政府为他兴建的道路、沟渠、桥梁、堤坝、磨坊等付出两千五百万美元的赎买金；要求联邦政府为他被毁掉的农田赔偿两千五百万美元。除此以外，他还提出所有挖掘出来的黄金应该有他的一份。为了打这场持久而又耗资巨大的官司，他把自己的二儿子埃米尔送去华盛顿学法律，还投入了自己凭借几个新的农庄取得的所有收益，前后一共花了四年时间，才办完了所有的上诉程序。

1855年3月15日，审判的日子终于到来了，加利福尼亚的公正廉洁的最高长官——汤普森法官裁定：约翰·奥古斯特·苏特尔在这片土地上享有的权益、提出的要求是完全合法并且不可侵犯的。

如今，约翰·奥古斯特·苏特尔终于如愿成为世界上最富有的人。

7.结局

他变成了世界上最最富有的人？不！根本没这回事儿，他最终变成了一个最最贫困的乞丐，下场非常悲惨。命运再次违背他的愿望，他受到狠狠的打击，而且再无重振之力。

判决的结果传开后，一场可怕的风暴席卷了圣弗兰西斯科和整个加利福尼亚。几万人联合起来进行暴动。所有感到自己的财产受到威胁的人都冲进了法院大厦，包括混迹于大街上的无赖和乐于抢劫的流氓劫匪，他们在法院大厦里放火，然后到处搜寻那个法官,要用私刑处置他。这支抢劫大军浩浩荡荡,一起前去将苏特尔的全部财产洗劫一空。

最终,在匪徒们的围困下,苏特尔的长子开枪自杀了;二儿子被杀害了;小儿子虽然勉强逃了出去,但在回家的路上却不幸淹死了。火光笼罩着新尔维夏的土地,苏特尔的农场全被毁掉了,遍地都是被践踏的葡萄藤,包括家具、器皿、贵重收藏品和其他金银在内的所有财产都被洗劫一空,在不留情面的愤怒中,万贯家财化为乌有,苏特尔侥幸保住了自己的性命。

这一次打击过于沉重,约翰·奥古斯特·苏特尔无法东山再起,他失去了事业和家庭,他的精神也出了问题,然而在他已经变得混乱的大脑里依然不停闪动着一个念头——去打官司,寻求公正。

就这样,在华盛顿法院大厦附近,二十五年来一直有一个穿着破旧衣服、精神萎靡不振的老人晃来晃去,法院所有的办公人员都认识他,他不断地要求得到他的几十亿美元,当然,总是有些律师、投机者和滑头者想从他身上捞些好处,便怂恿他去再打一次官司,这样他们就能够捞走他身上最后一点儿养老金。实际上,苏特尔此时真心想要得到的并不是钱,那闪闪发光的金子已经让他厌恶了,金子把他弄得倾家荡产,害死了他的儿子们,把他的一生都毁掉了,他只不过是坚持想要得到本应属于自己的那份权利。此时的他,就像个偏执狂患者,心怀强烈的愤怒,为了自己的权利,要去进行一场没有尽头的斗争。他到参议院、国会去申诉,无论谁说要帮助他,他都完全信任,然而那些人却开玩笑般拉着这个可怜的人,一个一个官署、一个一个国会议员地访问,二十年间一直这样四处奔波。

1860年到1880年的二十年间,他就像个乞丐似的过着这样凄惨的生活,在国会大厦四周,一年又一年、一日又一日地蹒跚着,从官吏到街头少年都嘲笑他、捉弄他。他就是世界上最富饶的土地的主人,他的土地上矗立了这个富饶之国的第二座大城市,而且这座城市还在不断地发展壮大,然而人们却让这个惹人生厌的老头子一直等待着。1880年7月17日下午,苏特尔终于因为猝发心脏病,在国会大厦的台阶上倒下了,一切都了结了,人们抬走了这个老乞丐的尸体。当人们将这个老乞丐的尸体抬走时,人们并不知道,就在这个去世的老乞丐的衣服口袋里藏着一份申辩书,他在这份申辩书上请求依照这个世界上所有公正的法律,保证给予他和他将来的财产继承人一笔有史以来最大的财产赔偿金。

然而,一直到现在,也没有一个苏特尔的后裔提出得到这笔巨大遗产的要求。圣弗兰西斯科依然矗立在别人的土地上,那里的人从来都没有对土地权利问题进行过辩论,只有一个名叫布莱斯·桑德拉的作家给了这个已被世人遗忘的苏特尔唯一的权利:后世对他惊讶的回忆。

尼采：
向宇宙高峰奔去

  人类的文明已经走过漫长的岁月，其间，有这样一些人——在对终极真实而虔诚的体验与追求中，他们全身心地把自己的生命演绎成超脱而快乐的命运之曲。远至老子、庄子、释迦牟尼，近至现代的室利·阿罗频多、尼采……在黄沙般的芸芸众生眼中，他们简直是异类或狂人，而在后世，他们的思想像真理，放射出热情而明亮的光芒，为人类认识的茫茫黑夜带来了光明。

  在这群人当中，尼采的智慧光芒尤为瞩目。

尼采

1844—1900

德国哲学家、诗人

明星闪耀时

1869 年　到瑞士巴塞尔大学任教。
1872 年　第一部重要著作《悲剧的诞生》出版。
1883 年　致力于写作他的主要著作《查拉图斯特拉如是说》，次年出版。
1888 年　创作的最后一年。他废寝忘食地工作，以惊人的速度完成了《偶像的毁灭》《瓦格纳真相》《反基督徒》《看啊，这人》《尼采反瓦格纳》等多部作品。

1. 独自一人的悲剧

> 以最大限度享受存在的乐趣,这将带来危险的生活。
> ——《不合时宜的思考》

弗里德里希·尼采的一生,是一出悲剧式的独角戏:在他短暂的人生舞台上,除了他自己,再没有其他人物。暴风骤雨般的幕起幕落之间,唯有他孤独奋击的身影,没有人上场与他并肩或是对峙;也没有一位女性,以柔情去调节那紧张的气氛。那一举一动,既来自于他,又返回来作用于他:最初上场的几个衬角,只是伴着他的英雄举止,悄无声息地做出几个表示惊诧的动作,接着,仿佛感到某种危险来临,一个个便退缩消失了。没有谁有勇气靠近乃至陷入这样一个命运的旋涡之中,尼采始终是孑然一身——自言自语,孤军奋战,孤独地承受着苦难。他讲话,但不是面对任何人,也没有谁来回答他。而更可怕的是,没有人留心他在讲些什么。

在弗里德里希·尼采这部英雄悲剧中,不管是同伴还是听众,没有人物出现。不过,它也没有真正的舞台、场景及化妆,这出悲剧仿佛只是在思想的真空里上演。巴塞尔、瑙姆堡、尼斯、索伦托、西尔思-马利亚、热那亚——这些地名并不代表他真正的栖身之地,而仅仅是激情燃烧的羽翼,在遥远的路途中一掠而过的里程碑,那是冷寂的背景,无言的坐标。事实上,这出悲剧的场景始终没有更换过:独自一人,孤独——那令人恐惧的、无言也无回应的孤独,像一只密封的玻璃罩,封闭、压迫着他的思想,其中没有鲜花,没有色彩和声响,没有兽类人形,甚至没有上帝;这孤独,是冷寂的宇宙太初,是遗世独立。在这荒凉、孤寂中更显恐怖厌倦和荒诞不经的是,这片孤独的冰河荒原中,居然不可思议地存在着一个七千万人口、已经美国化了的国度——这就是新德国,它充斥着火车的哐当哐当声、电报机的嗡嗡嘤嘤声,充斥着喧嚣和倾轧,而它的文化,一向是那样富于非凡的好奇心和求知欲,每年有四万册书籍在这里问世;上百座学府每天都在从事着深奥的研究,数百家剧院上演着悲喜剧——在这样的文明中,在它自身的核心之中,那精神世界里,那最为波澜壮阔的一幕,却没有谁察觉。

正当弗里德里希·尼采的悲剧进行到最关键的时刻,在德语世界里,他的观众、听众和见证人突然都消失了。开始,当他还是位站在讲台上侃侃而谈的教授时,瓦格纳头顶上的光环也曾罩在他的头顶,他的谈吐还多少吸引了一些人的注意力。但他越是深刻地剖析自身、剖析时代,就越是难以得到共鸣。在他的英雄独白之中,不论朋友还是陌生人,大家被他越来越激烈的转变、越来越狂热的亢奋所惊吓,纷纷小心起身,撇下他孤独地站在他命运的舞台上。渐渐地,那悲剧演员变得烦躁不安,因为在虚空中孤独地讲话,他的话音变得越来越高,像在大声吼叫,动作也越来越激烈,仿佛都是想为自己找到回应——哪怕是招来非议。

他为自己的话语创造了一种音乐,这种酒神音乐汪洋恣肆、激情澎湃,遗憾的是,依然没有人因此而更关注他,哪怕是一星半点。于是他强作幽默,装出一种辛辣、尖锐的兴奋样子,他把句子写得疯癫跳跃,他还突然变得喜欢插科打诨。这一切强颜欢笑的目的,无非是为了以他最真诚的严肃和庄重引来听众,但没有人回报他一点掌声。最后，他又发明了一种舞蹈，这种舞蹈在刀光剑影中翻腾，在众人面前，他伤痕累累，衣衫褴褛，甚至鲜血淋漓。这就是他新创的致命的艺术，但是，没有人知道，在这外表的潇洒不羁之下那受伤至深的激情。没有听众，没有任何反响，在空空如也的观众席前，这出前所未有的灵魂之剧终于结束了。对我们这个倾颓中的世纪，它本是一件珍贵的馈赠。没有谁转过目光——哪怕是漫不经心地看一眼，看他的思想之陀螺在钢尖上旋转着，如何做出最后一次优美的腾跃，然后终于踉跄着倒向地面，"因不朽而死去"。

这种"与自己为伴""与自己为敌"，正是弗里德里希·尼采的生活悲剧中至深的意义和困境：如此丰富的心灵，却面对着如金属般密封而无法穿透的沉默——这是绝无仅有的。他甚至不曾有幸遭遇一个知名的反对者，于是他那无比坚强的思想意志只得"无情剖析着自己，埋葬着自己"，向在痛苦中饱受折磨的灵魂索取答案和反对的声音。那命运的搏击者就像是赫拉克勒斯，他从浸透涅索斯毒血的衬衫中挣脱出来，他不是从外部世界，而是从自己鲜血淋漓的皮肤中挣扎出来，以赤膊与最后的真理、与自己抗争。但严寒包围着他赤裸的躯体，沉寂吞没着他发自心灵的呐喊，这"谋害上帝之人"的头顶上阴云密布，雷电交加，这是何等恐怖的天空；既然没有对手登门，他再也找不到对手，于是，他只有向自己发动攻击。"认识自我的人，将自己的剑子手无情地处决掉！"来自他自己身上的魔鬼，将他驱赶到一切时空之外，甚至被赶出了他自身之外。

> 哦，因奇怪的热情而战栗，
> 因世态炎凉而颤抖，

被你驱逐着，思想！

无法描述的！隐秘的！可怕的思想！

  有时他打个寒战，惊恐地回首往事，他看到，在他的生活里，一切活着的和活过的东西都被甩在身后。巨大的爆发力已经使助跑难以停止：他顺从了命运——恩培多克勒的命运——这一切，他所挚爱的荷尔德林早就替他考虑周到。

  壮美的原野上没有天空，精彩的表演没有观众，沉默，越来越深重的沉默将这孤独的灵魂包围——这就是弗里德里希·尼采的悲剧：如果不是他自己热情地对这悲剧说"是"，并且因为它的独一无二而选择它、热爱它，我们会憎恶它，因为它是世上最残酷的一幕。他清醒、自愿地放弃了安稳的生活，凭着内心深处某种悲剧的本能，为自己营造了一种"特殊的生活"，他孤独地向诸神挑战，使他们在他身上"试验一个凡人在他的内心生活中所能承受的危险极限"。"魔鬼们，接受我的致敬吧！"大学时代一个愉快的夜晚，尼采和他那些研究语文学的朋友在一起，他们快活地纵声呼唤着魔鬼。巴塞尔城沉沉入睡时，幽灵出没了，他们把一杯杯红葡萄酒从窗子向大街上泼去，祭献给那看不见的东西。这只是一次疯狂的闹剧，但隐含着某种预感。魔鬼果然听见了呼唤，他们尾随着那呼唤他们的人，从一夜闹剧竟演变成一出命运的悲剧。

  但尼采不曾阻拦那紧紧地控制住他并把他全部甩出去的强力：锤子落在他的身上越是沉重，他那坚如磐石的意志就会发出越发清脆的声音。在痛苦这块烧得火红的铁砧上，铁锤的每一次敲击，都会使精神披挂的铠甲被锻造得益发坚不可破。这是"为人类的壮大而准备的铠甲——珍爱命运；至于其他的，你什么也不想得到，不向前，也不退后，甚至不期望长命。那命中注定的不仅要承受，企图隐匿它更不可取，相反要热爱它"。这是唱给命运的至诚的爱情之歌，它盖过了歌者自己痛苦的呻吟：他被踢翻在地，周围世界的沉默几乎将他碾碎；他被自己撕扯啃噬，一切苦难灼蚀着他，然而，他却不曾举起双手，企求命运放过他。他甚至企求得到更多，那就是更深重的苦难、孤独和巨大的痛苦，还有更丰富的能力。只是为了祈祷，不是为了拒绝，这时，他才会举起双手，最英勇无畏的祷词是这样的：

"你，我心灵注定的遭遇——命运，你——在我之内，在我之上！
保佑我，让我拥有一个永恒而伟大的命运吧！"
谁要是能这样热切地祈祷，他的愿望一定会得到满足。

2.二重肖像

伟大的特征不是溢于言表的激情；矫揉造作的是虚伪之徒……要小心所有"诗情画意"的人！

一个充满着激情的英雄肖像。大理石就是这样为他制造出传奇般的谎言：英雄那倔强高昂的头颅，那高高隆起的前额，因思虑而爬上脸的皱纹，头发如波浪倾泻，将梗直的颈项覆住。浓眉之下，目光如同火炬，绷紧脸上的每一块肌肉，这就是意志、强健和力量。胡子也显得气势不凡，威严地长在严肃的嘴和咄咄逼人的下巴之上,这些都是一个蛮勇的斗士的标志。这颗雄狮般的头颅,会使你情不自禁地联想到一个身佩利剑、号角、长矛的日耳曼的维京人形象。我们的雕塑家和画家们惯于臆想和夸张,他们就是这样将那孤独者描绘成一个德意志式的超人、古代神话中被缚的普罗米修斯,这样能使他在那些狭隘的头脑中更直观一些,但那些人看课本和舞台剧太多了,他们不知道什么是真正的悲剧,只知道台上的装腔作势。真正的悲剧,是造作不出来的。因此,尼采的真实面貌根本不是他的雕像和画像那样。

下面是一个人的肖像:廉价的小公寓,简陋的餐厅,看起来这或许是在阿尔卑斯山的小旅馆里,或许是在利古里亚海边。客人们非常闲适,只有几个年迈的太太在聊闲天儿。开饭的铃声已经响了三遍,一个人迈过门槛,他缩着肩膀,微驼着背,步履蹒跚。这个"瞎了七分之六"的人,仿佛是从洞穴里爬出来的,却总是流露出一种奇特的态度,显得很沉着。他的衣服颜色深暗,刷得干干净净,浓密的栗色卷发把面目映衬得非常黝黯,厚厚的圆形镜片后面是一双深色的眼睛。他轻手轻脚,甚至显得有些羞怯,他悄悄地走上前来,一种异乎寻常的气息笼罩着他。你会觉得这个人活在暗影中,他远离一切社交,所有的声响及喧嚣都使他产生近乎神经质的畏惧:他彬彬有礼地向客人们致意;其他人也客客气气地向这位德国教授还礼,那神情似乎还带着一种可爱的漫不经心,近视的他小心翼翼地挪到桌边;因为肠胃脆弱,他又谨慎地审视着每样东西:茶是否太酽①了?菜的味道是否太重了?食物中的美中不足会连续不断地折磨他柔弱的神经。在他的餐桌上,看不见一杯葡萄酒、啤酒、烈性酒甚至咖啡;饭后,他

---

① 酽(yàn):(汁液)浓;味厚。

不吸雪茄和香烟，他拒绝所有使人兴奋、清醒或放松的东西；他用餐简短，饮食清淡；餐后再温文尔雅地与邻座轻声交谈几句（似乎因多年的荒疏，他已经不再习惯于讲话，并且害怕别人过多提出问题）。然后他就上楼，回到他租住的房间。那屋子狭小，家具简陋，桌上堆满了纸张、笔记和文章、校样，这里看不到鲜花和装饰品，也几乎看不见书，信件同样很少。一只笨重的木箱放在角落里，那是他唯一的财产，里面只有两件衬衣和一套旧西装。除此之外就只剩下书籍和手稿了。在一个托盘里，满是装药的瓶瓶罐罐：有治头痛的药，头痛常常会残酷地折磨他几个小时；有治胃痉挛的药；有治疗抽搐和呕吐的药；还有延缓内脏器官衰老的药；而最多的还是对付睡眠用的佛罗那之类的可怕药品。在这间陌生和空寂的房间里，要是没有这些仿佛毒药，但又能够帮助他睡上片刻的药品，他无法休息。由于房间里的壁炉只会冒烟而不会产生热量，他只能把全身裹进大衣里，把冻僵的脸收缩到棉围脖里，他的手指头已因为在这种寒冷的天气里写作几小时冻得僵硬了，眼睛昏花，什么也看不清，他的眼镜这时几乎贴到了稿纸上。在生活中，他很少会有快乐的时候，因此，通常每天他都会这样僵坐不动地写作好几个小时，直到他的眼睛因疲劳过度火辣辣地疼痛、流泪不止。要是有的人出于同情愿意帮他抄写一两个钟头，他会感到愉快，心怀感激。

如果天气好，这孤独的人会出去散步，当然总是独自一人，只有他的思想和他相伴：路上他从不和人打招呼，也没有人与他同行或相遇。他讨厌阴郁的天气以及使他双眼疼痛的雨雪，因为它们无情地将他囚禁在自己的房间里，他从不下楼与别人相处。晚餐，只是几块饼干和一杯清茶，接着又立刻投入漫长无边际而孤独的思想之中。在闪烁不定、冒着烟的灯盏下，时间一小时一小时地消逝着，他头脑清醒，神经高度紧张，没有疲倦，不能松弛，随后，他又抓起了三氯乙醛，或者随便哪种安眠药。用这样强迫的方式，他终于睡着了，和那些从不呕心沥血，也从不受魔鬼驱使的人一样。

他有时也会几天卧床不起，呕吐，挣扎，直到失去知觉，甚至在睡眠中也要忍受剧烈的疼痛，他的眼睛差不多全瞎了。然而没有人来到他的身边，没人伸过手，在他滚烫的额头敷上一块毛巾，也没有人给他念念书，或同他轻松地闲聊几句。无论住在哪里，他的房间都是这个样子。他居住的城市经常更换，索伦托、都灵、威尼斯、马里安温泉……但他总是选择有家具的出租屋，陌生、简陋、陈旧、破损，还有书桌、承受病痛的床，还有无尽的孤独。在长年漂泊不定的生活中，他从没有在友情的欢乐中享受片刻愉快的安宁；夜晚，从来没有一个温存的女性陪伴他；他在工作中度过了无数沉沉的黑夜，却永远迎不来光荣的曙光！啊，西尔恩·马利亚那片如画一般美丽的高地，现在，游客们茶余饭后到这里来寻觅尼采的遗踪，然而，他的孤影却游离得很远！他那孤独的灵魂飘然于尘世之外，也超越了他短暂的生命。

偶尔也会有一个客人或一个陌生人来访。但是在他渴望与人沟通的意愿外面，已经结成又厚又硬的一层壳：只有当陌生人离去后，当他重新回到孤独中，他才会松口气。经过了十五个春秋，这种"热闹中的孤独"终于消失了。这个独自苦苦煎熬着的人已经厌倦对话了，他精疲力竭，并且恼怒了。有时音乐也会给他带来极短暂的一束快乐的光芒，那是在尼斯糟糕的剧院里上演的《卡门》，几支咏叹调。钢琴前度过的一个钟头，点滴的快乐是那么强烈，"使他感动得流泪"。渴望得到的却得不到，这是怎样的切肤之痛啊！

十五年之久，一条道路把一个个洞穴一般的出租房间串联起来，隐姓埋名，无人知晓；这条道路无声地隐没在大城市之间，简陋的寓所，粗茶淡饭，还有肮脏的火车，以及一个个病房；与此同时，外面的世界充斥着琳琅满目的艺术和科学声嘶力竭的叫卖声，就像一个花花绿绿、光怪陆离的大市场。只有陀思妥耶夫斯基几乎与尼采同时躲避了这一切，他们一样的穷困潦倒，一样的被人遗忘，犹如遁入了幽暗阴森的幽灵世界。巨人般的作品时时遮掩住拉撒路瘦骨嶙峋的身影——在苦难和创痛之中，他一天天向死亡靠近，只有那创造的意志每天把他从深渊中唤起，创造了拯救的奇迹。长达十年之久，尼采的房间就像一具棺材，他不知进出多少次了，在痛苦中死去活来，一直到过度兴奋的大脑终于崩溃。这位时代的陌路人在都灵的街道上倒下了，陌生人发现了他。陌生人把他抬到卡罗·阿尔伯尔托路一个陌生的房间里，没有人看到他的精神死亡，就像没有人看到他的精神生涯。黑暗和神圣的孤独笼罩着他的毁灭。一个最伟大的思想天才孑然一身，悄无声息地堕入了漫漫长夜。

3. 疾病的争辩

　　无法将我置于死地的，令我更坚强。

　　痛苦的呻吟来自饱受病痛折磨的躯体，病患布满全身，可以列出一张长长的单子，其中最后一项尤其可怕："在我生命中的每一年，痛苦都可怕地变得过量了。"的确，在这群魔乱舞的疾病之殿中,每个病魔都会头痛,头痛就像锤子敲击着使人麻木,它能把晕眩中的人击倒在沙发、床榻上数日之久。伴随着吐血、胃痉挛、偏头痛、发烧、毫无食欲、疲倦乏力、痔疮、肠阻塞、冷战和盗汗,这些症状令人恐怖地反复发作。还有"瞎了四分之三的眼睛",轻微的劳累,就会使它肿胀、流泪,这个用大脑劳作的人不得不"每天只许用眼一个半钟头"。

但是尼采不把这些保健措施放在眼里。他每天在书桌前要花掉十小时。这样,就使过度疲倦的大脑开始报复了——剧烈的疼痛和神经超常的运转。夜晚,身体早已疲惫不堪,却不肯立即松弛下来,它继续着幻象、思考,直到被安眠药的强力麻痹。但随着用药剂量的增加(两个月之内,为了能稍稍睡上一觉,尼采要服用五十克氯水化合物),这样胃又开始抗议了,付出如此高昂的代价,它是不肯的。这样就形成了恶性循环,甚至因痉挛而呕吐,再次发生头痛时,又需要新的药物。器官被激怒了,在疯狂的游戏中,它们将痛苦这只长满刺的球抛来掷去,这是一场冷酷的、互不相让的残酷内讧。

在这样的内讧中从没有休战,没有短暂的平静,没有一个月他能感到轻松愉快,把病魔忘却;在二十年间的信件里,充满了痛苦的声声呻吟。他的神经过于敏感,清醒常常刺激、折磨着他,使他愈发狂躁和暴怒。"快死掉吧,这样你会更轻松些!"他就这样向自己喊叫着,他还写道:"如果有一支手枪的话倒是很令人愉快的",或者"恐怖的、不停的折磨使我渴望着结束眼前的一切,所有的迹象表明,脱离苦海的时刻已经临近了"。他已经无法找到极端的词汇来形容极度的痛苦了,这痛苦是尖锐的,又迅猛地接连袭来。恐怖的号叫,几乎是他最后的声音了,听起来那几乎不再是人发出的,倒像是从他"狗窝式的生存"中传来的吠声。这时，人们会忽然为强烈的对比而惊骇，《看哪，这人》中一声坚忍、高傲、顽强的自白，像一束腾空而起的火焰，仿佛要证明那些痛苦的呻吟是弥天大谎："总之，从根本上说，我(在最近的十年中)是健康的。"究竟哪一个是真实的？是痛苦的呻吟，还是这句豪言壮语？都是真实的！尼采的身体各部分本是健康而有抗病力的，他有高大宽阔的骨架，能够承受最沉重的负担。他的根基深深地扎在健康的德意志游牧民族的大地上。从禀赋、机体、肉体与精神的基础来说，尼采应该说是强健的。只是相对他丰富的感觉，他的神经过于敏感，而且总是处在躁动的对抗之中(不过这种对抗从不能动摇精神的绝对统治)。尼采曾说，他的病痛是"小规模射击"，用这样的词汇来形容这种危险与安全共同存在的状态，可谓找到了最精确的字眼。在这场战争中，他内在力量的堡垒从不曾真的被冲开缺口：他就像格列佛，对他来说，疼痛就像那群小矮人。他们最多只是在他周围不断地骚扰罢了。他的神经始终处于戒备状态，时刻警醒、观察着周围的所有动静，准备去进行艰苦卓绝、耗神费力的自卫。

病魔征服不了他(也许只有一个病魔可能征服他，它用二十年的时间悄悄挖掘了一条直通到他的精神堡垒之下的暗道，然后突然引爆了埋藏其中的地雷)：一个伟岸如尼采的灵魂是不会在任何零星火力面前屈服的，只有一次爆炸，才有可能将他花岗岩一般坚强的头颅摧毁。就这样，对峙开始了，一边是反抗病魔的坚忍之力，一边是始终活跃着的精细敏感的神经。尼采的每一根神经，包括肠胃的、心脏的、感觉器官的，它们都像是一只无比精密的气压表，对哪怕微弱到纤毫的变化，指针都会剧烈摇摆起来。什么也别想逃过他肉体的意识(正如逃不过他的思想)。在别人那里，神经纤维也许会纹丝不动，而在他身上却撕扯着报告它感知的信息,这种"过度的敏感"把他天生旺盛的生命力打造成无数尖利、危险、一碰便痛如锥刺的小碎片。于是,只要他稍有动作,或者在生活中迈出突出的一步,触到了这些裸露、颤抖的神经,这时,我们就会听到他那撕心裂肺的惨叫。

尼采的神经敏感到令人不可思议的地步,就像具有魔力一般,在别人那里转瞬即逝、朦胧地深藏在意识极限之下的细微差别,他能迅速做出痛的反应。这种可怕的、魔鬼般的敏感,是造成他痛楚的唯一根源,也是他判断价值的天才源泉。他从不需要来自任何实体的、能使他的血液发生生理反应的情绪,比如,大自然中时刻发生变化的空气,就会使他感到无边的痛苦。对空气如此敏感,可能从未有过一个思想型的人会像他这样。他的感觉简直就是气压表的水银柱。在他的脉搏与气压之间、神经与空气湿度之间,仿佛有某种神秘的感应。他的神经能通过器官的痛感,报告每一米高度差和气压差,并且击打出与躁动的大自然相吻合的反叛意识的节拍。雨和阴沉的天空都会使他心情沮丧,精神萎靡("阴云密布的天空将我抛入深谷"),甚至连他的内脏都能感到乌云在一层层地压下来,雨水"冲淡力量",潮湿使他"筋疲力尽",然而,干燥却能使他充满活力,还有太阳也能拯救他,严冬则意味着破伤风和死亡。他的神经晴雨表的指针,总是摇摆不定,就像变幻莫测的四月天,没有静止的时候,哪怕是在万里无云的晴空下,或者没有一丝微风扫过的高原之上。

如同能够感受自然界的气候变化,来自精神世界的天空中任何一点压迫、阴郁或愉快以及疾风骤雨,也能被他敏感的器官捕捉到。因为,每当一个想法瞬间在脑海中闪现,它立刻抽打在他那绷得紧紧的神经上,就像是霹雳一般:尼采的思想总是在狂喜中陶醉着,就像被电流击中一样,而"每当感情剧烈地爆发,便会改变整个血液循环"。毫不夸张地说（从最严格的意义上讲），从这位最有活力的思想家身上，我们不难发现，精神、肉体与环境氛围之间是紧密相连的，以至于他认为自己的内部与外部的反应已经合为一体："我已经不是简单的精神与肉体的结合，而是第三种东西。我作为一个精神与肉体的整体去感受痛苦，同样，我的痛苦也是一个整体。"于是，这种与生俱来的天性被他精心培育成一种能够分辨所有刺激的能力，它能够穿过他生活中那静止得令人窒息的空气，以及几十年的隐居生涯。在一年三百六十五个日日夜夜里，与他相依为命的只有他自己的身体，没有妻子和朋友。一天的二十四个小时里，没有人同他交谈，他只听到血液在血管里流动的声音，于是他同自己的神经开始了一场无休止的对话。在死一般的沉寂之中，他像所有的隐士、劳心者和独居的鳏夫一样，手持感觉这只罗盘，仔细观察着来自身体的每一点细微变化。别人会时刻忘掉自己，因为他们的注意力集中在闲聊、生意、游戏甚至无所事事之中。当然，酒精和冷漠也会使他们变得迟钝。但像尼采这样一个诊断疾病的天才医师，总是禁不住诱惑。心理学家喜欢拿自己当试验品和供试验用的动物，他们对审视自身的病症总是充满无穷的好奇心和乐趣。集医生和病人双重身份于一身的他，不断地用尖尖的镊子揭开神经，让痛处裸露出来。他就像一切生来神经质与想象力极丰富的人一样，原本就异乎寻常的敏感神经，此刻变得更加敏感。

　　他不相信医生，而是自我诊疗，并且一生都是自己"诊病开方"，所有能想得出来的疗法，他都要亲身尝试，比如电流按摩、限定饮食、饮水疗法以及温泉浴，等等。他时而用溴麻痹敏感的神经，然后又用别的药物去刺激它。他对天气很敏感，这就促使他不停地寻找一个特殊的环境，一个适宜他生活的环境，一种他

"心灵的气候"。他一会儿在卢加诺,因为那里有海边的空气而没有风,一会儿又在普菲佛尔斯和索伦托,没多久,他又觉得拉加茨的温泉能帮助他忘却身体的病痛,或者圣莫里茨的疗养区、巴登-巴登或马里安温泉的水能使他感到舒适。有一年春天,他发现恩加丁的"空气中臭氧成分多",于是决定住在那里,他觉得这与他的本性相近,接着又去一个南方城市——空气"干燥"的尼斯,随后是威尼斯或者热那亚。

他时而急着赶往森林,时而又奔向海边、湖滨,没多久又要去舒适的小城市,因为那儿有"清淡可口的美食"。就这样,为了找到这些神奇的地方,他奔波在旅途中,沿着铁路线走了几千里,这使他那煎熬中的神经和器官,永远没有清醒和安宁。他还逐渐从如此周折的经验中提炼出自己的一套"健康地理学"。他像阿拉丁寻找指环一样寻找那个地方,只有这样,他才能最终控制自己,使自己得到安宁。他翻阅厚厚的地理学著作,没有任何一个地方因为遥远而使他打消旅行的念头。他的计划之中有巴塞罗那,还有墨西哥的高山地带,甚至计划去阿根廷和日本。地理状况、气候和营养学,这些几乎成了他的第二专业。每到一处,他都要记录气温、气压,用雨量计、温度计分别量出精确到毫米的降水量和湿度。在饮食上同样夸张,他为自己列出一长串名单,那是一张医学的禁忌规则表:茶必须选择某一个品牌,要保持一定的浓度,这样他的肠胃才能够接受;肉食是禁忌的;蔬菜必须按一定的方法烹调。在这种无休止的自我诊治中,他逐渐染上了些一意孤行的色彩。他时刻都在紧张地关注着自身的变化,这种活体解剖比任何事情都更加剧着尼采的痛苦。这位心理大师总是比别人承受着更强烈的痛苦。因为他双倍地体验着他的痛苦,因为有现实之中与反躬内视两种情形。但尼采的天才在于他的善变：歌德擅长躲避危险，尼采则相反，他对付危险的惊人之举，就是纵身一跃，迎头揪住危险的犄角。

前面说的意思是，心理学和思想把尼采驱赶进痛苦的深渊，但使他恢复健康的同样是心理学和思想。本来，经过长达十年的煎熬，他已经跌入了"活力的深谷"，给人感觉他已经被他的神经彻底摧垮了，从此将一蹶不振。但就在此刻，突然一道"克服"的闪电亮起，他出现了一种觉醒和自我拯救，这样的情形时常出现，这使他的精神历程起伏跌宕、扣人心弦。

突然，他一把揪住病魔，将它拽到自己身边，压在心头：这是一个神秘莫测的时刻，是在他作品中闪现的灵光。与此同时，因为"发现"了自己的病魔，尼采惊讶地感到自己仍然活着。在极度的消沉中，尼采的创造力不但没有麻木，相反却变得更加敏锐和坚定，于是他宣告：他生命中的"事业"就是这些病痛、这些憾事，这是他唯一神圣的事业。于是，他的精神从这一时刻开始，不再与他的肉体同受煎熬，他第一次以一种全新的眼光审视他的生命，从更深刻的意义上来看待疾病。他伸开双臂，心甘情愿地接受它们成为自己命运中的重要组成部分。因为他是"生命的赞同者"，他热爱自己生命的一切，于是他对所有的痛苦一视同仁地说"是"。

查拉图斯特拉纵情地欢呼和歌唱："再来一次，永远再来一次。"接受产生了认识，认识又生出感激之情，因为当他将目光从自身痛苦中移开，转而高瞻远瞩，他发现（他为"无限"的魔力而感到无比喜悦），这世上没有任何一种力量比病魔与他有更密切的关联，没有任何一种力量比病魔所给予他的更多，为了他的自由——肉体和灵魂的自由，他应该感谢这个最残忍的刽子手。

当他想要停止不前,陷入松懈和懒散、迟钝和浅薄,满足于职务、职业、思维方式的时候,它便会出来鞭策他,强迫他振作起来。他感谢疾病,使他逃脱了兵役,有机会重新钻研学问;他也感谢疾病,把他赶出古典语文学、赶出马塞尔大学的小圈子,"退休"之后得以进入世界,回归到他的自我世界。衰弱的眼睛还使他"从书本中解脱","这是我为自己做的最大的一件好事"。他的痛苦,将他从一切束缚的罗网中剥离出来(虽然痛楚不堪,但获益匪浅)。他宣布,"病魔松开手掌,把我放了出来",它是他自己体内孕育着的那个人的助产士,它既给予他生命,同时也给予他生之痛苦。他感激它,因为一切陈规旧习都被新的生命和新的视野所取代。"我仿佛重新发现了生命,包括我自己在内。"

只有痛苦能使他明察一切,这受尽折磨的人,甚至在唱给痛苦的颂歌中还在为他所受的煎熬而欢呼。那些天生像熊一般健壮的人愚昧而容易满足,他们没有追求也没有疑问,因此,心理学不是身强力壮的人创造出来的。一切认识都源自痛苦,"痛苦总是刨根问底,快乐却常常停止不前,也不回首来路"。人"在病痛中会变得特别敏锐"。那种痛苦,那种始终撕心裂肺的痛苦开垦着心灵的田野,而正是这痛苦的开垦和耕耘才松动了土壤,结出累累的精神硕果。"使精神最终获得自由的是最深切的痛楚,它迫使我们深入自己内心的最后角落。"谁在痛苦中逼近死亡边缘,谁才能自豪地说:"我对生命了解很多,因为我每每险些失去它。"

这样看来,尼采战胜痛苦的原因,不是投机取巧,也并非对他的身体状况视而不见,相反,他是与其针锋相对:这个价值的发现者,由此发现了自身疾病的价值。他反其道而行之,他不是首先坚定信念而后才能承受痛苦,他的信念是从痛苦暴虐的酷刑中树立起来的。

通过这门"认识"的化学，他不仅发现了病痛的价值，还发现了它的对立面，也就是健康的价值，二者的结合，就能赋予人完整的生命感受。痛苦与激情永远针锋相对。二者是缺一不可的，疾病是手段，健康是目的；疾病是道路，健康是目标。在尼采看来，痛苦只不过是疾病黑暗的此岸。而彼岸则沐浴在一片光明之中，而那光明是难以言状的，那就是新生，它比一般的生存状态更有深远的意味，它绝不仅仅是转变，不是的。它意味着很多，它是增强、提高和精练。从病痛的魔掌中逃脱，人会变得"更坦白，更敏感，更善于享受快乐，更能敏锐地体味一切美好的事物，感官也更加活跃"；既有孩童的天真，同时又更加精明机敏。这疾病背后的第二种健康不会轻易获得，它来自心灵迫切的渴望，是用无数的叹息、呻吟和濒临绝境换取的，这种"饱经磨难和征战"而来的健康，比一向健康的人那种迟钝麻木的舒适更充满生机和活力，而一旦品尝过这种战栗的快感，这种令人陶醉的狂喜，人们就会焦灼地企盼再度体验到它。他愿意经常置身于痛苦那熊熊的烈焰之中，只为了能时常回归到那种"恢复健康时令人心醉的感觉"。回归那种辉煌的醉意，远胜过酒精、尼古丁这些普通的兴奋剂。刚刚发现了痛苦的价值和健康的快乐，尼采便要将其变成神圣的使命，赋予它世界的意义。

同一切具有魔鬼气质的人一样，尼采顺从了自己的激情，从此，快乐与痛苦之间碰撞出的火花不再使他感到满足；为了奔向至高、至乐、至纯、至强的新生境界，他还要忍受更深的煎熬；在渴望的激情之中，他逐渐把自己追求健康的强烈意志与健康本身混淆了，把自己的狂热当成了活力，把跌跌撞撞走向衰弱的艰难步履看作充满了力量。健康！健康！自我陶醉的人往往会高高地擎起这个字眼，将它像一面旗帜展开在空中；它应该成为世界的意义所在,在生活的目标和一切事物的尺度中,唯有它是衡量一切价值的标尺;他在黑暗中摸索了几十年,从一个苦难走向另一个苦难;而现在,他唱着并且沉醉于生命力的赞歌、统治一切强力的赞歌,他舞动起权力意志和生命意志的大旗,带着燃烧的色彩,走向坚韧,走向残酷。当他精神抖擞地走在新人类的前面时,却全然不知,那鼓舞着他高擎旗帜的力量,也正是那即将向他射出致命一箭的力量。

原来,使尼采激情勃发地高唱酒神颂的最后的健康,那原本只是一种自我暗示,是"臆想"出来的。正当他在自我的力量中陶醉时,当他高举起双手向天空欢呼时,当他在《看哪,这人》中大讲他的强壮健康,并起誓从没有患病和颓废的时候,他的血液里,已隐隐闪现起电光。在他心中高唱着凯歌的,已经不是生命,而是步步逼近的死神。他认为那光明和力量的高潮,恰恰潜伏着那致命的疾病的最后一击。今天,无论哪个医生都会一眼诊断出他最后时刻那种美好的感觉是回光返照,是典型的崩溃前夕的舒适感。那璀璨光明的幸福已经从魔幻般的"现时"彼岸迎面而来,在他生命的最后时刻淹没了他,使他在狂喜中战栗。但他处在醉意朦胧中,已经不可能做出判断。他只觉得自己此刻正沐浴在一片光辉灿烂的仁慈之中:他的大脑里燃烧起思想炽烈的火焰。言辞如泉涌,音乐洋溢在他的灵魂中。映入眼帘的,都是安宁的光芒,街上的行人都向他微笑,每一封来信都捎来神的旨意。在幸福的晕眩中,在最后的信中,他向友人彼得·加斯特喊道:"为我唱支新歌罢!世界变得美丽神圣,天空也笑逐颜开。"正是那来自神圣天空中的燃烧的光芒,击中了他,痛苦与幸福在瞬间烟消云散。这两种感受同时刺入他饱满的胸膛。在急剧起伏的太阳穴中,生与死被鲜血融合成一支独特的末日预言曲。

4.了解唐·璜

永远活着并不重要，永远活跃才是重要的。

伊曼纽艾尔·康德把认识看成一个嫁给他的女子，他们同床共寝四十年之久，并在德国创立了一个大家族，这个大家族由哲学体系组成，其子孙一直延续至今。他同真理的关系完全是一夫一妻式的，如谢林、费希特、黑格尔、叔本华，所有他思想的儿子，也同他如出一辙。神圣崇高的对秩序的追求，促使他们研究哲学，这是德国人特有的一种务实的意志，它要求对思想约束，构筑秩序的存在。他们对真理的爱是真诚、持久和忠实的，但这爱中绝对没有情欲，没有那种使人饱受煎熬以致形容憔悴的欲望：在他们心目中，真理是一位妻子，是一笔牢靠的家产，他们与之紧密地联系在一起，就是到死神临近的一刻，也不会做出不忠之事。因此，在他们与真理的关系之中，总有那么一种世俗的东西，他们每个人都给自己盖起了一座藏着娇妻暖床的房子——他们的体系。在杂木丛生的原始世界中，他们为人类开垦出思想的田野，并辛勤地耕耘着。他们谨慎地拓展着他们认识的疆界，靠辛勤和汗水收获他们的思想果实。

尼采的认识激情却相反，它来自一种与他们截然相反的气质，来自感觉世界的对跖点。他对真理的追求，是一种近乎中了魔一般的、在激情中战栗的、灼热呼吸着的、压迫着神经的和充满好奇心的，它从来得不到满足，但也永远不会衰竭。它从不在任何一个结论上停止和满足。在任何一个答案之后都要焦灼地、无所顾忌地继续追问。他从不将任何一个已经获得的认识揽进怀中,信誓旦旦地与之结为夫妻,建立他的"体系"、他的"理论"。任何事物都会对他产生吸引,但任何事物都不能使他止步不前。哪个问题的秘密被窥破,失去了羞涩的童贞和魅力,他就会毫不同情、也毫无妒意地将它留给后来人,不再为它操心,他的欲求永不满足。他就像唐·璜那个高超的引诱者一样,找遍了一个又一个女子。尼采也找遍了一个又一个认识,他要找到那永远隐身、可望而不可即的认识。对他产生吸引,使他痛苦乃至绝望的,不是征服、进驻和占有,而永远是追问、寻觅和追逐。

他追求冒险,而不是稳定,这是建立在《圣经》意义上的认识。男人"认识"了女人,她不再是秘密的。作为一个价值相对主义者,他知道,所有这些像急迫地占有财产一般的认识行为,都不是真正的"终极认识",终极真理是不容被占有的。这是因为,"自以为真理在他手中的人,往往会阻碍许多事情的进行!"因此,尼采从不像管家似的精打细算地过日子,也不为自己的思想构筑房舍,永远身无长物,这就是他的意志,或者不如说,这是出于他天性中那自由自在、无拘无束的力量,他只能这样,头上没有屋顶,身边没有妻儿和仆人,但他却有追逐猎物的热情和快乐作补偿;像唐·璜一样,他不喜欢持久的感觉,而追求那"令人欣喜若狂的伟大瞬间"。对他产生吸引力的,只有思想的历险,那"危险的'也许'",只要你仍在穷追不舍,它就一定会使你激动不已、令你奋进;而即使你抓住了它,你也不会感到满足,他要的不是战利品,而是(正像他自称"认识的唐·璜"一样)只要"不断追求认识、又不断被认识所戏弄而产生的亢奋、刺激和欲罢不能的快乐,直到接近了认识那浩瀚的星空,最终除了那只会给人以痛苦的认识,再没有什么别的可追求的事物,就像那位饮鸩而亡的智者"。

在尼采的精神世界中，唐·璜不是一个伊璧鸠鲁派，不是追逐享乐的人，高贵而神经敏感的他不追求那种吃喝玩乐、无所事事的生活；他既不吹嘘胜利，也不曾心满意足。一个追逐女性的猎手，就像思想领域中的宁录——也同时被一种压抑不住的冲动所诱惑，诱惑女性的人，自己也同时被蛊惑着去揭开女性的秘密。尼采就是这样在各种疑问中反复着，这成了他心中遏制不住的欲望。对唐·璜来说，秘密存在于所有的女人身上，但所有的女人身上又没有秘密，因为他使她们一夜之间失去了秘密，这样，也就没有问题需要再发问，像对那位心理学家一样，在所有的问题上，每个女人只有一夜的秘密，而没有永远的秘密；真理只在瞬间，没有一个永恒的真理。因此，尼采没有一刻安宁的精神生活，没有镜子一般平静的表面：它湍急、游移，充满着突兀的转折点和激流。在其他德国哲学家那里，生命是从容不迫的，像一首娓娓道来的叙事诗，他们的哲学，就像是一件拆开、理清线团之后，安稳地编织出的毛线活儿。他们推究哲理，仿佛一旦坐定便摊开了手脚，从此懒得挪动。他们在思维过程中，血压不会升高，也没有搏击命运的热情。康德就从未有过一旦停止思想就痛苦万分的情形；叔本华三十多岁时完成了对"作为意志和表象的世界"的认识，从此就过起了一种赋闲的生活，还时常发出一个原地踏步者的不满的抱怨。他们的步伐谨慎小心，他们就这样安稳地走在自己选定的道路上，而尼采却始终像是被追逐一般，不停地走上陌生之途。尼采的认识历程（像唐·璜的那些奇遇一样）是一连串惊险的插曲，是一出高潮迭起的悲剧，其中充满了戏剧性。在不停地战栗的急切之中升至顶点，最终又不可避免地跌进无底的深渊，摔得粉身碎骨。

正是这种无休止的探求，永远没有终止的思考，这般驱人前行的魔力，为这个独特的生命造就出前所未有的悲剧，一部引人入胜的(因为它绝无平庸的市民气)的艺术作品。尼采被"诅咒"了，他注定了一生要像童话中不停地追逐猎物的猎人，他也要不停地思索，他的乐趣就是折磨他的痛苦和烦恼；他如同被追逐的猎物，总带着滚烫的呼吸和激越跳动的脉搏；他的灵魂，不懂休息和满足，他渴望着、煎熬着："你刚喜欢上一样东西，还没有倾心相许，你心中那个暴君就发话了(我们甚至不妨称他为那个更高的自我)：这正是我要的东西，把它交给我。而我们偏偏就拱手相让了，这是一种虐待，是引火烧身。"

尼采像一头中箭而逃的野兽，他凄厉地吼叫着，他欲罢不能地走在认识之路上，他喊道："对我而言，到处都有 Armiden 的花园，因此我的心总在挣扎，总在品尝新的苦难。我只能抬起疲惫受伤的脚上路，除此之外，别无选择，面对那无比美丽却无法将我挽留的东西，我只能投去幽怨的一瞥，因为它留不住我！"

这发自内心的呐喊，从痛苦的深渊中传来的呻吟，动人心魄，在尼采之前德国的哲学领域里，是绝对听不到这样的声音：或许在中世纪的神秘主义者那里能听到，在异教徒和哥特教堂中的圣徒那里，在那神秘模糊的只言片语中，偶尔也会迸发出类似的饱含痛苦的激情。帕斯卡的灵魂在怀疑的炼狱之中接受洗礼，他的灵魂也在上下求索，有激情，但最终也是毁灭。但在莱布尼茨、康德、黑格尔、叔本华那里，我们从不曾感到这样一种激情，因为，无论这些科学巨人多么正直，多么勇敢坚毅、殚精竭虑，他们毕竟没有把他们的全部，包括灵魂、五脏六腑和肉体，同他们的命运一起投入对知识的追求之中。他们只消耗大脑的精力，就像蜡烛只燃烧顶部一样。他们生活中的另外一部分，包括世俗的、私人的、与切身相关的那部分，则始终没有惊险，稳稳当当，尼采则相反，他总是用自己的全部身心去冒险。他不只用他那"冷静而好奇的思想触角"，而且要以他全部命运的能量而置身于危险之中。

他的思想不只来自于大脑，同样也来自他全部的生命，这就是沸腾的血液、颤动的神经和不知满足的感官，因此，像帕斯卡一样，他的认识凝聚成"一部充满激情的心灵史"，是一连串生命的冒险，是一出惊险的人生戏剧（而其他的哲学家传记则只无限夸大他们的精神生活）。但是，即便处在最深重的苦难之中，他也不愿拿"险象环生的生活"与有序的生活作交换，因为，其他人寻找的是认识过程中灵魂的安宁，抵御感情的泛滥，这正是被尼采所深恶痛绝的，他认为这是对生命力的扼杀。这个悲剧英雄需要的不是"但求温饱的可怜追求"，不是日日增长的稳定感，不是防范经历的胸墙。他不要安全，他永远不会满足！

置身于现世的变幻莫测和丰富内涵，一个人怎么可能没有疑问，怎能不因此而渴望、快乐和战栗！对那些动辄知足的平庸之辈，他总是发出这样高傲的讥讽，让他们尽管顽固不化，把自己藏进他们体系的贝壳里吧：他只醉心于充满惊涛骇浪的冒险生涯、无休止的惊喜和失望。就让他们一直在他们那体面而又温暖的巢穴里妥善地经营他们的哲学，规规矩矩地等着发财吧。他向往的却是用生命为赌注去拼搏。这个热衷冒险的人甚至毫不顾惜自己的生命，他需要的更多："重要的是永远生机勃勃，而不是长生不死。"

随着尼采的出现，黑色的海盗旗首次在德国认识领域的海洋上飘起：他来自另一个血统，是另外一个人。哲学不再属于科学的讲坛，它像斗士一般披上了铠甲。在他之前也有一些无畏的航海者，他们发现了大陆和国家，但从某种角度讲，他们是怀着一种文明开化和获取利益的企图，是为了人类而去获取它，使思想世界的地图更完善。哪里被征服，就在哪里插上旗帜，修建城市和庙宇，铺设通向新的未知世界的道路，接着，总督和执政接踵而来，他们坐享其成，就是那些评注家、教授以及有教养的文明人。他们辛劳的最终目的总是安宁、平和和秩序，他们要完善规范和法则，建立更严格的秩序。而尼采闯入德国哲学领域，就像16世纪末拉丁美洲沿岸的那些疯狂的海盗，他们不属于哪个国家，也不向哪个国王臣服，他们无家可归，尼采就像他们一样。他从不为自己或后人去征服什么，既不为神明，也不为国王或信仰，而就是为了享有征服的快乐。因为他没有夺得和占有任何东西的欲望。他激情洋溢，他要扰乱一切黯淡、平静和安逸，搅乱人们怡然自得的安宁生活。用火，用惊世骇俗去传播清醒。对他来说，清醒就像酣睡对好静的人那样珍贵。

　　他走到哪里，哪里就像海盗身后留下的惨象：教堂遭劫，古老的圣物被亵渎，祭坛坍塌，多愁善感、奄奄一息的信念被羞辱，道德栅栏被冲破，地平线在燃烧，烽火预言着勇气和力量。他永不回头，既不沾沾自喜于已经得到的一切，也不想据为己有；他驰骋的广阔天地是未知的一切；他唯一的乐趣就是释放能量，"惊扰昏昏欲睡的众人"。他没有专一的信仰，也不对任何一个国家表示效忠，这个反道德主义者时刻准备在断桅上扯起黑旗，去开始新的凶险航程。他感到有一股魔力将他与前方神圣的未知世界联系在一起。他孤身赴险，他自豪地唱起他的海盗之歌、火焰之歌和命运之歌：

　　　　是的，我知道我自何方而来，
　　　　永不满足，如同火焰一般。

我燃烧着自己,我发出光亮,
我攫住的一切都变得光明。
我抛弃的一切已化作灰烬。
而我自己,一定就是那火焰。

5. 真诚的激情

你的戒条只有一个:纯洁。

尼采早年曾计划撰写一本书,题目叫《新受难曲或正直的激情》。但他最终没有完成计划,然而他所做的其实更多,他用自己的生命"活"出了这本书。他热烈地追求正直、诚实,这种激情几乎达到了自我折磨的地步,由此孕育了尼采的成长和转变。

诚实、正直和纯洁,说来这似乎有些令人吃惊:我们居然发现,在"反道德主义者"尼采这里,那激励他的原动力不是别的,恰恰是市民们引为自豪的诚实和正直的美德,纯粹的"穷人美德",绝对中庸的传统的感情。直到踏进冰冷的坟墓,这一直是他的原动力。然而对于感情来说,只有强度才能决定一切,它的内容却说明不了什么;有些天性具有魔鬼般力量的人物,他们使那些早已变得平和、温吞吞的概念重新紧张、活跃起来:凡被魔力所控制,就会重返混沌状态,重新充满不羁的力量。

因此,尼采具有诚实的品格,它有别于被那些循规蹈矩之人弱化成"正确"的正直,他热爱真理,如同一个追逐真理和明晰的魔鬼,一只狂野的、钟情于追捕猎物的猛兽,它的嗅觉灵敏,还有着极其强暴的劫掠欲望。尼采式的正直不同于小商贩的谨小慎微,因为后者是一种家禽般的驯服和节制,也有别于某些思想家的米夏埃尔·科尔哈斯式的正直,因为后者像公牛一般暴躁,它们蒙着眼罩,只顾向着他们自己认定的那种真理一头撞去。而尼采对真理的追求,则无论激情爆发得如何强烈,却始终过于敏感和太有修养,他的头脑不狭隘、目光也不短浅;这激情不是自我束缚和原地打转,而是像跳动的火焰,把一个又一个问题点燃,舔舐它们,洞穿它们,却永远没有满足。激情永远不会在尼采身上消失,诚实也永不会中止,这二者是完美结合的一个整体。也许还没有人像他这样,集伟大的心理学天才与坚强不渝的高尚品格于一体。

因此,尼采注定是一个头脑非常清醒的思想者:把心理学作为一种激情来理解和实践的人,他就会以对尽善尽美的追求去感受一切。作为市民的美德,诚实和真实一向被务实地体验为精神生活的催化剂,但在他那里却像是音乐一般的享受。

明晰在这里具有了魔力。这个在摸索中艰难前行的半盲人,这个在黑暗中夜枭一般生活的人,在心理学的领域中,他的目光却像鹰隼一般锐利,他能在刹那间,从他无垠的思想天际,精确地射向地上哪怕最微小的一丝颤动和转瞬即逝的细小目标;在这个举世无双的认识者和心理大师面前,谁也别想隐瞒和遮掩:他的目光像射线一般穿透衣衫、肌肤、骨肉和毛发,射进每一个问题的核心。

而且,他的神经就像精确测量仪一般,能够对大气压的每一点变化做出反应,他的头脑同样敏锐,以同样准确的反应记录下道德世界中点滴的细微变化。尼采的心理学,不是源于他钻石般坚硬纯净的头脑,而是他全部身心对价值的极度敏感,他有精确的口感和嗅觉——"我的天才就在我的鼻孔里"——人类的、精神的事物中所有不完全纯洁或者清新的东西："我具有一种极易受刺激的、清洁的本能，它使我能够从心理上感知每个人的内心深处和五脏六腑。"

他有着精确的嗅觉，能够分辨哪里隐藏着伪善，教堂的袅袅香烟，艺术的谎言，关于祖国的空话，以及任何良知的麻醉剂。他的嗅觉器官对一切腐烂败坏、病痛和精神贫瘠都格外敏感。因此，对于他的头脑来说，明晰、清纯和洁净，正如纯净清新的空气之于他的身体，这些都是不可缺少的生存条件。

他所期望的心理学就是这样的，即"对身体的阐释"，就是将神经的特性延伸到大脑。他对未来的预见，使其他的心理学家都显得迟钝笨拙。司汤达虽以善感著称，也无法与他相比，因为在司汤达的激情中缺少重音和强烈的爆发，他只是悠闲地将思想记录下来。尼采却是用他全身心的力量扑向一点一滴的认识，就像高空中的猛禽向地面上的一只小动物发起攻击。唯有陀思妥耶夫斯基有着几乎同样敏锐的神经（这也是因为过度紧张和病痛折磨之下的敏感）；但在真实性上，陀思妥耶夫斯基则不如尼采，表现在有时不够公正，或者在认识之中比较夸张。而尼采，即使是在亢奋中，他的正直也不会有任何丢弃的现象，可见他天生就该是个心理大师，他的头脑天生就是一支心灵气象的精密气压计，没有谁的头脑像他这样，在价值研究中，没有谁使用过如此精密细微的仪器。

然而，心理学要达到完美的境界，仅有精心选择出来的最精巧、最锋利的解剖刀是不够的，还要求心理学家的手也一定要像钢一样柔韧而刚强，在手术过程中，手不能颤抖，不能畏缩，因为心理学仅靠天赋是不够，这里首先有个性格坚强与否的问题，

尼采：向宇宙高峰奔去

是否有勇气敢于"思考一切所见"。如果像尼采那样具有认识的能力,这无疑是最理想的,它与那种充满原始的男性力量的认识意志结合在一起。真正的心理学家,要做到在具有认识能力时,也要具备认识的意愿,他不能感情用事,不能暗自胆怯、畏惧,不能将目光移开、敷衍了事,也不能因有所顾虑和多愁善感而大意。在"以保持清醒为己任"的思想者看来,任何妥协和解、大发善心、胆怯、同情以及平庸市民的态度都是不可取的。

精神斗士和征服者在他探索的险途中,不能出于善意而放过任何一个已经触及的真理。在认识的问题上,"盲目不是谬误,而是胆怯",好心则是犯罪。因为谁要是顾忌羞辱和伤害,听到被揭露者的惊呼,看到赤裸裸的丑陋就害怕,他就永远不能将最后的秘密揭穿。任何没有探索到极致的真理和真实,都不具有任何伦理价值。

因此我们可以理解,对于一切出于头脑懒散和怯懦而辱没果决的神圣使命的行为,尼采为什么表现出那样地严厉,对康德把上帝的概念偷偷地从后门放进他的体系,他是那么愤慨,对哲学研究中一切睁一只眼闭一只眼的行径,他是那样的痛恨,他痛恨"暧昧的魔鬼",因为它胆小如鼠,遮掩抹杀了终极的认识。没有哪一个伟大的真理是甜言蜜语诱骗出来的,假惺惺地推心置腹也诱导不出哪一个奥秘,只有施加强力,不留情面,自然才会将它最宝贵的财富呈现出来,只有粗暴,才会赢得"无尽诉求之可怕与高贵"在"崇高的"道德中的呈现。未知的一切领域,都需要经过强硬的手段和毫不妥协的精神去开掘。没有诚实就没有认识,没有果断就没有诚实和"认真精神"。"我不诚实,就会瞎眼;在我有所探究的时候,也必须诚实,这就是冷酷、严厉、刻薄、残忍以及不留情面。"

尼采作为心理学家所具有的极端、强硬和严厉，并非像他鹰隼般的目光一样是命运赋予的，而是以生活为代价换取的，为此，他牺牲了安宁、睡眠和舒适。尼采本来也是温和、友善、随和和开朗的，但他的意志却以斯巴达式的残暴和毫不留情与他的感情相抗拒，他半生的时间都处在火的洗礼中。

　　只有在经过细致的了解后，你才能对这一痛楚的经历有所感受和领悟。因为他生性中的"弱点"，包括温柔和好心遭受着对抗，他还一并剪除了所有人性的东西，这些东西本应将他与外界联系在一起；他还扼杀了人际关系中的所有友情、联系和交往，甚至连他生活的最后一个角落也燃烧起来，谁想上前触摸，就会烫伤手臂。为了保持伤口的清洁而用硝酸银棒去烧灼它，尼采也采用类似的方法残酷地灼蚀着自己的感觉，为的是让它保持纯洁和诚实；他对自己的苛求过于残酷，用烧红的烙铁，在他看来那表现了追求终极的真实的意志，因此，即便是他的孤僻，也是他对自己的苛求造成的。但是他是一个极端狂热的人，他会抛弃他曾热爱的一切，甚至包括与他交往至深的理查德·瓦格纳；他把自己害得穷愁潦倒、离群索居、遭人记恨，遗憾的是，所有这一切只是为了保持真实，为了圆满地完成诚实的使命。

　　诚实的激情，使他像着了魔一样，渐渐成了偏执狂，它的烈焰在他生命的所有角落燃烧。没有必要追究尼采到底在做些什么，他试图建立什么体系，追求什么世界观，等等。尼采一无所求，他只沉浸在对真理的热烈追求中自娱自乐而已，他没有任何目的性。尼采的探索，并非为了改善或者对这个世界施以教化，也不是为了慰藉世界或自己，他只是以自身为目的，为自己而快乐，像所有具有魔力的激情，它只属于他个人的、自私自利的甚至是原始而强烈的狂喜。

当他尽情地挥霍他旺盛的精力时，从来不涉及什么"学说"——他早已从"教条主义那可贵的幼稚笨拙"中超脱出来，更谈不上宗教信仰（"在我身上丝毫也找不到宗教缔造者的影子，宗教是群氓的把戏"）。尼采把哲学当作一门艺术，作为真正的艺术家，他寻求的不是冰冷的、不可更改的结论，而是一种风格，"伟大的道德的风格"，作为艺术家，他全心全意地体味和享受着灵感来临时那醒悟的战栗。

将尼采称为"哲学家"，即"智慧之友"，的确有些不太准确，因为沉浸在激情洋溢中的他，总显得不够明智：哲学家通常追求的是感情的朦胧幽昧，休憩松弛，安宁平和，那是一种惬意，是一种毫无杂念的"褐色"智慧，一旦达到目的便故步自封，尼采与此是格格不入的。他"追求并消耗"信念，得到了立刻又会抛弃。称他为"真理之友"也许更恰当，一个真理的追求者。真理就像那贞洁而残忍的阿尔忒弥斯，害得那些追求者在她身后穷追不舍。即使将她的层层面纱揭穿，她也依然无影无踪。在尼采心目中，真理没有凝固、结晶，而是活生生的真实的。生命的最高意义，就是保持真实的火热的意志。尼采不需要幸福和快乐，他只要真诚。他不需要安静的休息（哲学家几乎都是这样），而愿在魔鬼的驱使下，去追寻所有兴奋活跃的最高境界。但那些最终是达不到的，为此所付出的搏击固然充满英雄气概，却最终导致了毁灭。

尼采对真实、诚实的追求，充满了激动、紧张和不讲情面，这就必然陷入与世界之间造成谋杀乃至自杀式的激烈冲突。从根本上说，一切生命的存在都离不开宽容和顺从（歌德早就认识到了这一点，他在自己身上明智地模仿，重构着自然的本性）。为了保持自身的平衡，有必要像一般人那样妥协和让步。谁要是非要违背这个规律，像神明一样，不愿在这个世上像凡人一样肤浅、妥协、顺从和随波逐流，谁要是企图挣脱世代不变的传统、习俗和人际关系的网络，谁就会不由自主地成为社会和自然的死对头。一个势单力孤的人越是无情地追求"绝对的纯洁"，就越容易遭到众人的抨击。不管他是像荷尔德林那样，坚持要把散文般的生命活出诗意，还是像尼采那样要把尘世间错综复杂的一切"思考清楚"，这样不明智的做法虽然颇有英雄气概，却要激怒习俗和常理，将独辟蹊径的人驱入与世隔绝之中。

尼采所谓的"悲剧精神"，使任何一种感情都毅然走向了极端，乃至超出了精神的界限，直至终于酿成了悲剧。每个想使生活的法则变得单一，想在物欲横流的世界中唯独使他获得满足的人，他必将变得孤独，并且一直走向毁灭。如果他没有自知之明，他就是个疯子；如果他明知危险却偏要挑战危险，他就是个英雄。无论对诚实的追求多么执着，尼采始终保持头脑清醒。他清楚自己身处险境，从最初的一刻，从他开始写作，他明白，他的思索围绕着一个险恶不祥的中心运行，他的生活充满险象，但在精神世界，他不愧是一个悲剧英雄，因为生命面临着被毁灭的威胁，所以他热爱生命。

他向哲学家们发出疾呼："把你们的房子建在维苏威火山的边上。"以此唤醒他们对命运的意识，因为"一个人在自己的生活中所能独自对付危险的大小"，是唯一衡量他的价值的尺度。为了得到全部而把全部拥有投入那场赌博中，只有这样的人才能拥有无限，因为他是以自己的生命为赌注，在他凡夫俗子的外壳下，被赋予了无限的价值。

只要真理得以实现，我们可以献出生命。激情重于存在，生命的意义比生命本身更重要。在他的巨大力量之下，这种思想伸展着，甚至已超越他个人的命运。

"我们都宁愿眼看着人类的毁灭也不愿认识被毁灭。"他的命运越是充满危险,在越发高远的精神世界,他越是感到靠近了闪电,他对最后拼搏的渴望就越是充满着挑战的快乐。

"我清楚我的命运。"在毁灭即将来临之际他这样说过,"将来总会有一天,人们会在我的名字中发现一些非凡的东西:史无前例的转折,良知最深刻的冲突,以及一个坚定的抉择,反对迄今为人笃信并被神化了的一切。"但尼采对这一切知识的深渊充满挚爱。他以他的全部身心追寻那致命的抉择。

"人能承受多少真理?"这个无畏的思想者终生都在思考这个问题,为了彻底探究认识能力的极限,他必须走出安全区域,去攀登一个高度,一个凡人无法忍受的高度;在那个高度,最后的认识将置人于死地;在那个高度,人贴近了光芒以致头昏目眩。这最后的向上迈进的步伐,是他命运悲剧之中最动人心魄、最使人难以忘怀的一出。当他心甘情愿地从他生命的巅峰投身毁灭的深渊时,他的精神世界还没有过这样的明亮,他的心灵从不曾这样地激越,他的话语充满了更多的欢呼和音乐。

6.回到自己

无法蜕皮的蛇必定灭亡。

思想者也是这样,假如受到阻碍让他们无法互通见解,他们就不能称为思想者。

无论那些循规蹈矩的人对有独特个性的人感觉多么迟钝,然而对于所有和他们作对的一切,却有着无法蒙蔽的直觉;早在尼采表现出他是个反道德主义者并且烧毁了他们的道德栅栏之前,他们就以他为敌了,他们对他的了解更甚于他自己。尼采是个始终游离于各个领域边缘的人,他集哲学家、语文学家、革命者、艺术家、文学家和音乐家于一身。他使他们感到不舒服。在那些专业人士看来,他一开始就是个可恶的越界者。他早期的语文学著作几乎还没有发表,另一个语文学者维拉莫维茨(他做了足有半个世纪之久的语文学者,而他的对手则成为人类不朽的丰碑),就已经开始在同行面前对他展开公然的谴责;即使是瓦格纳的追随者们也怀疑(怀疑得很有道理!)这个曾对瓦格纳赞美有加的人;当他尚未脱胎为一个真正的语文学家时,哲学家们怀疑的则是一个认识者。尼采还未开始阔步前进,就已经开始面对一群专业有成的反对者。只有那位天才的洞察者理查德·瓦格纳喜爱这个正在成长的日后的敌人。

可其他人呢?从他阔步前进的无所顾忌中,他们立即感到他是靠不住的,他不会有专一的信念,这狂放不羁的人追求的是一种无拘无束的自由生活,他反抗一切,连自己也不例外。甚至在专家学者们被他的威望所吓倒后,他们仍企图重新把这个被放逐的人圈起来,圈进某个体系、某种学说、某种宗教和某种启示。他们希望他像他们自己一样僵化,拴在某些信念和世界观里,而这些正是他所惧怕的,他们企图强迫这个不设防的人变得安分随和,想把这个热爱漂泊的人(他征服了无穷的精神世界)幽禁在一所房子里,然而他从未有过这样的念头。

某种学说拴不住尼采,他也不甘于被钉牢在一种信念上。我这本书从头至尾不存在小学教师那套玩意儿,要从这一出悲剧中附会出某种冷冰冰的"认识论",因为这位激进的价值相对主义者从不曾长久地维系由他嘴里说出的任何一句话、良知的信念和心灵的激情,乃至将其奉为责任和义务,"哲学家追求并且要消耗信念",他就是这样用高傲的回答应对那些津津乐道于自己的性格和信仰的懒惰之辈。

在他看来,他的每一个观点都仅仅是一个过程,甚至他的自我,他的肌肤,他的身体,以及他的思想成果,都被他看作是"很多个灵魂构成的集合体"。他还说了下面这句非常大胆的话:"对一个思想家来说,如果仅局限于一种人格,那将是一种缺陷。如果你找到了自我,你就得尝试经常丢掉自我,随后再找回自我。"他的风格就是不断地转变。在丧失自我之后再重新认识自我,始终在成长而从不会僵滞停止。因此,"做你将要做的那个人!"这种思想贯穿在他所有作品中,这是他对生命下的唯一指令。

的确,歌德也说过类似的幽默话:当人们在魏玛找他时,他却在耶拿;而尼采喜用的"蛇蜕"这个意象,歌德也写在了一百年以前的一封书信里。但歌德谨慎的发展历程与尼采火山爆发一般的转变之间,却形成了巨大的反差!歌德总是围绕一个固定的中心来拓展他的生活,就像一株树以一个看不见的轴干为核心,年复一年地逐圈地增加年轮,它将最外层的树皮撑破,长得越发挺拔、魁伟和繁茂。他的发展来自耐心和坚韧不拔、蓄积的力量,以及不管怎样成长都保持始终的自我保护的能力。

尼采的成长却是借助暴力和猛烈的意志力。歌德扩展自己时注意自我保护,自身没有任何损失,他提高自己而不否定自己。善变的尼采却正相反,他总是彻底摧毁自己,而后再完整地重建自己。每一个新的自我、每一个新的发现,都是他近乎残忍地侵蚀自己、丧失信念、分解自己的结果。为了站得更高,他总要抛弃一部分自我,在他变化多端的世界里,没有什么过去的东西留存下来与后来者和平相处，就连他本人的各个发展时期，也不像兄弟般彼此情同手足、和平共处，相反却要彼此敌对。

他永远走在去大马士革的路上，他的思想、感情要经过无数次的转变。因为每一个思想元素不仅要深入他的头脑，还要侵入他的肌体，伦理、精神的认识在他体内发生了化学变化，变成全新的血液循环和思维感觉模式。尼采像一个孤注一掷的赌徒（荷尔德林也曾对自己提出这样的要求），让他的整个心灵与现实那摧枯拉朽的力量相碰撞，从一开始，经验、印象就如火山爆发一般降临并冲击着他。

还是莱比锡一名年轻学子时，他阅读了叔本华《作为意志和表象的世界》，为此他失眠了十天之久，他仿佛被一股旋风裹挟翻转着，支撑着他的信念轰然坍塌了，当他的思想从迷乱困惑的晕眩之中清醒过来，他彻底改变了自己的世界观，他发现了全新的人生观念，与理查德·瓦格纳的相遇也同样像一场热烈的恋爱，他的情感张力拉伸了。从特里布申回到巴塞尔后，他的生命获得了新的意义，仿佛旦夕之间，他身上的那个语文学者消失了，他的目光从过去和历史转向了未来。他的整个心灵充溢着精神之爱，而日后同瓦格纳的决裂就如同撕开一道几乎致命的创伤，再也不会愈合和结疤。他的思想的每一次震撼，就像地震爆发，都使他整个的信仰大厦顷刻间夷为平地，这就要重塑自我。他心灵的任何一点成长，都不会自然缓慢、悄无声息地进行，他内在本性的发展从不会在神不知鬼不觉中完成。包括思想在内的一切，都会像"霹雳"一般将他的世界粉碎。只有毁灭这个世界，才会诞生新的宇宙。尼采的思想充满了瓦斯爆炸般的独一无二的力量。他曾写道："感情的扩张的后果太可怕，以致我真想从中摆脱出来。我时常想，我会因此突然死去的。"的确，他的思想获得新生之时,也就是什么东西死去之时,他的体内总有什么被撕裂,好像有一把钢刀,斩断与过去的一切联系。在成长历程中,没有谁经历这样的磨难,乃至用血的代价去超越自我。因此,他所有的著述,其实都只是这些手术的临床记录,记载的是他对自我的活体解剖,就像是一种自由精神的助产理论。"我的书讲述的都是我的克服。"——它们记录了他的转变,是他的摇篮和妊娠期,是他的死亡和再生,是他向自我发动的无情的战争,是他的自我宣判和处罚,总之,是二十载的精神生活中一个个尼采的传记。

在尼采这些持续的转变之中,有些无与伦比的独特之处:从某种意义上说,他的生活道路是一种倒退。拿歌德来说,他的天性是一个有机的整体,他与世界的进程相协调。我们发现,他成长中的各个形式,象征性地与他的年龄相对应。青年歌德富有激情,中年歌德善于深思,老年歌德睿智明达:他思想的发展脉络与他生命中血液的热度有着不可分割的联系。他的骚动只是在最初(像所有的年轻人),最后出现了秩序(老人总是这样),使他变得保守,这是在他一度激进之后,由感情丰富到科学严谨,对自己的生命由挥霍到呵护。尼采的路则相反,如果说歌德追求的是本性中越来越丰富的联系,尼采则急迫地分解自己;像所有被魔力驱使的人一样,随着岁月的流逝,他变得越来越暴躁,没有宽容,只有狂热和革命,越发躁动不安。单是表面的生活状况,就不难发现他的反其道而行之的历程。尼采是以一副长者的姿态起步的。当他的大学同学还在恶作剧和啤酒中消磨时光,或者在大街上闲逛时,二十四岁的尼采已经是个职位优越的教授了,即著名的巴塞尔大学里名副其实的语文学教授。他当时的朋友都是些大学者,他们五六十岁、年事已高,像雅各布·布尔克哈尔特、里奇尔，还有他的知己——当时最伟大的艺术家理查德·瓦格纳。他按捺着他那诗人的激情和内心涌动的音乐，像个迂腐的宫廷顾问，躬身伏在那些希腊文手稿之上编制索引，乐此不疲地埋在故纸堆中。刚刚起步的尼采，把目光投向"历史"，投向那些已经死去的东西。他的老气横秋、兴高采烈和狂妄自负，都带着教授的尊严，他只关注书本和学问。

二十七岁时，他的《悲剧的诞生》展现了一条通往现时的秘径，但此时作者还戴着古典语文学的严肃面具，未来的微光只隐隐地在闪烁，那是他对于现时的热爱和艺术激情的火花首次的迸发。对寻常人来说，三十岁已是而立之年，歌德在这个年龄已身居枢密顾问，康德和席勒已成为大学教授，而尼采却在这时抛却了上升之途，他如释重负地离开了古典文学的讲台。他第一次总结自我，进入自我的世界，这是他的第一次深刻转折，这一终结标志着一个艺术家诞生了。

在砸开现时的大门后，他现出了真实的面目，一个不合时宜的悲剧人物。他将目光投向未来，热切渴望着新人类的降生。这期间又出现了电闪雷鸣般的一次次转变和内在本质的颠覆。从古典语文学到音乐，从严肃持重到心醉神迷，从立足具体事实到超然物外。

三十六岁时，尼采成了一个被放逐的人，此时，他是一个反道德主义者、怀疑主义者、诗人和音乐家，他比青年时期更具有青春的活力。他脱离了一切历史和自己的研究领域，甚至也脱离了现实，成了未来人类的同伴。一般来说，艺术家随着年岁的增长，会逐渐安分守己，日益稳重，目标也会日益明确，而尼采却随着时光的流逝不断地甩开一切束缚和羁绊。这一重焕青春的速度无与伦比。四十岁时，尼采的语言、思想和性格，比十七岁时更充满了新鲜的血液、清新的色彩、大胆、激情和音乐，比起从前那个二十四岁、少年老成的教授，这个西尔思-马利亚的孤魂手中的笔变得更加轻捷、欢乐，像翩翩的舞步。在尼采这里，生命感不是在减弱，而是在加强。他的转变越发迅疾、自由和张扬，越发丰富、强劲和暴烈，也越发愤世嫉俗，他为他疾驰的精神步伐难以找到一个"落脚点"。在他身上，几乎不等一处长牢长好，"皮肤就起皱、胀裂了"。他的生活终于跟不上自我蜕变的速度，速度渐渐加快，就像放电影一般，伴随着嗡嗡的鸣响，画面不停地颤抖着、闪烁着。早年的朋友几乎人人都固守在他们各自的学科领域、观点和体系中，就是这些自以为最了解他的人，每次和他会面，都会吃惊地发现，他变得越来越陌生了。他们吃惊地看到，他焕发着青春的风采，旧日的踪迹已不在；而这个始终处在转变中的人，当他听到他从前的头衔时，当别人把他与"巴塞尔大学的弗里德里希·尼采教授"、那个语文学家"搞混"，自己却觉得毛骨悚然，要回忆起那个二十年前一度做过的"睿智长者"实在是很困难！没有人会像尼采这样随时地无情地抛弃自己身上一切旧的痕迹和感伤，也正因为这个原因，他的晚年才那样的孤寂，因为他割断了过去，在最后那些年里，为了融入新生的一切，他的转变实在太过激烈。他呼啸着掠过所有的人和事物，而越是接近自我，就越是迫切地渴望摆脱自我。他的内心在裂变着，从"不"到"是"，他内心那条"电路"的切换也越来越生硬和突兀。他不断地燃烧、消耗着自己，他的生命就是一簇火焰。

随着转变的加速，其强度和痛楚也相应地增长。尼采最初的"克服"仅仅是蜕去少年意气的忠诚和信仰，以及从学校里学来的权威观念，像干枯脱落的蛇蜕，它们被轻易地抛在身后。

作为一位古典语文学家的意义越深刻，他就越要向深层的核心处开刀,由大量的自身原生质形成的信念越是皮下的、穿透神经的、渗透血液的,就越需要暴力去自残,要果敢,不怕流血,这成了一种"自我处决",又如同夏洛克从活人身上割肉。终于,自我解剖深入了感情世界的最底层,成了冒险的手术。

斩断瓦格纳情结,这是他自我解剖的一次手术,紧靠心脏,近乎自杀,又像一起纵欲之后的凶杀,因为他对真理的强烈追求冲动,正是在两情脉脉、缠绵缱绻之际强暴并随即扼杀了那与之肌肤相亲的身体。

但是,他要的就是残暴。尼采为了他的"克服"失血越多,痛楚越深,他越要无情地自残,这样,他就越是满怀喜悦地为他对自己意志的考验而自豪。渐渐地,尼采的自残冲动居然变成了他精神的一种嗜好。

"我的毁灭欲与我的毁灭力相差无几。"他从单纯的变形中找到一种与自己对抗的乐趣:他书中的话语处于敌对状态,彼此粗暴地攻击,他激烈地背叛自己的信念,把"不"说成"是",又把"是"说成"不"。他自我伸展着,以拉开他本性中的两极的距离,将两极间的电压当作真正的精神生活,他一再逃离自我,又一再回归自我——"出入自己的灵魂,又在更广阔的穹宇中赶上前来。"这种过度的兴奋,最终酿成了灾难。因为他努力拉伸他的本性的结果,就是精神在张力之下的崩溃,燃烧的内核和巨大的魔力爆发了。那无比强大的张力,只需一次火山爆发般的撞击,便能将壮观的形象摧毁,它被创造的精神从自己的血液中唤来,而后,又将其逐入无限之中。

7.发现南方

我们要不惜一切代价得到南方那光明、健康、开朗、快乐、温柔的声音。

尼采豪迈地说:"我们是精神太空里的船夫。"以赞美那无比自由的思想,它总能在那广阔的领域中发现新的路径。确实,他的精神历程,他的转折和提高,永恒的追求,正是在无限高远的精神世界中展开的;像一只不断抛下重物的气球,尼采也一直在减轻自身的重量,丢掉一切羁绊,使自己变得更轻松自由。随着缆绳被斩断,负担被甩脱,他的脚步越发壮美,于是他的视野更开阔,他的目光超越时空,更加独特。在这只生命之舟遭遇致命的飓风之前,它已经经过了无数次转折。

尼采的一生中,只有一次改变命运的抉择清晰可见:那是将最后一根缆绳解开时扣人心弦的一瞬,飞船从坚实牢固变为自由自在,轻快地升入无际的太空。这一刻,就是尼采离开了他的居所,离开了家乡和教授职位的那一天,从此再不回到德国,除了不屑一顾地匆匆路过,他便永远翱翔在异乡自由的天空中。对于本质的、世界历史意义上的尼采来说,在此之前发生的一切,都已经不重要了。

最初转变仅仅意味着自我的准备,如果不是获取自由的决定性的挣脱,他将依然被束缚在原来的学问里。埃尔文·罗德或狄尔泰,他们因学有专长而令我们尊敬,但对我们的精神世界不会产生重大的影响。直到他那具有魔鬼般力量的面目显露出来，思想的激情脱缰驰骋，他感到了初始的自由，尼采便显出他预言家的面目，并将命运变成了神话，这里展示的不是以历史，而是以戏剧，将他的生活以艺术作品和精神悲剧来加以展示。我认为，他的生活道路始于艺术家气质的苏醒，他的思想属于自由的领域。作为古典语文学家的尼采只是在休眠状态；那个插上翅膀的人，那个"精神太空中的船夫"才是我塑造这个人物的开端。

尼采像阿尔戈英雄一样奔向自我的征途，他第一次选择了"南方"，而这一直是他"转变之中的转变"。对歌德来说，意大利之行也是个重大的转折。他逃往意大利，逃向真正的自我世界，他挣脱束缚，进入自由的境界，对他来说，生命不再是苟且偷生，而是去体验、去感受。当他翻越阿尔卑斯山时，意大利的阳光照在他身上，他感到了突如其来的巨大变化。还在特兰托时，他就这样写道："我觉得自己好像刚从格陵兰岛返航归来。"他也是个"苦冬者"，曾在德国"恶意的天空下"遭罪，他的天性需要光明，他意识到那深埋的激情正在不可遏制地勃发，他感到了开放和解脱，感到了踏上意大利国土时的自由的冲动。

遗憾的是，南方创造的这个奇迹来得太晚了。这时歌德已经四十岁了，他的性格循规蹈矩又审慎。他的一部分精力用在了魏玛，和宫廷、家业、威望、职责在一起。他已经结成了非常稳固的晶体，不可能再被分解或改变了。让自己受控制，这不是他的整个生活方式。歌德要永远做自己命运的主人，任何事物都要在他的控制下（而尼采、荷尔德林、克莱斯特等挥霍无度的人，总是把自己全部身心奉献给每一个印象，让它熔化自己，从中找到快乐）。歌德在意大利找到了自己所需要的，就是更深刻的联系（尼采找的却是更高的自由）、宏伟的历史（尼采寻求的是壮丽的未来，他要摆脱一切历史）。从根本上说，他探索的是深埋在地下的东西：古希腊的艺术、古罗马的精神以及草木岩石的秘密（尼采却充满激情地仰望头顶的一切：如洗的碧空，清晰无比的天际和每一束光芒）。歌德的体验主要在思维和审美的领域，尼采的体验却囊括了整个生命。

如果说歌德从意大利找到了一种艺术风格，那么尼采则发现了一种生活风格。歌德因此更加丰富，尼采则获得了新生。歌德虽然也感到要有所更新，但旧有的模式已经形成，他只有接受"印象"的能力。对于尼采那种彻底的转变来说，四十岁的他已经无可改变了，更重要的是不情愿。他对自我的肯定（这在晚年就僵化成了一层硬壳）只在静止之外留下极有限的变化空间，他是明智而有节制的人，只吸取对他本性有益的养分（而每一个狄奥尼索斯[①]性格的人则吸收一切，用不知足，直到危险的境地）。歌德只想借助外界来丰富自己，而不被外界所诱惑和控制。因此最后他在经过审慎的考虑之后，不无保留地对南方表达了一种感激之情，而且最终竟成了排斥。他对意大利之行的结论是这样的："无论如何我不能独守，也不能再离开祖国，这也是我此次旅行的一个收获。"

只要把这些仿佛被模子铸出来的话翻转一下，便可得到尼采南方经历的评价。他的结论与歌德截然相反：他从此将一人独守，并要离开祖国。歌德离开意大利，又回到他的出发地，就如同从一次有益的旅行中归来，随身行李、心灵和头脑中都装满了有价值的东西；尼采则永远失去了祖国，但找到了自我。这个

[①] 狄奥尼索斯：古希腊神话中的酒神，从其祭祀庆典活动上发展出古希腊悲剧。

"遭放逐的人",自由自在,无家无业,永远摆脱了一切来自"祖国""爱国主义"的控制,此后,他只以一个"优秀的欧洲人的眼光"观察,他是一个超越了国界的"游牧式的新人"。

对于他的来临,尼采已经有了预感,并且想要化为彼身,在彼岸的未来王国里生活。对尼采来说,精神的家园不是他的出生地,因为那只是过去,是"历史",精神的家园是他自己创造、生育的地方。"我的家园就是我作为父亲创造生命的地方",而不是他被创造的地方。这便是尼采通过南方获得的财富,从此,对他来说,整个世界既是异乡又是家园,他获得了鹰隼一般明亮锐利的目光,能在空中俯瞰四面八方和开阔的天际(歌德却感到有被"封闭的天际包围"的危险,虽然同时也被围护了起来)。

迁居海外后,尼采永远超越了过去,他摆脱了德国,也摆脱了语文学、基督教和道德;而最体现他挣脱一切束缚的,就在于他从不走回头路,从不用怀念、伤感的目光回顾过去的一切。这驶向未来国土的航海者,"驾着最快的小船抵达了大同世界",他是那样的喜悦,他已经没有兴致返回他那语言单一、片面单调的故乡。因此,不要再指望他重新德意志化,在他看来,那只能是一种(时下十分普遍的)暴行。这个自由的人再也没有退路。

自从感受了意大利的晴空,他的灵魂再面对任何一种"阴郁"时,都会不寒而栗,不管那是来自乌云,还是大学讲堂、教堂或兵营。他的肺叶,他的神经,都再也无法忍受北方的、德国的、混浊的事物。他不能再生活在昏暗之中。对他而言,从此,真实就意味着明晰,瞭望深远,轮廓勾勒清晰,他热情洋溢地赞美那辉煌、锐利的光芒。他永远告别了"德国特有的魔鬼——

暧昧。这个或许是天才或许是恶魔的东西，自从他生活在南方、"外国"，他那如美食家一般的敏感便使他意识到，德国的一切对他开朗的心绪都成了"消化不良"的食物，一堆问题永远和他纠缠不清，灵魂一生都要不得安宁；德国的一切永远不能再使他感到充分的自由和舒畅，甚至曾经最喜爱的作品，现在也在精神上引起"胃部压迫"：他觉察到了《名歌手》中的沉重、雕琢、华而不实和强作欢颜，叔本华的懒惰，康德的政客式的伪善，歌德的职务与威望的负担、闭塞的眼界，但这不仅是这深邃的头脑对当时德国过分"现代"（其实已降至最低点）的思想状况的厌恶，不仅是对"帝国"和一切违背德意志精神而去追求"大炮理想"的行径的愤怒，也不仅是对德国丝绒家具和柏林凯旋柱那种审美情趣的憎恶，他的新"南方学说"要求所有的（而不仅是民族的）问题以及整个生活态度都纯粹而明朗。"光，即使沉重的事物之上也要有光"，由无比清晰上升到无比欢乐——一种更开朗的科学。没有"学习的民众"那种愁苦，不是德意志式的忍耐、枯燥、学究气的刻板，没有书房和教室的陈腐气息。他对北方、德国和故乡的最终排斥，不是来自他的精神和理智，而是来自他的神经、心灵、感觉和内腑，是终于获得自由而发出的呐喊，是一个终于卸下重负之人的欢呼：自由，接着是发自心灵深处的欢呼："我逃出来了！"

在他脱离德意志的同时，南方也使他彻底摆脱了基督教。他像一只享受阳光的蜥蜴，因阳光照到了灵魂的所有角落而快乐，他回首自问道："为什么这么多年以来落落寡合，是什么造成了两千年来整个世界的畏惧和抑郁，自觉罪孽深重而小心翼翼、缩首畏尾，而生命作为最开朗、最自然、最充满活力的最宝贵的东西，却被无情地压抑。"通过基督教，通过对彼岸的信仰，他发现了现代世界阴暗抑郁的根源。这种"散发着秽气和迷信的信仰"败坏和麻痹了世界,是50年代最危险的麻醉剂,它使过去有力的一切都陷入道德的瘫软。现在,他突然意识到生命就是使命,他终于要开始未来的"十字军东征"了,去捣毁十字架,去重新征服人类最神圣的领地:我们的此岸。他从这种"对此在的超常感觉"中学会了充满激情地注视此岸的、真实的、周身的一切;通过这一发现,他意识到,圣坛上的香烟和虚伪的道德蒙蔽了他的双眼,使他忽视了"贯注着新鲜血液的健康生命"。在南方,在那所"使灵魂和肉体康复的大学校"里,他学会了生活,它率真而且自然,清白而且喜悦,如同游戏一般开朗,没有对严冬的恐惧,也不用敬畏上帝。他坚信可以真诚地对自己说一声"是"。

上帝赋予了这种乐观主义,当然这不是一个躲在暗处的上帝,而是来自一个崇高的秘密,来自光明。"在彼得堡,我会是一位虚无主义者,但在这儿,我就像植物一样信仰太阳。"他全部的哲学都来自获得解放的血液。他向一位朋友疾呼:"留在南方吧,即使只因为信仰。"光明一旦成了神丹灵药,也就成了尼采笃信的至宝。他以光明的名义发动了一场最残酷的战争:扫荡地球上一切妄图摧毁生命的光明、开朗、清晰、无拘无束的自由以及充盈、丰沛的东西。"……从现在起,我与现实的关系就是一场你死我活的战斗。"

在他以一个语文学者的身份躲在席帘紧闭的房间里过着呆板的僵化的生活中,除了勇气,还同时出现了狂妄,它将原本已经凝滞迟缓的血液循环搅动得无法停息;就如同冰河解冻,思想顿时欢快地流淌起来,波光粼粼,渗入每一个神经末梢里;太阳在那些突然产生灵动的语言和风格中闪烁着宝石般的光芒。他在南方从事的创作，都是用"融化坚冰的暖风的语言"完成。其中回荡着一种声调，它似乎要挣脱一切、解放自己，像冰雪消融，春天来临。

光明穿过黑暗，火花般闪烁的字眼纯净透明，每个停顿都富有乐感，所有这一切都来自一片澄明空灵的天宇。

过去的语言固然优美，却像岩石那样冷漠；现在的语言，轻盈跳跃，充满欢乐，自由地舒展着肢体，像意大利人那样伴着丰富变幻的表情手舞足蹈，而不是像德国人那样僵挺漠然。今昔真有天壤之别。新生的思想像小径上翩跹飞舞的蝴蝶，向新生的尼采迎面扑来，于是，他不再用德语加以表述，他觉得新鲜的思想，也要用一种新鲜语言表达，这语言轻捷、柔韧，有着体操运动员一般灵活敏捷的身手；这语言奔跑，跳跃和舒展。从忧伤的华尔兹到疯狂的塔兰泰拉的各式舞步，它无所不能，它包容一切，讲述一切，而无须挑夫的肩膀和沉重的步伐。原来风格中所有像家畜般的忍辱负重，所有的从容和威严都烟消云散，他时而扶摇直上，升入丽日晴空，时而又充满激情，如同一口古钟发出的阵阵轰鸣。

在他体内酝酿着澎湃的力，珍珠般闪亮的格言警句像香槟一般使人沉醉，有时会掀起韵律的狂澜。他周身被奇异的光芒所笼罩，又像一条在阳光的照射下的河流，清澈透明。

也许还没有过一个德语作家的语言如此迅速地改变，从而焕发出青春；也没有一个作家的语言，变得像这样充满太阳的热烈、甘醇的醉意、南方的气息、神一般舞蹈、异教徒一般的自由。只是在凡·高身上，我们看到了阳光照耀在北方人身上时发生的奇迹，他在荷兰时期那黯淡、沉重、抑郁的色彩，一变而为普罗旺斯时期的炽热、刺目和强烈。只有这个濒临疯狂的头脑中普照一切的光,才能与照彻尼采身心的南方的光相提并论。这两个善变的狂徒,激情亢奋如吸血鬼,只有他们对光才如此沉迷,非常迅速地采集着光。只有被魔鬼附身的他们才会经历这样辉煌的开启。奇迹浸透了他们的色彩、音响和词句。

但如果尼采只满足于一次狂饮,也还称不上具有魔鬼血统。在南方,在意大利,他仍在苦苦地寻觅一种"比较级"——"超凡的光"取代了光,"超凡的清晰"取代清晰。正如荷尔德林渐渐地把他的希腊搬迁到"亚洲",在尼采最后的激情中,也向往着热带、向往着"非洲"。他需要太阳熊熊燃烧的火焰,而不仅仅是太阳光;他要锋利的明晰,而不仅是勾画轮廓的明晰;他要随极度快感而至的痉挛,而不仅是轻松愉快,把微小的感官波动变成心醉神迷的狂喜,把舞蹈变成飞翔,把热切的生命感变成白热化的境地。欲望在他的血管里澎湃,于是语言也显得贫乏、局促、凝滞和沉重,因为他的心正翩翩起舞,为此他需要一种比语言更随意的手段,于是他想到了音乐。南方的音乐是他最后的向往,在这种音乐中,旋律优美,精神插上了翅膀。他在所有的时空中苦苦地寻觅这透明的南方的音乐,却没有找到,直到他自己创造出来。

8.逃到音乐之乡去

来吧!辉煌灿烂的喜悦!

音乐是尼采的天赋,只不过一直没有显露,并且总是被更强大的意志排挤在一边。少年时代的他就以大胆的即兴演奏使伙伴们兴奋不已；在他青年时代的日记里，有许多关于作曲的记载。但是大学时代的他越是坚定地献身于古典语文学及哲学，就越是阻碍着天赋的发挥。对这位年轻的古典语文学家来说，音乐成了严肃庄重之余愉悦的休闲，就像看戏、阅读、骑马或斗剑，是一种闲适的精神体操。由于他用心地堵截，在最初那些年的作品里，他的这一天赋竟滴水不漏。他固然写了《来自音乐精神的悲剧的诞生》，但音乐只是对象、客体和考察的主题，而没有一丝乐感渗入他的语言、风格和思维方式。就连尼采青年时期的抒情诗作中也看不出音乐的旋律。更令人吃惊的是，按照比洛颇为内行的评价，他的作曲习作犹如若隐若现的幽灵，是纯粹的反音乐。在很长一段时间里，音乐对他来说，还只是一种业余爱好，年轻的学者饶有兴致地搞搞音乐，不必承担任何责任，因为那"与使命完全是两回事"。

　　直到古典语文学者的外壳松动，音乐才突然降临并占据了尼采的内心世界，就像整个世界被火山爆发般的力量所震撼。于是，瞬间洪流冲垮了堤岸和河道。是的，音乐总是在某种激情之下去震撼一个人的内心，使他兴奋、脆弱，托尔斯泰正确地认识到这一点。歌德对此的感受是痛苦的，因为，即使是永远对音乐采取一种谨慎防范态度的歌德（就像对待具有魔力的一切，他能辨认出变化多端的引诱者），也总是在放松（或者用他的话说，在"展开"）的时刻被音乐所征服，因为在袒露弱点的时候，他全身心地激动起来。他总是被一种感情所俘虏（最后一次是在乌尔丽克那儿），在对自己失控之时，音乐便会冲破哪怕最坚固的堤坝，尊崇的热泪夺眶而出，那诗篇是作为贡物和音乐而完成，无比壮美的音乐变成了没有意识的感激。音乐，有谁不曾沉浸其中？当人身心开放，在幸福的渴望之中变得柔情脉脉，音乐便会深入人的内心。这正是尼采所遇到的情形。

当他满怀渴望来到南方，当他心胸洞开之时，仿佛一种异乎寻常的象征，在他一向平淡的生活被突然而至的净化转向悲剧的生活时，音乐给他以力量。他以为他描述了"悲剧从音乐精神之中的诞生"，其实恰恰相反，他经历的是音乐诞生于悲剧精神之中。全新的感受不再满足于语言，它要求更有力的手段，更大的魔力："哦，我的灵魂，你一定要学会歌唱。"

正是因为他的天性被深埋已久，这时便猛烈地喷发出来。以它强劲的激流，压迫他最纤细的神经末梢，他风格中最细微的笔触，一直只知描述的语言，此时像渗透了新的活力，顿时散发出音乐的美感。宣叙调式的庄严的行板——他以前作品中的沉重风格，现在开始"波动起伏"，有了音乐的多样性表现。

于是，各种精湛完美的技巧闪烁其间，如同断音那般精辟的警句格言，仿佛弱音那般的抒情歌，像拨奏那般的讽刺笑傲，以及对散文、格言、诗歌的大胆融合，就连标点符号也产生了音乐的魅力：德语中还不曾出现如此强烈的乐感。

这时的尼采就像一个揣摩透一部音乐杰作总谱的音乐家，领悟了语言从未被触及过的丰富内涵。一个语言艺术大师的无穷乐趣就在于，在强烈的不和谐音后面隐含着和谐，又在形式的明晰里蕴藏丰盈！因为，在给人阅读时不仅让人觉察到乐感颤动在语言的神经末梢，就是整个作品在这一刻也能让人享受到交响乐一般的感受。它们这些文字的出现不再只是源于作者冷静周详的计划，而是直接来自于作者对于音乐的灵感。

他本人谈及《查拉图斯特拉如是说》的时候这样讲，他是把它当作第九交响乐的第一乐章来写的，而《看哪，这人》的序言中那独特的语言，那奇伟的词句，难道不是为一座未来的宏伟教堂创作的管风琴序曲吗？诗如《夜歌》《刚朵拉船歌》，难道不是从孤寂的天边飘来的歌声？除了酒神颂，他最后的欢呼，陶醉狂喜从未有过的威猛和高蹈，成为古希腊的颂歌？上有南方碧蓝的晴空，下有音乐奔涌的急流，语言在这里化作永无止息的浪涛，尼采的精神就在这波澜壮阔的海洋上升腾，直到被旋涡吞噬。

就在音乐迅猛袭来之际，这个清醒无比的人，立刻觉察到危险：这急流会裹挟着他，将他带出自我。歌德对危险是躲避的，"歌德对音乐持审慎态度"——尼采这样评价歌德；而他却总是不避危险，重新判断一切价值，这就是他抵抗的方式。于是他把毒鸩变成良药（就像对他的疾病）。

他要让音乐以新的面目出现，这是完全不同于从事语文学那些年的面目，过去他需要的是精神的高度紧张、感情的兴奋激动（瓦格纳！）和对冷静的学究生活的调剂。而今天，他的思想处于一种放纵和感情的挥霍状态，音乐就只有作为灵魂的镇静剂。他不能再沉迷音乐（因为此时所有的思维都在喧嚣着），像荷尔德林所说，他现在需要的是"神圣的静穆"。

"音乐是怡神的手段，而不是刺激。"他要一种避难所式的音乐，当他遍体鳞伤、筋疲力尽地归来时，可以躲避其中；音乐是疗伤的沐浴，是水晶般的水波，音乐能使他遍体清爽；这音乐来自清爽的上界，来自晴朗的天空，而不是郁闷的灵魂；这种音乐使他忘我，而不是回归自我。南方的音乐和谐、纯净和单纯，是一种"可以用口哨吹出来"的音乐；他厌恶来自混沌的音乐（那已经烧灼了他的心），他需要上帝创世第七天的音乐，因为这一天是安宁的，只有大地众生礼赞上帝的歌声，那是一种祥和的音乐:"我终于泊进了港湾——音乐,音乐!"

尼采珍爱轻捷,他将它视为衡量万物的尺度。轻捷与健康便是好的:精美的食物、精神、空气、阳光、风景和音乐,凡是使人轻松,有助于摒弃呆滞、黑暗和丑陋的东西,才会施惠于人类,因此才有这迟到的艺术之爱,"使生命成为可能",是"生命的兴奋剂"。音乐,明朗、镇痛和轻盈的音乐,令人激动和沉醉。

"没有音乐的生活是苦行和谬误。"在最后的危机之中,他强烈地渴望音乐,即使是痛苦中的高烧病人也不过如此。"谁曾这样渴求音乐?"音乐是他最后的救星:他也正因此痛恨瓦格纳,因为后者用麻醉剂、兴奋剂让音乐不再清纯,他为音乐的命运而痛苦,就像忍受伤痛。这孤独的人摈弃了众神,唯有这一位他要牢牢守护,只有这样,他才会灵魂振奋、永葆青春。"音乐,唯有音乐才会使我们不会面对真实而走向毁灭。"他像溺水者一样牢牢地抓住音乐,这是生命中唯一不屈服于沉重的力量,是它将他举向崇高的境界。

音乐也被这真诚深深打动了,它仁慈地俯身抓住他跌落中的身体。他被所有的人抛弃了,身边没有朋友,只有音乐陪伴着他,直到他最后的孤独的时刻。他与音乐形影不离,它一再有力地将沉重地向下坠去的他托举起来。当他终于堕入深渊,它依然守护着他已然寂灭的灵魂。当欧佛贝克走进他的房间,看到他已经神志丧失,但仍在钢琴旁用颤抖的双手摸索着弹奏;当他们将精神错乱的他护送回家,他一路上还在用动人心魄的旋律唱着他的《刚朵拉船歌》。当他的精神陷入黑暗,音乐始终陪伴着他,与他生死相伴。

9.第七重孤独

　　一个伟人遭受摧残、压迫和打击,直至孤寂。

　　"哦,孤独,我的家园——孤独。"这沉郁的歌声从寂静的冰川世界里传来,查拉图斯特拉吟唱着他的挽歌,那是他永远返回故乡前唱的歌。孤独从来都是漫游者唯一、冰冷的家和灶。在漫长的精神旅途中,他到过无数的城市;他总在试图逃避孤独,但最终总是伤痕累累、疲倦而失意,重归他孤独的家园。

　　在漫长的岁月中,孤独始终伴随着他,其间,孤独本身也发生了变化,当他再次端详它的面容,不由得大惊失色。原来,长期的相伴,使得孤独也与他更加相像,像他一样越发严厉、冷酷和暴戾,它学会了伤害,具有了危险因素。当他依然柔声称它为孤独,与他亲密无间的孤独时,它却早已改名换姓:这第七重的至深的孤独,现在叫作孤寂;不再是遗世独立,而是被遗弃。所以在尼采最后的日子里,他的周围充满可怕的空虚和死寂;连遁世的隐士圣徒也不曾像他这样形影相吊。因为,他们这些狂热的信徒还追随着上帝,上帝至少将他的影子投进他们的茅屋。可他这个"谋杀上帝的人"既不拥有上帝,也不再拥有同人;他越是赢得自我,就越是失去世界;他走得越远,在荒漠中也陷得越深。通常最最冷门的书会渐渐地吸引读者的注意,以潜移默化的力量在自己周围形成读者圈;尼采的作品却产生一种排斥力,将一切友好的东西从他身边推开,让自己脱离时代。

　　每本新书都使他失去一个朋友。渐渐地,就连他的所作所为所能引起的最后一点微薄的兴趣也冻僵了:首先他失去了古典语文学界的同行们，随后失去了瓦格纳及其同道，最后连青年时代的伙伴也失去了。在德国，再也没有一个出版商愿意为他出书，在地下室里凌乱地堆积着二十年重达六千四百千克的成果。为了使他的书还能出版，他不得不动用自己那点儿可怜的积蓄和别人馈赠的钱。但是，没有人买他的书，即使是赠送，也没人读。《查拉图斯特拉如是说》的第四卷，他靠自费只印了四十册，随后却发现，在七千万人口的德国，他只能给七个人各自寄上一册。

此时的尼采，正处在创作的巅峰期，而对他的时代而言，却显得那么陌生。没有人信任和感激他；相反，为了挽留住青年时期的朋友欧佛贝克，他不得不为自己的书向他请求谅解。

"老朋友"，我们好像听见他怯生生的召唤，看见他不安地举起双手，这是一个曾遭受打击的人下意识的防范动作，"看看这本书吧。别被搞糊涂了，也别疏远我，对我好些吧。如果你不喜欢这本书，那也许是因为一些细节罢了。"1887年，当最卓越的头脑向世人奉上时代最伟大的作品时，就是这样的情景。他不知道拿什么豪言壮语赞美友谊。除了说没有什么能摧毁友谊，"查拉图斯特拉也不能"。查拉图斯特拉也不能！对世人来说，尼采的著作成了巨大的负担，这是多么尴尬的情形！在他的天才与俗世之间，横亘着不可逾越的一道鸿沟！他呼吸的空气越来越稀薄、寂静和空洞。

这种空寂，将尼采的第七重孤独变成了地狱：在它的铜墙铁壁之上，尼采撞得头破血流。"在我发自肺腑的呼唤之后，就像我的查拉图斯特拉，我却得不到回答。什么也没有，只有无声的漫长的孤独。它是那么的可怕，能让最坚强的人崩溃，"他这样叹息着，"而我，并不是最坚强的人。我是在遭到致命的伤痛后，才鼓起勇气的。"但他不要支持、赞同或名声，恰恰相反，以他的斗士气质来说,再没有什么比激怒、蔑视乃至嘲讽更受欢迎。"一个人如果已经拉开了满弓,那么任何情绪都会使他感到惬意,但首先他必须是强大的。"

不管是冷漠还是热情,哪怕是温吞吞,他只需要有个回答能证明他的存在,他的思想的存在!遗憾的是,朋友们小心地躲开了,他们没有任何评价,好像那会使他们难堪似的。这就是一道伤口,它不断地向深处侵蚀,伤害着他的骄傲和自信,使他心急如焚。"这道伤口叫作没有理睬。"就是这道创伤,使他的孤独染上了毒性并且变得狂躁不安。

这种焦躁不安又突然沸腾起来,在这颗受伤的心中奔涌、迸发,如果侧耳倾听他最后几年所写的文章、书信,你会听到,在过于稀薄的空气的压迫下,他的血液开始病态般地搏动:这位攀登险峰的太空船夫的心剧烈地跳动着。在他致 Kleisten 的最后几封信中,字里行间也充满着这种紧张气息,像一部爆裂的机器发出不祥的隆隆声和沙沙声。原本温文尔雅的尼采,渐渐带上了一丝焦躁不安:"长久的沉默激怒了我的骄傲。"

现在,他要不顾一切地得到回答。他写信、拍电报,催逼人家赶紧印他的书。就好像一旦耽误,就会带来可怕的后果。他不再遵循计划,他的主要作品《强力意志》还没有最终完成,他便迫不及待地抽出一部分章节,像火把一样,向时代掷过去。

"预示不祥的音调"寂灭了,在他最后的作品中发出一声呻吟,它充满着抑郁和愤怒;焦躁这根鞭子,将这些作品从他的内心抽打、驱赶出来。他的骄傲被激怒了,他向时代发出了挑战。为了更有收效,他在《看哪,这人》中,"用一种足以青史留名的玩世不恭"讲述了他的生活。在焦急地等待反馈时,他写出了最后那些不朽的小册子。从没有一本书是在如此的贪婪和紧张的期待之中写出来的。他担忧再也等不到成功的那一天，他对回答的渴望使他焦急万分。

每次鞭子甩动，他都要倾听是否有挨了鞭子的呻吟。但是没有，那一片"蔚蓝色"的孤独里不再有任何回声。死寂，像一只铁环将他的喉咙紧箍着，即使最恐怖的怒吼也无法将其击碎。他预感到，神灵也解救不了他。

在最后的日子里，他被不祥的愤怒攫住了，像被戳瞎独眼的波吕斐摩斯，咆哮着向周围抛掷石块，却不知是否击中了目标；没有谁与他相伴，只有自己抑制着抽搐的心跳。他谋害了一切神灵，于是他自立为神，"要有所作为，不成为神怎么能行呢？"在捣毁了所有的祭坛后，他建起属于自己的一个。

《看哪，这人》，自我喝彩，自我赞誉。他垒起语言的巨石，锤声响彻整个世纪。他引吭高歌，他陶醉，他狂喜，这是他的别世之歌，是他的胜利的颂歌。阴郁的歌声中，暗示着风雨将临的呼啸，随后爆发了尖锐、刻毒和迷狂的笑声。那是身陷绝境之人反常的兴奋，令人肝肠寸断。渐渐地，歌声中加进了跳跃。笑声尖啸着插进沉默的冰川；在酒神一般的迷乱中，他舞动手足，突然间，就在即将堕入的深渊之上，他凌空起舞了。

10. 在深渊上舞蹈

每个深渊，如果你长久地凝望着它，它便也凝望着你。

1888年秋季的几个月，这是尼采最后的创作时期，这段日子他显得如此卓尔不群。一个天才在如此短暂的时间里，以惊人的疯狂思索着。

世上没有人像他这样头脑中充盈着思想、意象和音乐。如此激情澎湃乃至疯狂的创作，真是前所未有。

可能就在同一年，在不远的地方，一位画家也激情澎湃甚至疯狂着：在阿尔的花园里，凡·高以同样的速度和对阳光的迷恋，以惊人的创造力连续不断地作画。一幅闪耀着璀璨光芒的画刚刚完成，新的创作就又开始，决不迟疑、没有计划和思考。对凡·高来说，创造是轻而易举的，像具有了魔力一样明晰而敏锐，幻象接踵而至。一个小时前刚刚离开凡·高的朋友，归来时会吃惊地发现又一幅新作。这还不算结束，此刻，他已经饱蘸画笔，目光灼灼地开始描绘第三幅了：扼住他咽喉的魔鬼，没有片刻的喘息，只顾扬鞭狂奔，而不管他胯下的躯体已经气喘吁吁。同样，尼采也是连篇累牍、无休止地书写，其敏锐迅捷空前绝后。

他的最后作品持续了十天，十四天，三星期。构思、酝酿、阐释、成形和润色，所有这些都一气呵成，完美无瑕。没有一个头脑能承受如此高度的紧张，并且在瞬间将思想转换成语言，联想、幻想从不曾如此神速地变成文字，而思路又非常清晰。但是这样完美的作品，创造起来却轻车熟路，创作不再是一件辛苦的事情，而是为所欲为。

在思想的波峰浪谷之间，他只需抬起他深邃的、"深谋远虑"的目光，便可超越时空，穿越过去和未来。他能迅速地把握时间，并使它灵动起来，变成形象和音乐。像拿破仑勇往直前一样，他的思想和意象从未有过片刻的停滞。那原初的力量冲击着他，裹挟着他。"查拉图斯特拉突袭了我"，他一再讲起这种遭遇,在强力面前缴械了,仿佛头脑中那道拦洪的暗堤坍塌了,于是洪水一泻千里,而他则听之任之!"大概从不曾有过什么产生于同样力的丰满",尼采欣然谈及他最后的作品。但他只字不敢提到那使他丰满,又使他爆裂的,正是他自己的力量。相反地,他虔诚地陶醉其中,因为他只"听从来自彼岸的命令",他的心灵已经欣然被更高的主宰之力所占据。但是,谁能描绘出这灵感的奇迹。在这五个月里,没有片刻的停歇,因为他处在欣喜和亢奋之中。在强光下,描述了他的体验和感受。

且看下面这段被闪电击出的一段文字:"在19世纪末的今天,有谁清楚地知道,在繁盛的时代里,诗人们是怎样称呼灵感的?我将在别处加以描绘。事实上,只要你稍有迷信思想,你就摆脱不了这样的念头。你只是一个强力的化身,它借助你开口说话。'顿悟'这个概念如果意味着你的敏锐,那么,这就是这种状态最确切的表述了。你倾听而不必寻找,你索取而不必关心给予。像一道闪电,一个思想瞬间闪亮,不可避免,毫不犹疑,我从来都别无选择。这是沉迷的狂喜,它有时会在泪水中消失。当它袭来时,你会不由自主地时而大步流星,时而缓步轻移;这就是忘乎所以,但又无比清醒;这是快乐的峡谷,在这里,阴郁和痛楚都不是它的对立面,而是一抹不可或缺的色彩;这是一种对韵律出于本能的直觉,它遍及广阔天地;韵律迫不及待地延展,使得作者对灵感的依赖有所节制。以此制衡灵感对语言施加的压力、张力……在更高的诗歌意义上,这一切都并非作者有意为之,而是使诗人自己置身于一种自由且又必然的、有力和神性的激流里。这样一来,在诗歌之中最为奇特的现象出现了:意象和比喻的浑然天成——人们再也无须概念。一切意象、比喻贴切而凝练,仿佛各种事物自动前来,要求加入比喻的行列。这让我们想起查拉图斯特拉的话。('一切都含情脉脉地走来听你讲话、向你献媚,它们的目的就是要控制你。你随便驾驭着一个比喻便可以奔向任何一个真理。所有的词汇都向你敞开怀抱,一切事物都化作了语言。一切生命都会向你请教说话。')这就是我对灵感的体验。我不怀疑,要上溯到数千年前,才有可能找到一个与我有着同样体验的人。"

我知道,在今天,医生会将这自我陶醉的欢快音调诊断为欣快症,当人来日不多时,这也许是最后的快感,是典型的自大狂的症状。但是我还是要问,历史上可曾有过一种创作是心醉神迷和纯净清晰的完美结合?

尼采的最后作品的神奇之处在于,明晰与陶醉结合在一起,像两个梦游者结伴而行,既拥有酒神乃至猛兽一般的爆发力,又像蛇一样聪明,否则,那些热情奔放的人,只会在黑暗中呢喃着沉郁压抑的话语,就像含混的梦呓;这些俯视深渊的人,他们莫名其妙的语调,似乎正是来自那个世界。那里使用的语言,令人悱恻,难以理解,尼采却在他的醉意中始终保持着清澈坚硬。他的话即使在狂热之中也保持着锋利尖锐。

大概从没有人在疯狂的边缘却又保持警醒,像尼采那样深邃、清醒。他的语言(不像荷尔德林和其他神秘主义者)没有幽暗,而是真切、清晰,甚至可以称作"被神秘之光洞彻"。这里的光芒是危险的,它犹如午夜的阳光,明亮而神秘;在冰山上,它通红地燃烧着;它是灵魂的北极光,其壮丽奇谲令人悚然动容。它没有温暖,而是令人不寒而栗;它不使人头晕目眩,却要置人于死地。荷尔德林被感情那沉郁而汹涌的韵律所吞没,尼采却被自己发出的光芒烧毁。那光芒像利剑,令人无法忍受。尼采被他自己的精神烈焰烧成了灰烬。

他的灵魂在这强光之下燃烧已久，这光的丰盈和他自己心灵的明朗使他震惊。"我感情的强度使我惊骇，使我开怀。"但这股洪流已不可约束。这自天而降的鹰隼一般的思想夜以继日地发出的清响包围着他，直到他太阳穴里的血液轰然作响。晚上，药物能起到盖起一层薄弱的睡眠屋顶的作用，帮他遮挡住那幻象如注的暴雨。可他的神经如同一根通上电的电线，让他整个成了如同闪过漆黑之夜的闪电一般耀眼的光亮。

在灵感疯狂的旋涡之中，在思想的激流之中，尼采失去了立足之地，魔鬼撕扯着他的理智。他不知自己是谁，他的极限在哪里。他的手（手已不听使唤，而只记录上界那个更高的力量的口述），早已惮于在信上签名，因为他隐约感到自己正有着非凡的经历，他早已不再是瑙姆堡一个新教牧师的儿子，而是一个无名的生物，他力大无穷，是一个新的为人类殉难的烈士。

自从他感觉到自己已具有超凡的力量，自己不再是人，便用只是具有象征意义的符号"怪兽""钉在十字架上的人""反基督徒""狄奥尼索斯"签在他传达的福音之上。

"我不是人，我是炸药。"

"我是一个具有历史意义的事件。以我为界，人类的历史分成两截。"

于是他怒吼，就像在燃烧的莫斯科，拿破仑面对着俄罗斯没有尽头的严冬，周围是他溃不成军的部队，可他仍然威严地下达一道道命令（那气概已经距离可笑不远了）。尼采也在他大脑的克里姆林宫里创作他的小册子，他命令德国的皇帝到罗马去，由他判处枪决；他敦促欧洲各国对德国采取军事行动，他要约束德国。怒火迸发，灵魂已经超凡脱俗。他的话如铁锤，重重砸在世界的大厦之上：他要重修历法，用一个反基督徒取代基督。他置自己的画像于至高无上的位置。即使是疯狂,尼采也比其他精神错乱的人显得更辉煌,在这一点上支配着他的也是同样壮丽的丰盈。

灵感的激流贯穿于他的创作。"从未有过这样的创作、感受和痛苦:只有神,只有狄奥尼索斯才会这样受苦。"这些话发自开始丧失理智的尼采。在西尔思-马利亚的住处留宿的不仅是神志不清的尼采,同时还有这个已经走到尽头的最大胆的思想。创造的精灵赠予那个穷愁潦倒、默默无闻、迷惘绝望的人以超人的能力。在狭窄的空间里,穷途末路上惊恐的生灵踉跄摸索着,头顶上雷电闪烁,它照亮黑暗,昭示未来。

他像疯了的荷尔德林一样,感到头顶上有一个神,一个烈火之神,没有人敢直视他的面孔,他的气息会烧毁一切……战栗之中,他一再抬起头,想辨清他的容颜,但他已经神志涣散……他感觉、吟咏、承受着一切……难道他……他自己不正是神吗?……他,他是谁?……他是被钉上十字架的人,还是死了的上帝,抑或是活着的神……他青年时代的神,狄奥尼索斯……或许他集二者于一身,是被钉在十字架上的狄奥尼索斯……思路越发混乱,激流喧嚣着……那还是光吗?那不是音乐吗?阿尔伯尔托路四层楼上的小屋鸣响起来。所有的天体变得透明、震荡着。每一层天都映出异样的光彩……哦,这是怎样的音乐!泪水浸润了面颊,温暖、热烈……哦,这是神圣的深情,这是宝贵的幸福……那么现在……多么光明……下面,街道上,大家在向他微笑……他们举头向他致敬,那边的女商贩,正从篮子里挑出最美的苹果……一切都向他这个谋杀上帝的凶手躬身,一切都向他欢呼,欢呼……为什么……对了,他想起来了,反基督徒降临人间了,他们高唱着"和撒那,和撒那……"一切轰响着,世界在欢呼声中、音乐声中轰响……突然,一切都归于寂静……谁倒下了……是他自己,在房前倒下了……有人抬起他……现在他又在房间里了……睡了很久吗,四周这么昏暗……立在那儿的钢琴。音乐!音乐……突然来人了……这不是欧佛贝克吗……可他在巴塞尔,那么他自己,他……在哪儿……他糊涂了……他们为什么那么古怪地、忧心忡忡地看着他?……然后是一辆车,车……铁轨奇怪地铿锵作响,像唱歌……是啊,它们在唱他的刚朵拉船歌,他要和它们一起唱……在无边的黑暗中唱……

那以后是在另一个地方的房间里,那里永远是黑暗,再也没有太阳,再也没有光。在他下面的什么地方还有人在说话。一个女子——那不是妹妹吗?可她走了呀,她不是远在异乡吗——她在读书给他听……书?他不是也写过书吗?有人温和地答应他,但他再也听不懂了。如果谁的心灵曾有那样的飓风席卷而过,那么他对任何人类的声音都会充耳不闻。谁被魔鬼深深地凝望过,他就永远被灼瞎了双眼。

11. 指引自由的人

"指明方向"便是"伟大"的含义。

"在下一次欧洲大战之后,人们就会理解我了。"在尼采最后的文字中有这样一句预言。芸芸众生在经历了风云变幻的时代后,才真正理解了这位伟大预言家的意义:整个欧洲令人窒息的道德气氛在这个天才的头脑中获得了淋漓尽致的宣泄——那是人类思想中掀起的狂澜。当别人还蜷缩在空洞、虚妄的炉火边取暖，尼采"思虑深远"的目光已看到危机及其根源，那就是"民族心灵之上的疥癣、血液中毒，使得各民族彼此仇视"；正当整个欧洲其他一切力量都开始蒸蒸日上时，人们还在用"蠢牛式的民族主义"的狭隘观念，向来唯我独尊，没有一点儿长进。尼采还发现那种企图将"欧洲小国寡民、四分五裂的状态沿袭到永远"，并企图维护那建立在唯利是图基础上的道德，他痛心疾首地向人们发出大难即将临头的呼喊："这种荒谬的状况绝对不能再持续下去了"。他愤慨地写道："我们现在的整个状况已如履薄冰，甚至已经能够感觉到那解冻的暖风的危险呼吸了。"没人能像尼采那样洞察到欧洲的社会大厦将倾，并绝望地向全欧洲发出警告，呼吁时代远离那肤浅的乐观主义，奔向诚实、清醒和精神的自由。没有人比他更强烈地感觉到，一个腐朽的时代即将完结，强盛的新时代正初露锋芒。

　　这一存亡绝续的时刻，尼采用自己的生命为代价去思考、去体验，这体现了他的伟大、他的英勇。那折磨并最终使他崩溃的巨大压力，将他与更高的力量联结在一起——那压力就是旧时代即将灭亡时的烈焰。精神的鹰隼总是在风云突变的前夕就展翅飞翔，而盲目的信仰中，总有彗星在战争和危机爆发前划过夜空，它拖着血染的轨迹。尼采就是这样一个更高力量的先兆，是风雨来临前的闪电，是山谷里暴雨倾盆前呼啸的狂风，没有人如此准确地预感到我们的文明正面临着灾难。但这是精神的永恒悲剧：它那辽阔无垠的疆界并没有扩展到那个时代凝固而又浑浊的空气里去，虽然在精神的苍穹里，它已隐约地预感到令人窒闷的纯而又纯的空气。

　　你可以在尼采的那个广阔天地里纵目远眺，并呼吸到如利剑般透明清晰的凛然空气——那种只为坚强的心与自由灵魂而准备的空气。

尼采体现了自由这个最高的意义——他生命的意义，他毁灭的意义，就像大自然用热带的旋风暴进行自我破坏，以发泄它积蓄过多的能量，精神也需要一个魔鬼式的人物，反抗传统思想和道德，那是一个捣毁世界同时也摧毁自我的人；比起那些雕塑家、画家来，这英勇的叛逆者也是非凡的创造者。前者昭示了生活的丰富多彩，后者则指出了生命的无限深邃。

是啊，只有通过这些悲剧性人物，我们才能真切地意识到感觉的深度；只有借助他们不羁的探索，我们才能最大限度地认识人类。

斯科特：
争夺南极之战

    地球的南极点，几万年来人迹未至，从来都没有被世人亲眼见过，然而却在十五天内被看到了两次，斯科特一行人就是两批先行者其中之一。"人类首次目睹南极"的荣誉之战在斯科特与对手之间展开。

    如今，极点科学站以"阿蒙森－斯科特"命名，以此纪念这次"争夺南极之战"。而"第一个到达南极点"的至高荣誉最终花落谁家呢？

斯科特

1868—1912

英国海军军官、极地探险家

明星闪耀时

1881 年　加入英国海军，后升为上尉。

1900 年　开始进行第一次南极洲探险，发现并命名了爱德华七世半岛。

1910 年　带领探险队再次开启南极探险，两年后成功到达南极极点，成为人类史上第二批揭开南极面纱的探险家。

1. 征服地球的人

　　这个世界在 20 世纪的视野里几乎没有秘密。全部的陆地都已经被勘察遍了，海洋再辽远，也有船只在上面乘风破浪。一些地方在上一代人之前还无人知晓，像神话之地一般无迹可寻，而今却已经忠实地服务于欧洲所需；尼罗河的每一个源头长期被畅行的轮船找寻着。半个世纪之前才被发现的维多利亚瀑布正在不停地推动轮盘制造电力；亚马孙河西岸的人们将那里最后的原始森林砍伐得所剩无几；西藏这个唯一的处女地的神秘面纱也被人们渐渐揭开。老式地图和地球仪上那片被专家夸张标出的"人类未曾涉足的区域"，已经被 20 世纪的人类了如指掌。

　　人们被探索的意志推动着不断找寻新的方向，下有深海中的奇妙生物，上有无穷无尽的苍穹，人类对地球暂时失去好奇心以来，就只能在天空中寻找未曾涉足的领域，因此，人们将插着钢铁翅膀的航天器一个个地送上天空，每次都试图达到更高更远的地方。

　　然而，赤裸裸的地球，将最后的秘密隐藏到了我们这个世纪，提防着人类的窥探。那就是南极和北极这两块极小的区域——地球的脊梁，她将这两块地方从她被划分得支离破碎的躯体上拯救了出来，从她的造物的贪婪欲望中拯救了出来。几万年以来，这两个极点作为抽象的轴线帮助地球旋转着，它们几乎没有生命存在，却依靠着一层层的冰障，守护着这两片纯洁之地。这地球上最后的秘密，冬天被派来作为守护神，用严寒和暴风雪搭建起雄伟牢固的壁垒，挡住贪婪的人类通向这里的脚步。勇士们在死亡的威胁和极度的危险面前望而却步。这永远紧闭其大门的区域也只有太阳才能够匆忙瞥上一眼，而人类还从未成功地将目光撒向那里。

几十年以来，探险队一个接一个向着两极开进，却无人成功。安德拉这名勇士中的勇士丧生在冰海，三十三年来静卧在这一片水晶棺材中，最近才被发现。他曾经试图驾驶飞艇越过北极圈，但一去无回。严寒铸就的冰雪壁垒将人类每一次勇敢的冲击撞得粉碎。地球将神秘的区域作为战胜人类欲望的最后一道防线。在人类的好奇心下，她宛如处女一般，保持着自己的圣洁。

然而，年轻的 20 世纪已经急不可待地伸出了他的双手，为了抵御危险，他找到了新的铠甲，制造了新型的武器，现实再艰难，只会越发激起他热切的追求。他要探寻地球的真面目。他要将这过去几万年里都无法达到的一切在他的第一个十年里全部获取到手。个人勇气和国家间的竞争掺杂在一起。人类的竞争已经不仅仅是夺取一块地域，而且要将自己国家的国旗第一个插在这块新领域上。于是，各个民族、各个国家组成的"十字军"为了夺取这因热望而更加神圣的地方出征了，一次又一次的冲击从各大洲发起。人类已经无法继续等待，他们明白，这是他们生活的地球的最后一个秘密。皮尔里和库克代表美国，向着北极前进；阿蒙森代表挪威，斯科特海军上校代表英国，分别驾船，向着南极驶去。

2.斯科特

斯科特是一名非常普通的英国皇家海军上校，他的履历表和军衔表上的内容都非常简单。上级很满意他在海军服役时的表现，后来，他和沙克尔顿一起组织过探险队，没有显露出任何可能出人头地成为英雄的迹象。从照片上看，他有着英国人的普遍面孔，冷漠、严肃、坚毅，面无表情，脸上的肌肉好像被什么内在的力量凝固住了。瞳孔是青灰色的，嘴巴紧紧闭着。没有一点儿浪漫主义和轻松愉悦的表情体现在面部，能够看出来的，只有一种坚韧的意志力和对现实世界的思考。他写字时只用英文的某一种字体，笔画清晰，不带一点儿复杂的花饰，书写迅速而工整。极度的简洁准确也是其文风的特点，以真实性感人，不掺入主观臆想，如同报告一般。斯科特写的英文朴素刚劲，就像塔西佗写的拉丁文一样。他给人的印象就是重实际而没有一点儿幻想。在英国，就连天分非凡的人也会刻板得如同水晶石，他们对待一切都是尽职尽责的态度。

斯科特就是这么典型的英国人。他和英国历史中上百次的著名事件有联系。他曾经出征，到过印度，征服一个个多而分散的岛屿；他曾跟随殖民者到过非洲，参加过的世界性战役多得数不清。然而无论他身处何处，他的脸上都是冷峻而矜持的表情，心中充满强烈的意志力和集体观。

然而，他那种钢铁般的意志早已在一些事实中体现出来。如今，斯科特要去完成的是沙克尔顿已经开始的事业。他要组建一支探险队，但资金不足。这难不倒他，他把自己的财产拿出来，还借了一些钱，他坚信自己能够成功。他没有因为年轻的妻子为他生了个儿子就犹豫不决，他离开了自己的安德洛玛刻，就像赫克托耳那样。没过多久，他找到了朋友和搭档，再没有什么能够动摇他的意志了。

他们乘着一艘名为"新地"的奇特的船到达冰海旁边。这艘船拥有双重装备：一半装运活的动物，像挪亚方舟那样；另一半是一间现代化实验室，装备着成千件仪器以及大量的书籍。这样不可思议的安排，它才可以称得上是奇特的船。它不仅要带着维持生命需要的东西，还要将精神食粮也一起带去那片寂寞辽阔的世界。有意思的是，他们还将兽皮、皮毛、动物等原始人使用的最简陋的防御工具掺进最精良复杂的技术装备中。而这次探险本身也有着和这艘船一样的双重性质，极具奇特色彩：这次探险行动同时又像做生意一般被盘算得无比仔细：大胆而又谨慎小心——他们没有忽略每一个细节，但人们依然无法规避发生意外的可能性。

1910年6月1日，他们从英国出发。那天，盎格鲁-撒克逊王国所在的岛屿阳光明媚，天空晴朗，万里无云，遍地绿草和野花。他们望着岛屿在地平线上渐渐消失，心情跌宕起伏。他们都明白，这次离别，意味着将有很多年无法享受到温暖和阳光，而其中一些人恐怕永远都无法回来了。但当他们看到船头那面飘扬的英国国旗时，他们想到这面国旗将要被插到那片地球上唯一一处至今无主的地方上时，他们重新又振奋起来。

3. 南极大陆

经过短暂的休整，1911年1月，他们在麦克默多海湾新西兰的埃文斯角登陆，至此，他们已经到达了终年冰封的极地边缘。在这里，他们盖起了木板屋用于过冬。一年当中，只有12月和1月，太阳会在这如同金属般苍白的天空中待上几个小时，所以，这里的这两个月算是夏天。他们盖的房子和以往探险队使用过的墓地房屋一样，都是由木板作为四壁，然而，人们明显感受到了时代的进步。先驱们使用的只是鲸油灯，灯光短小，气味难闻。在日复一日没有太阳的日子里，他们只得在漆黑狭小的木屋里呆坐着，身边的一切让他们感到厌烦而且疲惫不堪。

而现在的情况则大不相同，在这个四面都是木板的小屋里，满满装着20世纪的整个世界和全部科学的缩影。乙炔电石灯发出白亮的光将整个屋子照得有如白日，魔术师一般的电影放映机把从遥远的温带带来的热带画面展现在他们眼前，优美的音乐从自动钢琴中传出，留声机里的歌声应和着，书架上各种书籍等待着渴求知识的人。一个房间里，打字机噼里啪啦一刻不停地工作着，另一个房间是小型的暗房，影片和彩色胶卷在这里洗印出来。放射性仪器前，一名地质学家正在检验岩石，一只被捕获的企鹅正在实验台上被一名动物学家用来寻找新的寄生物，气象观测和物理试验相互交换结果。

南极大陆上方笼罩着黑暗的几个月里，每个人都有自己的职责，并且互相联系，看似孤立的探索实际上是共同合作的知识财富。这三十个人每天晚上都会对自己的研究项目做出新的报告，在这冰天雪地的恶劣环境中进行大学课程的进修。每个人都尽其所能向别人传授自己掌握的知识，每个人对世界的认识都在这种热烈交流的气氛中不断完善。专门化的研究让人们无法因为学识居高自傲，他们只是希望能够通过集体的交流提高自己。这三十个人就这样以自然的状态组成了如同史前社会的世界，在辽阔的寂寞天地中，时间好像消失了，他们交换着20世纪的最新研究成果，而他们就是从这样的成果中，感受到了世界时钟的每一分，每一秒。

这么一群严肃刻板的人在圣诞节那天兴致勃勃地庆祝了一番，他们还创办了一份很有意思的小报，并且幽默地起了个名字——《南极时报》，他们在上面开着愉快的玩笑。在那里，类似于一头鲸鱼浮出水面或者一匹西伯利亚矮种马滑倒了的事情都会成为新闻头条，而那些类似于耀眼的激光、冷酷的严寒、极度的孤寂这样不一般的事情，却显得见怪不怪、不足为奇了。

在这段时间里，他们尝试的外出活动都是小规模的，例如检测机动雪橇、练习滑雪、驯狗，并且修建仓库以备日后所需。然而12月的夏季到来前，日子却显得特别漫长。那艘运来家信的船只有到夏天才能从大海中的浮冰间小心翼翼地穿行过来。而今，他们才有胆量分成小组轮流出去活动。他们在严寒中进行日间行军练习，对各种类型的帐篷做试验，慢慢地积累经验。当然，他们的尝试不可能一直顺利，但正是这一次又一次的坎坷经历给他们带来了更多的勇气。当活动结束，他们从外面回来时，浑身都已经冻僵，累得筋疲力尽，但迎接他们的总是热烈的欢呼和温暖的火炉。几天的饥寒交迫过去，他们发觉，再没有什么比这座建在南纬77度线上的小木屋更舒适的地方。

然而一天，一组成员外出活动回来后带来一个严峻的消息，整个屋子的人顿时沉默了：他们在去西边的途中发现了阿蒙森的冬季营地。斯科特立刻明白了，摆在他们面前的危机不仅是南极的严寒和来自大自然的其他危险，还有一个在向他宣战的人，要和他争夺发现地球最后一片未知地的第一人的荣誉。这个人便是来自挪威的阿蒙森。斯科特不敢懈怠，马上在地图上测量计算了几遍，最终他发现，阿蒙森的营地距离南极比他自己的营地要近一百多公里，这个结果如同晴天霹雳，但是他没有放弃，在日记中，他用充满信心的语句写道："振作！为了祖国！"

在斯科特的日记里，阿蒙森的名字只出现这唯一的一次，但是每个人都能感觉到，从那天开始，笼罩着这座小木屋的不再只有冰雪严寒和无尽的孤寂，还多了一层忧虑的阴影。斯科特寝食难安，只因为阿蒙森这个名字。

4.向着南极点前进

守望人员在距离木屋一里远的高地上观察，每隔一段时间就换一班。一台仪器孤独地架在高地上，远远望去，就如同一门对着隐形敌人的大炮，这架仪器是用来对太阳最初临近时的热量进行测试的。他们日日夜夜等着阳光的光顾。

太阳还没有出现在地平线上，天空犹如黎明到来之前反射着五颜六色的光，变化莫测，它预示着太阳的升起，这奇异的景象让等候已久的人们激动不已。电话铃声终于如愿响起，守望人员从高地的顶端传来令人振奋的消息：太阳升起来了，漫长的几个月的黑夜过去后，它终于肯将它的脸露出来一个小时。虽然太阳的光线还是如此地微弱，无法将生机注入这冷漠的空气，仪器还没有对那微漾的光波产生感应，然而，能够看到太阳，他们已经非常满足。

为了把这短暂的光明的时间充分利用起来——虽然对于我们通常的生活概念来说，这段时间还算是寒冷的冬天，但是在那里，却相当于春季、夏季、秋季同时进行了——探险队开始忙着准备，机动雪橇在前头嘎啦嘎啦地发动着，西伯利亚矮种马和爱斯基摩狗在后面拉着雪橇，他们事先做了周密的准备，将行程分成了几段，每隔相当于两天的路程就安排一个贮藏点，为返程做好服装、食物、煤油的准备，其中，煤油是最重要的，它能够在这无尽的寒冷中提供热量。因为全体人员虽然是一起出发，但要分批次回来，最后回来的那个小组的成员都是挑选出来去征服极点的人，要给他们留下足够的装备、最结实的雪橇以及最强壮的用来拉雪橇的牲口。

虽然这样详细地制订了计划，甚至考虑到了所有可能发生的意外，但最终还是出现了漏洞。

经过两天的行程，机动雪橇全都坏掉了，像一堆垃圾一样散落在雪地上，西伯利亚矮种马也没有想象的那么精良。然而这种有机物工具还是有一个好处的，就算必须要在途中将病马杀死，这些马肉还可以供狗吃好几顿，用来补充狗的体力，这是机械工具做不到的。

1911年11月1日，他们分组出发了。从他们自己跟踪拍摄的录像画面看，一开始，这支独特的探险队一共有三十个人，接着变成了二十个，然后是十个，最后剩下只有五个了，就是这五个人，在那漫无边界、没有生命迹象的白色世界里孤独地行走着。队伍最前面的人，身上裹着一层层毛皮和布片，只有眼睛和胡须露出来，就像个野人一样，紧包着毛皮的手牵着一匹西伯利亚矮种马，马拉着一架雪橇，上面装得满满的。在他后面，是一个衣着相同、姿态相同的人，在这个人后面，又是相同的一个人……这样一模一样的二十个黑点在白色耀眼的无边雪原上连成了一条线。晚上，他们在进入帐篷之前，在迎风的方向垒起雪墙用来抵挡寒风,这样就可以保护那些西伯利亚矮种马。第二天一大早,他们又重新怀着凄凉的心情踏上征途,穿过这几万年来第一次被人类呼吸到的寒冷的空气。

然而,还是有越来越多让人担心的事情。天气情况非常恶劣,有时候,他们每天走三十公里就走不动了,时间对他们来说变得越来越宝贵,因为他们心里都很清楚,在这片寂寥空旷之地,还有另外一支他们看不见的队伍正在从另一个侧面朝着和他们相同的目标前进,那是他们的竞争对手。

如今,一点儿小事就有可能造成大的危险。一只爱斯基摩狗不见了,一匹西伯利亚矮种马拒绝吃东西,类似的一切都会让人担心不已;在这冷漠的冰原上,所有的东西都变得珍贵极了,尤其是有生命的东西。因为这种东西是无法补充的。一匹矮种马的四只蹄子或许成就了名传千古的伟绩,而一场风雪可能就会断送一次即将获得的成功。

恰好就在这个时候,探险队员又出现了健康问题:有些人得了雪盲症,还有些人的四肢被冻伤了。西伯利亚矮种马也累得打不起一点儿精神,因为马的饲料越来越少,已经不够它们吃。因此,他们刚刚到达比尔兹莫尔冰川脚下,这些马就支撑不住,全都死掉了。在这片寂寞的冰原中,这些马早已和探险队员成为朋友,他们一起生活了两年,队员们都可以叫出每一匹马的名字,并且无数次温柔地爱抚过它们,但是此刻,他们不得不在这个地方将这些忠诚的朋友杀掉,这是多么令人悲伤的事情!他们把这片伤心地称为"屠宰场营地"。就在这血腥地,探险队员中的一部分要离开队伍返回,而其他人则要作最后的努力,翻越险恶的比尔兹莫尔冰川。那坚冰筑起的壁垒是南极用来自我保护的屏障,人类若没有坚强无比的意志是无法冲破它的。

他们行进的距离一天比一天短，这里的雪已经被冻成了坚实的冰碴，雪橇也派不上用场，只好拖着沉重的雪橇前行，冰碴太锋利，把雪橇板都划破了。冰雪如同沙砾，把他们的脚也磨破了，但是这些并没有让他们屈服。12月30日那天，他们到达了沙克尔顿到达的最远点——南纬87度。在这里，最后一批支援人员也必须返回了；能够一直走到极点的，只有最终挑选出来的五个人。斯科特将不合适的人员排除出去，这些人虽然不能违抗，但心情自然是不可避免地沉重。他们不得不在离终点近在咫尺的地方返回，将第一批目睹极点的荣誉拱手给别人，但是，事情毕竟已经确定下来。他们用力地相互握了握手，把内心的激动用男人的坚韧掩藏起来。

最终，这一小队人又分成了两组更小的队伍，一组向着南方未知的南极点前进，一组返回北方自己的营地。向着两个方向的人们不时地回过头来，想着再看看活着的同伴。渐渐地，最后一个人的身影也消失了。斯科特、鲍尔斯、奥茨、威尔逊、埃文斯这5个被挑选出来的人继续走向那孤寂了几万年的南极点。

5.接近南极点

从斯科特最后几天的日记中可以看出，他们越发不安了。就如同靠近南极点的罗盘一样，蓝色的指针烦躁地颤动着。然而那些日记中，希望的火花依然闪耀在字里行间："我们的影子从右侧向前移动，从左边绕过去，就这样在我们身子四周缓慢地转一圈，然而这样的一段时间却显得无边无际！"

斯科特越来越热衷于计算余下的里程："距离极点只有一百五十公里了。可是如果照这么走，我们真的坚持不下去了。"日记中又记载了他们累得筋疲力尽的情况。两天后的日记里这样写道："就剩下一百三十七公里了，然而这段路程对于我们来说将是最艰难的。"可是，在那之后的日记里，一种全新的、信心十足的声音又出现了："很快就要到极点了！只要再走九十四公里！就算走不到，我们也离得如此近了。"1月14日，希望近在眼前："距离目的地只剩下七十公里了！"第二天的日记里则充满了兴奋和快乐："还有五十公里就到极点了，无论如何，我们马上就要到了！"

人们可以从这些令人振奋的句子中感受到他们内心紧紧绷住的希望之弦，他们所有的神经都因为焦急和期待而颤动。胜利就在眼前，他们探索的双手已经伸到了地球最后的秘密之地，只需要再加把力，目标就尽在掌握。

6.1月16日

1月16日的日记上写着"精神振奋"，为了能够早一点儿将那闪亮的秘密揭开，这一天，他们一大早就起程了，这是他们出发得最早的一次。迫切的心情把他们早早地拉出了睡袋。中午时分，这五个坚强的勇士已经行走了十四公里。他们情绪高昂，因为目标不再遥不可及，为人类做出重大贡献的那一刻就要来临。这时，探险队员鲍尔斯突然焦躁起来，他紧盯着远处雪原上的一个小黑点，不敢把那不祥的猜想说出来：那里，好像有人已经竖立了路标。其他人也立即想到了这可怕的状况。他们的心激烈地震动着，但依然尽可能地安慰自己——就如同荒岛上的鲁滨逊发现陌生人的脚印时努力把它们当成是自己的，但这自然是改变不了现实的——他们告诉自己，那只不过是一条冰裂开的痕迹，或者是什么东西的影子。他们绷紧了神经，一步步地靠近，而且内心中还在一遍遍欺骗自己，其实，答案早已定格在他们心中：阿蒙森率领的挪威探险队已经先于他们到达这里。

没多久，他们就看到了一根绑着黑色旗子的滑雪柱插在雪地上，四周有扎过营的痕迹——凌乱的滑雪屐的划痕和狗脚印。这是毋庸置疑的残酷事实：阿蒙森已经率先抵达这里。

地球的南极点，几万年来人迹未至，甚至可以说是从来都没有被世人亲眼见过，然而却在十五天，相当于一个分子量的时间内被看到了两次，在人类历史上，这简直史无前例、无法想象。而斯科特一行恰好就是那第二批到达的人，他们只比阿蒙森一行晚到一个月。即使过去的岁月可以用几百个月来计算，但是对于这晚到的一个月来说，这样的时间实在太迟了。对整个人类而言，第一个到达的人意味着拥有一切，而第二个到达就失去了全部意义，而他们正是全人类第二批到达极点的人。

一切努力都没有意义了，所有的艰苦都成了笑话，几星期、几个月、几年的期待都成了泡影。斯科特在日记中写道："千辛万苦、露宿风餐、痛苦和忧愁交织，这一切都是为了什么？不就是为了心中的梦想吗？而现在，梦想就这样破灭了。"他们忍不住流下泪水，虽然已经累得筋疲力尽，但这天晚上他们谁都无法入睡。判决已下，他们不再抱希望，无精打采地走着距离极点的最后几公里，他们曾经在脑海里一次次设想过，该如何欢呼着向着极点冲去。此时，谁也安慰不了谁，他们只能拖着自己的身体,沉默地向前走。

1月18日,斯科特一行到达极点。因为自己已经不是第一批到达的人,所以一切都显得黯然失色。他们只是淡淡地打量了一下这片伤心地。"这里没有任何东西,和之前的日子里见到的那些令人恐惧的单调没什么不一样。"这便是罗伯特·福尔肯·斯科特对极点描述的全部。

他们在那里见到的唯一不同于以往景色的,不是大自然的产物,而是竞争对手阿蒙森留下的飘扬着挪威国旗的帐篷。在这终于被人类冲破的壁垒上,挪威国旗昂首挺胸、得意扬扬地抖动着。这里,还有阿蒙森留下的一封信,是写给第二个到来的陌生人的,他坚信第二个到来者一定会紧随其后到达,所以他请第二个到来的人将这封信带给挪威国王。斯科特自然要接受这项任务,他要忠实地将这一悲壮的任务完成:向世人证明另一个人的功绩,而那功绩刚好是自己梦寐以求的。

他们闷闷不乐地将英国国旗——这面迟到的"联合王国国旗"插在了挪威国旗旁边,然后就从这片"辜负了他们伟大理想"的地方离开了。寒风冷飕飕地从身后刮向他们,斯科特心情沉重地在日记中写道:"这回去的路显得如此恐怖。"

7.遇难

归途中,危险增加了十倍。因为在去的途中,他们可以用指南针来引路,而如今,为他们指路的除了罗盘,还有来时的足迹,他们必须小心地沿着那些足迹,不能有丝毫偏差,免得错过了之前设置的贮藏点，那里有他们储备的食物、衣服和聚集热量的煤油。但是他们的眼睛被弥漫的风雪遮住了，每向前一步都担心不已。因为一旦方向有所偏离，和贮藏点擦肩而过，那就相当于直接走向了坟墓。而且，他们已经不像来时那么精力充沛了，因为当时来自丰富营养的化学能量和南极之家的温馨气氛都曾经让他们活力十足。

不仅这样，他们心中原本坚定的意志也已经松懈下来。他们来的时候都是满怀希望，他们肩负着全人类的渴望和期盼，而且因此增添了无限的力量。当他们想到自己所做的一切都是为了全人类不朽的事业而战斗时，力量就会成倍增加。而如今，他们与大自然搏斗仅仅是为了不受身体上的损伤，为了那终将死去的躯壳的生存，为了没有意义的归来。或许相比盼着回家，他们的内心深处更应该算是害怕回家。

斯科特那几天的日记内容让人心惊胆战。天气越来越恶劣，寒季早于平时到来。脚下柔软的白雪已经凝结成坚硬的冰凌，脚踩上去就像走在三角钉上，每向前一步都会被粘住鞋子。寒冷深入骨髓，将他们已经极度疲惫的身体一点一点吞噬掉。因此，每当他们在拖延和错路中度过几天，到达一个新的贮藏点时，他们都会稍稍获得一些安慰，日记的内容也会重新有些愉快的感觉。这几个人始终在这片令人恐惧的寂寞中不停行走，他们的勇敢气魄确实值得人尊敬。最能够说明这一点的就是负责科学研究的威尔逊博士，在濒临死亡之际，他还在坚持科学观察，在他的雪橇上，除了生活必需品，还有重达十六公斤的珍贵岩石样品。

然而，大自然的巨大威力终于将人的勇气渐渐销蚀掉。冷漠无情的南极可以如神灵一般随意唤来严寒、冰冻、风雪——这些残忍的法术足以对付这五个鲁莽胆大的勇士。他们的双脚早就被冻烂了；吃的东西也越发缺乏，每天只能吃上一顿热饭，因为缺少热量，他们的身体变得十分虚弱。一天，大伙惊恐地发现，他们中最高大结实的埃文斯突然精神失常了。他不再走动，站在原地像定住一般，嘴里念叨着他们遇见的各种磨难——有的是真实发生过的，有的是幻觉。从他的语无伦次中，大家终于发觉，这个可怜的人不知道是因为摔了一跤还是经受了太大的折磨，已经疯掉了。现在该如何是好？把他留在这孤独的冰原上？不可能。可是他们没有犹豫的时间，必须马上赶去下一个贮藏点，否则……从日记中无法看出斯科特打算怎么做。2月17日凌晨一点，这个可怜的英国海军军士去世了。那天，他们刚刚到达"屠宰场营地"，找到上个月屠宰后储存起来的矮种马，这么长时间以来第一次吃到了比较丰盛的一顿饭。

如今，只剩下四个人行走，然而又降临了一个灾难。在下一个贮藏点，他们感受到了新的痛苦和绝望。这里存下的煤油太少了，这就代表着，他们必须非常节省地使用这最不可少的东西——燃料，热能是他们抵御严寒的唯一手段，但是他们也只能精打细算地用。寒冷的夜里，暴风雪在周围不停地狂吼，他们胆战心惊地瞪着眼睛睡不着觉，几乎没有把毡鞋底翻过来的力气了，但他们依然拖着沉重的身躯前进，奥茨的双脚脚趾全部冻掉了，他就用那失去脚趾的脚走着。任何时候的风都没有现在这样猛烈，他们在3月2日到达了下一个贮藏点，然而痛苦和绝望再次袭来：存在那里的燃料还是太少了。

现在，他们已经处于极度恐慌之中。人们能够从斯科特的日记中察觉到他在多么努力地掩饰自己的恐慌，然而依然不时有绝望的尖叫声从那些故作镇静的言辞中迸发出来："再这样就活不成了。""主啊！我们实在无法忍受这样的劳累了。""悲剧式的结局就要来了。"而那恐怖的自白终于在最后出现了:"如今,只有祈求上帝的眷顾,我们已经不指望得到任何人的帮助了。"但是,他们依然拖着沉重的躯壳,紧咬着牙关,在绝望中缓缓前行。

奥茨已经走不下去了,他已经不再是帮手,越发成为大家的累赘。一个气温达到零下四十摄氏度的中午,他们被迫将前进速度放慢。可怜的奥茨心中明白,再照这样下去,朋友们都会因为他而遭受厄运,于是,他做了最后的决定。他向威尔逊要了十片吗啡,打算在必要的时候结束自己的生命。

其他几个人又陪着这个病人走了无比艰难的一天,然后,这个可怜的人要求别的人先走,自己留在睡袋里,不想再拖累大家,然而大家都不同意。病人只好再次拖着冻掉脚趾的双足蹒跚地走了几公里,到了宿夜的营地。第二天早上,他们起来后发现,外面的暴风雪正在怒吼。

奥茨突然站起来对朋友们说:"我要去外面走走,可能需要长一点的时间。"其他人都无法控制地颤抖起来。每个人心里都明白,这样的天气到外面去走会发生什么。但是没有一个人敢拦下他,也没有人敢和他握手告别。他们的心中只有敬畏:英国皇家禁卫军骑兵上尉劳伦斯·奥茨正英勇而慷慨地走向死亡。

而今,只剩下三个人疲惫而又虚弱地拖着身体穿越那一望无际如钢铁般坚硬的冰原。他们已经疲惫不堪,不再抱有希望,只是恍惚而又机械地支撑着身体一点儿一点儿地移动。天气更加恶劣,而每一个新的贮藏点给他们带来的都是新的痛苦和绝望,命运就像在和他们开玩笑似的,每次他们只能得到少之又少的煤油,也就是热能——能够通过那液体获得热量。

3月21日,距离下一个贮藏点只有二十公里了,但那猛兽般的暴风雪却是从未有过的猛烈,他们根本无法迈出帐篷半步。他们每天晚上都祈祷明天能够到达贮藏点，然而到了第二天，除了吃掉一天的食物外，只能再次祈祷明天。燃料已经用完了，而温度依然在零下四十摄氏度。什么希望都没有了。如今，他们只有两条路可以走：饿死或者冻死。他们被无边无际白茫茫的原始之地包围着，三个人就在狭小的帐篷里和死神搏斗了八天。

3月29日，他们明白，任何奇迹般的拯救都不会出现，他们终于决定，不再向死亡的深渊迈出一步，无论多么痛苦，都要守在帐篷里，骄傲地静候死神的来临。他们分别钻进自己的睡袋，对于自己所遭受的各种苦难，他们自始至终没有对世界哀叹一声。

8. 斯科特的遗书

疯狂的暴风雪在单薄的帐篷外肆虐，死神离他们越来越近。在这段时间里，斯科特上校回忆了和自己有关的所有事情。因为，只有在这种丝毫没有人声夹杂的极度寂静里，他才能体会到自己对祖国和全人类的那种悲壮的感情。在这无边的荒漠雪原上，心灵深处只剩下海市蜃楼，它将那些同斯科特因爱情、友情和忠诚而联系起来的各种人的形象带入他的脑海，他留言给这些人。这位海军上校就这样，在他死前用冻僵的手指写书信给他爱着的所有活着的人。

那些字句如此感人。一个将要死去的人，在信中却没有一点儿缠绵悱恻的感情，那没有生命的天空中纯净的空气似乎也被带入了信中。那些话虽然是他给认识的人写的，但也可以说是对全人类、那个时代讲的话，是能够万古流传的。

　　他给妻子写信，嘱咐她照顾好儿子，那是他最宝贵的遗产，不让孩子养成懒散的坏习惯是最重要的。在完成了人类史上最崇高的事业之后，他竟然写下了这样的话："你是明白的，我必须逼着自己不停探索——因为我习惯于懒散。"在死亡之际，对于这次远征，他感到的依然是自豪而不是遗憾："对于这次探险的全部，我又能对你说什么呢？相比在家舒舒服服地坐着，它不知道要美好多少倍！"

　　他心怀真诚的友情写给同自己一起遇难的同伴们的家属，证明他们的英勇精神。虽然他快要死了，但他却以无比高尚的感情去安慰同伴们的遗属，因为他觉得这样的牺牲是有纪念意义的，值得骄傲的。

　　他给他的朋友们写信，以谦逊的语气提起自己，以骄傲自豪之情谈到整个民族。他说，这一刻，他为能够称得上是这个民族的儿子而深感欣慰。

　　他这样写道："不知我是否算是位伟大的发现者，但我们用我们所做的一切证明了，那种勇敢精神和忍耐力依然存在于我们的民族中。"临死前，他还诚恳地向朋友作了表白，作为一个拥有坚贞心灵的刚毅男性，他一生中很难说出这样的话。在给最好的朋友的信中，他这样写道："您是我一生中遇见的最让我钦佩和敬重的人，只是在此之前，我从来没有向您说起过，对我来说，没有任何能够代替您对我的友情，因为您给了我太多，而我却没有什么能够给您的。"

　　他最后也是最精彩的一封信，是写给祖国的。他觉得需要强调一下，虽然在这次为英国争取荣耀的斗争中，他失败了，但是并不是他个人的过错。他详细地列举了各种导致失败的意外事件,并且满怀悲怆地用将死的人特有的心情向全体英国人请求,不要将他的遗属抛弃。在最后的那一刻,他所想的依然是那些活着的人,而不是自己的命运:"看在上帝的分儿上,请照顾我们的家人。"接着,是几页空白信纸。

一直到生命的最后一口气,海军上校斯科特还在写着日记,直到他的手指完全僵硬,笔滑落下来为止,他希望这些能够证明他和英国民族勇气的日记能够被将来发现他们尸体的人一同发现,他能够有超人的毅力将日记写到最后一刻,正是靠着这样的希望支撑。

最后一页的日记是他的愿望,他用冻僵的手颤抖着写下:"请将这本日记转交给我的妻子!"但他立刻坚定而又悲伤地将"我的妻子"几个字划去,在上方补写了可怕的几个字——"我的遗孀"。

9. 答案

基地的同伴们在木屋里等了好几个星期,一开始时,还抱着强烈的希望,然后是有一些担心,最后就变得非常不安了。他们也两度派救援队去接应,但终究无法和恶劣的天气搏斗,只好中途退回,失去队长的队员们只能在木屋里将这漫长的冬季从头到尾熬过去。灾难的阴影一天天压上他们的心头。在这几个月中,在那片冰雪和寂静中封存着罗伯特·斯科特海军上校的命运和事迹。想必他已经安睡在那晶莹的冰雪棺材里了。

南极的春天终于来了,10月29日,一支探险队起程了,至少，他们要找到几位英雄的尸体，知道他们的下落。11月12日，他们找到了那个帐篷，英雄们的尸体在各自的睡袋里冻僵已久。死去的斯科特像亲兄弟一样紧紧搂着威尔逊，探险队发现了那些书信和文件。他们垒起一个石头坟墓，将一个简陋的黑色十字架插在堆积着白雪的坟墓顶上，以此纪念这些壮烈地在此地长眠的英雄。直到今天，十字架还孤零零地矗立在那里，似乎要永远见证人类在这银白色世界里的英雄伟绩。

然而，严寒的世界并没有将他们的事迹冰封太久。他们奇迹般地再次复活了。这是我们新时代科技创造的精彩产物。那些底片和电影胶片被朋友们带了回来，在化学溶液的浸泡下，图像显现出来，于是，斯科特和他的同伴们在茫茫雪原里的身影再一次被人们看到，而且他们发现，见到南极风光的除了他，还有另一人——阿蒙森。

通过电线，斯科特的遗言和书信被迅速传回了对他们的行为赞叹不已的世界，英国国王在国家主教堂里跪下，由衷地为几位英雄悼念。所以，我们可以说，看似徒劳的事业会重新结出果实，人类也会为迟误了的行动大声疾呼，希望能够将全部力量集中到那些有待实现的目标上。悲壮的失败依然光荣，这样的失败能够激起人们继续挑战险境的勇气，因为只有雄心壮志才能够将满怀激情的心点燃，去成就那历经千难万险才能完成的事业。虽然一个人在处于弱势的情况下同难以战胜的厄运战斗而遇难，但正因如此，他的心灵也会变得更加崇高。对于一个作家而言，这些在无论哪个时代看来都是最伟大的悲剧，不过需要创作出来，而相比这些作品来说，生活本身创造出的悲剧却要多出一千倍。

列宁：
封闭的列车

  如果按照现在的法律观念来衡量，这种事情相当于叛国，而列宁决定冒这个风险。
  ……
  车站前的广场上人挤人，几万群众正在等候着这个流亡在外的人归来。"让世界震撼的十天"从此开始了……

列宁

1870—1924

苏联共产党和苏维埃国家的领袖

明星闪耀时

1892年 在萨马拉（今古比雪夫）组织了马克思主义小组。

1895年 把彼得堡所有马克思主义工人小组统一为工人阶级解放斗争协会。

1900年 西伯利亚流放期满后不久到慕尼黑，创办《火星报》。

1905年 参加了俄国资产阶级民主革命，革命失败后，于1907年出国。

1917年 从瑞士回到彼得格勒，随后领导了十月社会主义革命。革命胜利后，当选为第一届人民委员会主席。

1919年 主持共产国际成立大会。亲自领导了共产国际的前四次代表大会。

1920年 写成《共产主义运动中的"左派"幼稚病》一书，总结布尔什维克党的历史经验。

1. 在修鞋匠家隐居的那个人

　　瑞士本是一小块和平绿洲，然而世界大战的风云变幻却在其周围弥漫着，所以，从1915年到1918年，侦探小说里才会出现的那种惊险场面也出现在瑞士。豪华旅馆里敌对国家的使节们互相装作不认识，即使擦肩而过也互不理睬，其实，就在一年前，他们还亲切地坐在一起打牌，邀请对方来自己家里做客。一些高深莫测的神秘人物经常从旅馆的房间里溜出来，一转眼就不见了。国会议员、秘书、外交官、商人、夫人们，无论是谁，都肩负着神秘的使命。工业家、记者、文艺圈名流和那些看似只是偶尔旅行的人，从这些旅馆门口停下的插有外国国旗的高级轿车里走出来。然而，他们肩负的使命都是一样的：打探消息，获取情报。甚至那些带着他们进入房间的门房和清洁女仆，也都被迫成为他们的秘密探子。

　　旅馆、公寓、邮局、咖啡馆，到处都有敌对组织的活动。宣传鼓励实际上不过是间谍活动。表面上看似友好，其实暗地里往往是出卖，很多复杂的情况隐藏在每一个来去匆匆的人做的那些公开事情的背后。一切都被监视着，不断地有情况被汇报。所有德国人，无论是什么身份，只要一进入苏黎世，立刻就能被位于伯尔尼的地方大使馆得知，一小时后就传到了巴黎。每天，形形色色的情报人员交给那些外交人员成册真实的、不真实的报告，然后由他们转送出去。没有一面墙是密不透风的。电话被偷听是常事，纸篓的废纸和吸墨纸上的污迹都可以带来新的线索，在这纷杂的混乱中，很多人到最后连自己到底是猎人还是猎物，是间谍还是反间谍，是出卖者还是被出卖者都搞不清楚了。

然而，有一个人，也许是因为他太不显眼了，所以有关他的密报非常少。高档旅馆和咖啡馆里都没有他的身影，更别提那些宣传演出现场了。利马特河后面有一条古老、狭窄、道路崎岖不平的斯比格尔小巷，他带着自己的妻子在这条小巷里一座房屋三楼的一个修鞋匠家里隐居起来。这座房子尖顶高耸，建得很牢固，就像旧城里的那些房屋，只是因为太古老了，而且楼下院子里有个熏香肠的小作坊，所以整个房子变得非常黑。他的邻居中有一个女面包师，一个意大利人和一个奥地利男戏子。因为他沉默寡言，所以邻居们只知道他是俄国人而且有个拗口的名字，别的就一无所知了。从他每天简单的饮食和夫妻俩穿的旧衣服上，女房东看出他已经流亡在外很多年了，而且没有做什么可以赚大钱的生意，也没有大笔的存款。他们刚刚搬到这里的时候，所有的行李加在一起还装不满一只小筐。

这个男人身材矮小，生活低调，做什么都不引人注意，所以十分不显眼。他远离一切社交，双眼总是眯起来，目光深沉锐利，邻居们很少能够和他对视，他的客人也是少之又少。然而他一直过着非常有规律的生活：上午 9 点到 12 点在图书馆里看书；12 点 10 分准时到家，12 点 50 分再从家离开，第一个到达图书馆，然后在那里一直读书到晚上 6 点。情报人员的眼里只有那些多嘴多舌的人，所以，这个在修鞋匠家里隐居、毫不起眼的人从来没有被他们在报告中提起过，而实际上，这种沉默寡言、只顾埋头学习的人往往却是会改变世界的人物。而社会主义者的阵营里，几乎人人都认识他，知道他曾经在伦敦一家由俄国流亡者办的激进小刊物当编辑，在彼得堡某个名字拗口的特殊党派里当领袖；但是大家都并不关心他，因为他在评论社会主义政党里那些著名人物时态度轻蔑、语气生硬，而且坚持说他们在使用错误的方法，而且他本人的性格也显得孤僻和冷漠。有时，他会选择晚上的时间在一家聚集无产者的小咖啡馆里举行会议，参加会议的人最多不超过二十个，而且大部分是年轻人。所以，对于这个怪人，人们通常采取宽容的态度，就像对待那些整天只知道喝茶和争论的偏激的俄国流亡者一样，无论如何，这个身材矮小、一脸严肃的人始终没有得到人们的重视。

在苏黎世，只有不到三四十个人认为有必要记住弗拉基米尔·伊里奇·乌里扬诺夫这个在修鞋匠家里隐居的人的名字，可以这么说，如果那些飞速穿梭于各使馆间的高级轿车中的一辆突然把这个人撞死了，这个人也不会为世人所知，不会知道他是乌里扬诺夫，更不会知道他是列宁。

2.梦想实现……

1917年3月15日，苏黎世图书馆的管理员感觉有些异样。都过了9点了，那个平日里严守时间的读者还没有来。9点半了，10点了，他平时坐的位子还是空的。实际上，他不会再来了。因为他在来图书馆的路上被一个俄国朋友的谈话留住了，或者说俄国爆发革命的消息把他的全部计划打乱了更为准确。

一开始，列宁不敢确定这个消息的真实性。他惊呆了。他立刻向苏黎世湖滨的报亭匆匆走去。在这之后，他几乎每天、每小时都守在那里或者在报馆门口等着。那个消息是真实的，确实是事实，而且在他看来，那消息日益令人振奋地真实。一开始，那些消息还不太确切，说宫廷里发生了一次政变，似乎只是换了内阁；之后的消息说：废黜了沙皇，成立了临时政府；接着杜马开会那天的消息也传来了；然后是俄国自由了；大赦政治犯——这些消息带来的都是他多年以来梦寐以求的事情。在这二十年里，他奋斗在秘密组织、监狱、西伯利亚、流亡途中，而如今，梦想终于实现了。他突然感慨，在这一次世界大战中牺牲的几百万人并不是徒劳无功，他们的血没有白流，他们是殉道者，为获得一个自由、平等以及永远和平的新国家而献身。现在，这样的新国家终于诞生了。所有这些，让这个平日里非常清醒、冷静的梦想家如此沉醉。

终于能够回俄国老家了！在日内瓦、洛桑、伯尔尼的其他几百名流亡者同样被这一振奋人心的消息鼓舞着，欢呼雀跃，因为，他们现在不需要再使用假护照，不需要再隐姓埋名，他们回到沙皇帝国，也不必再冒着被处以死刑的风险，而是作为自由公民回归自己的国土。他们全都将自己简陋的行李收拾好，因为高尔基言简意赅的电文赫然刊登在报纸上："大家都回到家里来吧！"于是，他们将信件和电报发往各地：回家！回家！集合起来吧！团结起来吧！再一次献身，为俄国革命，这一他们自觉醒以来便为之奋斗的事业！

3.然而失望

可是，几天后，他们惊讶地发觉：虽然俄国革命的消息让他们兴奋不已,但是这次革命并不是他们梦想的那种革命,甚至连属于俄国的一次革命都算不上。因为它不过是英国和法国的外交官们策划的反对沙皇的一次宫廷政变,只是为了阻止沙皇与德国的媾和,并不是他们以为的人民为了和平和权利发起的革命,也不是他们为之奋斗、奉献一生的那种革命,只不过是好战的党派、帝国主义分子和将军们策划的一次为保护自己计划的阴谋活动。而且,没过多久,列宁和他的同伴们就意识到:让大家回家的诺言并不适用于他们这些要进行一场激烈的、马克思式真正革命的人。

他们回国的计划已经被米留可夫和其他的自由派人物发指令阻止了。因为,一方面,他们迎接的人只限于那些对继续战争有利的、属于温和派的社会主义者,普列汉诺夫就是这样的人,他们派出鱼雷艇和护送人员将其从美国体面地接回彼得堡;而另一方面,托洛茨基却被他们截留在哈利法克斯,属于激进派的人员都禁止进入国境。每个协约国边境线上的关卡哨所都持有一份记录着所有参加过第三国际齐美尔瓦尔德会议人员名字的黑名单。心怀最后的希望,列宁向彼得堡接连发出很多封电报,但是这些电报不是在中途被扣下了,就是被丢在了一旁。

他在苏黎世和欧洲都不为人所知,但是在俄国,人们却都清楚:在他的反对者看来,弗拉基米尔·伊里奇·列宁是多么顽强、坚韧的人物,又是多么致命的危险人物。

绝望的情绪笼罩着这些被祖国拒于门外、无计可施的人。这么多年以来,他们在伦敦、巴黎、维也纳的总部举行过的会议数不胜数,他们制定了自己的俄国革命战略,对组织工作中的每个细节进行了严肃认真的讨论,多次研究、尝试。十多年以来,他们在自己创办的刊物上针对俄国革命在理论上和实践上会面对的种种困难、危险和可能性进行辩论。而对俄国革命的总体构想是列宁一生所思考的，而且这个构想经过反复修改已经日益完善。然而他所构想的革命因为此时此刻他被阻留在瑞士而面临着被其他一些人篡改和糟蹋的危险，他知道，那些人只是以解放人民的崇高名义为借口，实际上是为外国人效劳谋利益。

在四十年的戎马生涯中，兴登堡可以说是掌管支配着德军的行动大权，然而第一次世界大战爆发之时，他却只能穿着平民服装在家里待着，将参战将军们的战役进展和失误用小旗标在地图上。而在这段时期里，列宁的命运竟然和兴登堡如此相似。这个平日里最坚决最彻底的现实主义者，竟然也会在这段绝望的日子里做起无边无际的白日梦：是否可以租个飞机，从德国和奥地利上空飞过去？

然而登门拜访表示愿意给他提供帮助的第一个人竟然是个间谍。于是，潜逃的念头又从他的内心深处萌生出来。他给瑞典的朋友寄信，请他们想办法给他搞到一张瑞典护照，他甚至还想过要装成聋哑人，这样就能够逃过盘问。然而，那些在夜间才会产生的各式各样丰富的联想，第二天早上醒来时，却连他自己都清楚这是个根本无法实现的想法。然而，他在白天里仍然能够明白：必须回去俄国！必须独自完成他的革命，而不能让别人来代替！他必须进行一次真正意义上的革命，而不是那种简单的政权更迭！他必须回去，而且必须马上就回去，无论付出多么大的代价，也要回到俄国去！

4.能否取道德国

在地理位置上，瑞士被意大利、法国、德国、奥地利包围在中间。列宁作为一个革命者是没有办法取道协约国的，而想以俄国这个敌对国家的公民身份取道德国也是不可能的。可是，实际上却有一件事让人感到非常荒唐：威廉皇帝的德国对待列宁表现的热情和友好，远远超过米留可夫的俄国和普安卡雷的法国。因为德国想不惜一切代价，在美国宣布参战之前和俄国媾和，所以，对于德国人来说，他们非常欢迎一个能在俄国给英国和法国的使节们添很多麻烦的革命者做他们的帮手。

可是，在自己以前写的文章中，列宁曾经无数次地谴责和批判威廉皇帝的德国，而现在，他却突然要和这个国家谈判，显然，走这步棋将要给他带来的责任非同小可。因为按照当时的道德观念，战争期间在敌国军事参谋部的许可下进入并穿越敌国领土，相当于叛国。而列宁自己也很清楚，自己的党和事业会因为这一行动，从一开始就受到诋毁。人们将会对他产生质疑，他的身份会被认定为是被德国收买和雇佣，并且派往俄国的间谍；而且，他那立即媾和的纲领一旦实现，那么他永远都会是一个历史罪人，人们会将阻碍俄国获得真正和平和胜利的矛头指向他。所以，当他宣布准备在无计可施时选择这条最危险而且最能够让他身败名裂的路，震惊的不只是那些温和的革命者，还包括大多数和列宁志同道合的同伴。他们显得不知所措，只有不断地安慰列宁：瑞士的社会民主党人已经开始准备谈判的事情，争取将俄国革命者以交换战俘这样合法而又隐秘的方式送回去。但列宁很清楚，这需要等待多么漫长的时间，他们的返回会被俄国政府以各种蓄意设置的人为障碍阻止，事情就会这样一直拖下去。而现在，每一天、每一小时都非常重要，事关全局。于是，列宁决定冒这个风险，坚持去做这种如果按照现在的法律观念来衡量，相当于叛国的事情。这种事是那些缺乏胆识和魄力的人不敢做的。但是列宁已经下定决心，他愿意一个人承担所有责任，和德国政府谈判。

5. 协商

列宁心里非常明白，走这一步会带来的只有震动和攻击，所以，他要尽可能地公开事情的经过。受他的委托，瑞士工会书记弗里茨·普拉廷向德国公使转达列宁提出的条件，进行磋商，而在那之前，这位公使就已经和俄国流亡者进行过一般性谈判。如今，这个身材矮小、默默无闻的流亡者似乎已经预感到自己将要获得权威，他根本没有向德国政府提什么要求，而是直接提出以下条件：承认车厢的治外法权；上下车时不可以查验个人和护照；俄国旅客自己按照正常票价支付旅费；不得以任何理由、任何方式要求旅客离开车厢。只有在这些条件下，俄国旅客才会考虑接受德国政府提供的方便。这些条件被罗姆贝尔格大臣如实上报给鲁登道夫，并且顺利得到了同意，虽然这次具有世界历史意义的、或许是他一生最为重要的决定并未在他的回忆录里提起半个字。

德国公使原本计划对某些细节进行修改，因为列宁故意将协议的某些言辞写得很模糊，目的是让和他同车的奥地利人拉狄克同样免受检查，但德国政府也和列宁一样着急，因为美利坚合众国就在4月5日这天向德国宣战了，所以德国只好放弃修改细节。

就这样，弗里茨·普拉廷在4月6日中午得到了一个极具意义的通知："一切按照你们所提的愿望进行。"1917年4月9日下午两点半，三十二个穿着简陋衣服、拎着箱子的人从蔡林格霍夫餐馆离开，向苏黎世火车站走去，他们中有妇女和儿童，男人里面名字留传后世的只有列宁、季诺维也夫、拉狄克。他们在那家餐馆吃了顿便餐，而且一起在一份文件上签了字。因为他们都已经知道有这样一篇报道刊登在《小巴黎人》报上：这些穿越德国领土的旅客将被俄国临时政府视为叛国者，所以，他们全都用粗壮有力的字体签名，表示他们愿意承担这次旅行的全部责任，并且同意所有条件。而今，他们踏上了这具有世界历史意义的旅程，沉默而又坚定。

没有一个人注意到他们到达火车站。没有新闻记者或者摄影记者，因为在瑞士，没有人认识这位乌里扬诺夫先生。他头顶上的帽子被压得皱巴巴的，脚下是一双笨重的矿工鞋（一直到瑞典，他还穿着这双鞋），夹在一群提着行李的男女中间，低调地登上列车，找到一个座位坐了下来。这些人看上去和那些从南斯拉夫、鲁登尼亚、罗马尼亚来的移民没什么区别，在赶往法国海岸的渡海码头前，那些移民在苏黎世坐在自己的木箱上休息几个钟头。因为这次旅行不被瑞士的工人政党赞成，所以没有代表被派遣来；只有几个前来送行的俄国人，只为让他们给故乡的人捎带一点儿食物和问候。然而，还有几个人在列车开动前最后几分钟赶来，想劝列宁放弃这次"没必要又违法的旅行"。然而一切已成定局。3点10分，随着列车员发出的信号，列车向着德国边境的哥特马丁根车站隆隆驶去。也是从这一刻开始,整个世界时钟的节奏也跟着改变了。

6.封闭的列车

  在这次世界大战中,已经有几万颗极具威力的炮弹发射出去,它们是由工程师们设计出来的,在冲击力、毁灭性、射程方面都是顶尖的。然而在近代史上,这列火车装载的"武器"射程之远,意义之大,却是没有一颗炮弹能够与之相比的。此刻,本世纪最危险、果敢的革命者乘着这列火车,从瑞士边境出发了。它要穿过整个德国,驶向彼得堡,在那里,他们将摧毁时代的秩序。

  此刻,哥特马丁根火车站的铁轨上就停着这枚独特的炮弹,这节车厢分为供妇女和儿童就座的二等座席和供男人们就座的三等座席。车厢的地板上有一条粉笔画出的线,将俄国人和那两个德国军官的包厢分隔开来,那两个军官则是护送这批有生命的烈性炸药的负责人。一整夜,列车平安行驶。而在法兰克福,突然有几个德国兵跑过来——他们提前知道了这里会有俄国革命者经过,还有几个德国民主党人想和这些旅行者对话,但是他们都被拦在了车外。列宁很清楚,在德国的土地上,只要和哪怕一个德国人说上一句话,都会被猜疑。他们在瑞典受到了欢迎,吃了早餐,当这些饥饿的人簇拥着来到餐桌前时,桌上的黄油面包对于他们来说,就像奇迹一般让他们欣喜若狂。早餐后,列宁为了将那双笨重的矿工鞋换下来,不得不买了一双新鞋和几件新衣服。如今,终于到达俄国边境了。

7. 击中了一炮

列宁到达俄国领土后的第一个举动，将他的性格特点淋漓尽致地表现了出来：他一头扎进报纸堆里，没有看周围一眼。虽然他已经离开俄国十四年了，已经有十四年没有见过故土、国旗和士兵的军装，但是这个拥有非凡意志力的思想家并没有像其他人那样痛哭流涕，也没有像同行的妇女们那样去拥抱那些不明白状况的士兵。他要做的第一件事就是研究报纸，他要读《真理报》，检查一下这份报纸是不是依然坚定地维护着国际主义立场。不，他看到的一切令他失望，他气愤地将《真理报》揉成一团，虽然"祖国""爱国主义"这样的词句遍布报纸的字里行间，却很少谈到他所期望的那种纯粹的革命。他知道自己在最合适的时间回来了，无论结果如何，他一定要将航船的舵轮扭转过来，一定要实现自己一生的理想。然而，他的愿望能实现吗？他没有把握，而且还有些担心。米留可夫会不会在他刚到彼得格勒——这座城市当时的称呼，但不会继续太久了——就把他逮捕起来呢？对于这个问题，加米涅夫和斯大林这两个专程前来迎接他的朋友并没有在车厢里回答他，也可以说，他们不想回答。在车厢昏暗朦胧的灯光下，他们只是露出明朗而神秘的微笑，让人摸不着头脑。

事实很快就给出了无声的答案。当列车驶进彼得格勒的芬兰火车站时，站前广场上人潮汹涌，数以万计的工人和手持各种武器的卫队等候着这位流亡归来的人，等着迎接他，保卫他。突然，广场上响起了《国际歌》，弗拉基米尔·伊里奇·乌里扬诺夫这个昨天还隐居在修鞋匠家的人，刚刚走出火车站就突然被几千双手拥住。人们将他高举到一辆装甲车上，周围的楼房和要塞射出探照灯的光束，全都集中在他的身上。他就在这辆装甲车上，对人民进行归国后的第一次演讲，震撼着所有的大街小巷。"让世界震撼的十天"从此开始了。这便是击中并摧毁了一个帝国、一个世界的一炮！

陀思妥耶夫斯基：
英雄的瞬间

  1849年冬，陀思妥耶夫斯基被押送到圣彼得堡的谢苗诺夫斯基校场上执行枪决。就在准备执行枪决时，一名军官骑着快马，手中挥舞着白手帕横穿广场疾驰而来，宣读了沙皇尼古拉一世的圣谕，即将熄灭的天才作家的生命火焰，似乎有了重燃的希望。

陀思妥耶夫斯基

1821—1881

俄国作家

明星闪耀时

1845 年　发表第一部长篇小说《穷人》。

1846 年　发表小说《双重人格》，运用幻觉想象的手法，刻画病态的心理和性格的分裂，提出"双重人格"的主题。

1847 年　发表中篇小说《女房东》，和次年发表的《白夜》一起开拓了"幻想家"的主题。

1849 年　被沙皇政府逮捕，判处死刑。临刑时，改处苦役和期满后充军。

1861 年　创作以亲身经历为基础，展示各类苦役犯的可怕处境和精神状态的《死屋手记》。

1866 年　发表《罪与罚》，为他赢得盛誉。

1879 年　开始创作宏伟的社会哲理小说《卡拉马佐夫兄弟》。

他们推着他朝前走,
昏暗的过道幽深狭长。
牢房铁门闩发出吱呀声,
小铁门嘎嘎地开启;
一时间露天冰冷刺骨的空气扑面而来,
一辆车,一座滚动的墓穴正等着他,
他被急急忙忙推进车里。

身旁九个同志,
都戴着沉重的镣铐,
面无血色,默不作声;
大家都清楚,
这辆车要把他们送往何方,
正在滚滚前进的车轮,
将断送他们的性命。

马车停了下来,
车门打开,发出刺耳的声响,
他们透过打开的栅栏,
带着疲倦惺忪的目光,
凝视一角黑暗的世界。

密密麻麻的房屋将广场围成四方形,
低矮的屋顶上铺满了一层霜雪,
广场上积雪满地。
灰色的雾气笼罩整个刑场,
只是在教堂周围
投来一丝红光。

他们默默排队列行。
一名少尉向前宣判:
因谋反罪处以死刑,
死刑!犹如一块巨石
掉进寂静的冰面,
砰的巨响,
像什么东西碎成两半,
无声的回音
消逝在沉默的墓地上
是静谧清冷的黎明。

他感觉眼前一切如梦,
只知道自己即将告别人生。
一名士兵走向前,
默默为他披上
一件在寒风中飘动的白色死囚衣。
他用热情的目光、无声的呼唤
向同伴们诀别。
牧师神情严肃地递上十字架,

示意他亲吻十字架上的耶稣受难像；
他们一共十人，
三人一组，三组士兵，
将他们分别捆绑在刑柱上。

一名哥萨克士兵快步上前，
要蒙上他对着步枪的双眼。
他知道，这是永眠前的最后一眼，
他目光如鹰捕捉蒙蒙天色
所展示的一角小小世界——
不远处的教堂在晨曦中，红光四射，
像是为了天国的最后晚餐。

朝霞染红了整个教堂。
他望着教堂，幸福感油然而生，
仿佛触及死神后面上帝的生命……
这时他的双眼已蒙住了，
只觉得漆黑一片。

但心中沸腾的热血并未因此消停，
沸腾的热血喷薄欲出。
生活的画面，像多棱镜纷纷浮现，
他顿觉，在这受刑前的一秒钟
尘封心底的往事涌上心间。
整个人生历历如画，
呈现在眼前：

灰色的童年，
父母，兄弟，妻儿，
三段友情，两杯欢畅，
一场荣华梦，一堆屈辱①；
逝去的青春
宛若画卷顺着血管急遽展开。
直到他被绑上刑柱上那一秒钟以前，
他内心深处还一直感觉到自己完全存在。
只是此刻，
回忆的沉重阴影笼罩心头。

这时他感觉到有人向他走来，
这令人可怕的脚步，越来越近，
那人把手按在他的心口上，
心越跳越弱……越跳越弱……
甚至不再跳动——
过一分钟——心脏也就永息。
对面的哥萨克士兵们
已就位待命……
背枪的皮带甩到一边……把子弹推上枪膛待发……
急促的鼓点几乎要把空气震碎，
而这一秒钟却长似千年。

突然，一名军官大喝一声：

---

① 陀思妥耶夫斯基一生有三个重要的友人，两段婚姻。他享有贵族身份，后来又被剥夺了身份。

住手!
他手握一纸文书,
用那浑厚的嗓音
打破静候的沉寂:
沙皇圣意
慈悲为怀
撤销原判
从轻发落。

这些话初听起来很是陌生,
也无法明白话中含义,
但血管里的血液又变得鲜红,
再度通畅活络,并开始低吟。
死神犹豫地爬出了
已经发僵的四肢关节,
蒙住的双眼仍漆黑一团,
但永恒之光正迎面而来。

身上绑绳已解开,
白色的绷带从他灼痛的太阳穴上撕下来,
像是撕掉皲裂的白桦树皮。
目眩恍惚,像刚刚从墓穴出来,
他重新来到了这个已经要永别的世界。
这时他又见到教堂的金色屋顶
在晨曦中神秘地红光闪闪。

红似玫瑰的朝霞
好像带着虔诚的祈祷拥抱教堂屋顶,
在霞光的围绕之下耶稣像闪烁发亮,
钉在十字架上的手,
宛若圣剑,
直指云端。
在这教堂上方,天主的殿堂
正在辉煌的曙光中显现。
光如一条巨流将燃烧翻滚的朝霞
推向仙乐飘飘的九天。

雾霭骤起,像是要将尘世的全部黑暗
融入神的黎明圣光中。
亦仿佛是无数声音从深渊冲向霄汉,
那是千万人的齐声呐喊。
他平生第一次听到,
人间的所有苦难,
化为悲号响彻云霄。

他听到的是弱小者的声音:
错许终身的妇女的声音,
自嘲自叹的妓女的声音,
始终受人欺凌者的内心怨怒声,
忘却笑容的孤独者的悲哀,
他听到孩子们的抽噎、哭诉,
被偷偷诱奸的女子的悲怆叫喊声。

他听到了受苦受难者的声音，
被遗弃、被侮辱、麻木不仁者的声音，
在街巷不为人知的殉难者的声音，
他听到他们的声音
以高亢的音调
冲上寥廓的苍穹
但他仿佛觉得
向上帝飘然飞去的是苦难，
而依然将坎坷的生活留在人间。

在一连串倾诉世间苦难的齐声哀号中
无边无际的天空愈来愈明亮，
他知道，
上帝会倾听他们哀号，
他的殿堂正响彻怜悯之声！
上帝不会审判可怜的人，
他的殿堂只有无限的怜悯。
人间处处是瘟疫、战争、死亡、饥馑，
这个死里得生的人竟觉得
受苦受难是乐事，而幸运却是苦难。
降临人间的天使
为苦难者产生的圣洁之爱的光辉
照亮打着寒战的心扉。

这时他跪倒双膝，
真切地感受充满苦难的大地。

身体颤抖,
面部抽搐,
满口白沫,
幸福的泪水浸湿了他的死囚衣。
因为他在触到死神苦涩的嘴唇后,
才感受到生的甜蜜。

他的灵魂渴望着去受折磨,
他清楚明白,
在这一秒钟里
正如千年前钉在十字架上的耶稣,
在同死神痛苦地一吻之后,
便忍受苦难去爱生活。

士兵把面如死灰的他从刑柱上拉开,
又粗暴地将他推到囚犯的行列中。
他深深地陷入沉思
目光奇异,
抽搐的双唇还挂着一抹卡拉马佐夫式的苦笑。

菲尔德：
越过大洋的第一次通话

　　1858年8月16日晚，英国维多利亚女王致美国总统的贺电成功传到纽约。次日，欧美两洲沉浸在狂欢中。但是，电缆虽然接通，由于当时电信技术其他方面条件的限制，如发报机功率小等，电传讯号不久又归于沉寂。于是群情由狂欢而转为愤怒，爆发责难，关于越洋电缆铺设者菲尔德的谣言纷至沓来，人们纷纷说他是一个骗子。但强者不会轻易向失败屈服，不屈不挠的菲尔德又继续这项事业，最终，于1866年取得圆满成功——通过海底电缆从美洲向欧洲传去清晰的电报讯号……

菲尔德

1819—1892

美国实业家、大西洋电缆之父

明星闪耀时

1840 年 独自创业,在马萨诸塞州的韦斯特菲尔德制造纸张。
1853 年 出资与他的艺术家朋友一起前往南美探险。
1854 年 开始进行电报事业,进行海底电缆的尝试工作。
1866 年 经过多次失败,历经十二年,横跨大西洋的海底电缆终于铺设成功。
1867 年 因在跨大西洋电缆方面的工作,获得了美国国会颁发的金质奖章和巴黎国际博览会的大奖。

1. 新的节律

　　人这种独特的生物出现在地球上以来的数千年乃至数万年，除了奔腾的马儿，滚动的车轮，划桨的船或扬风的帆船以外，地球上还没有出现过另一种更高速的运动。在我们称之为世界历史的这一记忆所及的狭隘范围内，运动节律并未因为技术的进步而明显加快。凯撒统帅的罗马军团并不比华伦斯坦军队的行进速度迅疾，成吉思汗骑兵的速度并不比拿破仑的军队向前推进速度更为迅速。纳尔逊的三桅战舰横渡大海只比维京人的海盗船和腓尼基人的商船速度快一点。拜伦爵士在《恰尔德·哈罗尔德游记》中每天走过的路程不比奥维德流放到黑海东岸草原时所走的里程多。18 世纪的歌德旅行时并不比世纪之初的使徒保罗更舒适快速。国与国在空间和时间上的距离，在拿破仑时代与罗马帝国时代，没有什么变化；物质世界的抗拒仍然胜过人的意志。

　　直到 19 世纪，地球上速度的极限和节律才得到根本性的改变。在这个世纪的头十年、二十年，各民族之间、国家与国家之间相互往来的速度，已超过了以往几个世纪。自从有了火车和轮船，从前需要数天的路程，现在一天内就能到达；从前需要花数小时的旅行，现在只需几刻钟就能解决。火车和轮船等新发明带来的速度的快捷，人们以无比自豪的心情感受着。这类运输工具创造的所谓奇迹也能解释，无非是把所知的速度提速数倍。这类运输工具也易于操作。然而，当第一批电气设备出现时，人们对电气设备所产生的效果却难以预料。电，当它还在摇篮里就已推翻了迄今为止的一切定律，破坏了一切行之有效的标准。当时人对电报的最初效果所产生的惊奇心，我们这些后来者是永远无法体验到的——昨天还只是在莱顿瓶里发出噼里啪啦的声响，产生一英寸长像手指节骨那样的电火花，如今一下子获得了巨大魔力，越过陆地、高山和所有的大洲。使当时一代人惊愕不已、不胜振奋的，正是这种几乎无法感觉到的小小的电火花。乍现的念头、墨迹未干的字眼，就已传输到千里之地被人们所获悉和阅读，而这仅仅是在一秒钟之内。看不见的电流在微小的伏特电棒两极之间震荡，绕着地球从这一端传到另一端。这种在物理实验室里的仪器，昨天还刚刚能够通过玻璃片的摩擦吸一些小纸片，现在却能传递消息、驱动有轨电车、照明街道和房屋，像精灵般获得了比人的体力大几百万倍、几亿倍的力量和速度。由于这一发现，空间和时间的关系才有了创世以来最具决定性的改变。

1837年可以说是具有世界历史意义的一年，这一年，电报第一次使以往彼此隔绝的世人能同时获悉世界上所发生的事，但在我们的教科书中很少提到。教科书总认为，叙述一些统帅和民族的战争与胜利要比叙述人类真正共同的胜利更为重要——它们是人类共同的胜利。就广泛的心理影响，近代史上没有任何日期能与电报的发明所带来的划时代的变化相比。自从巴黎能在同一分钟知道阿姆斯特丹、莫斯科、那不勒斯、里斯本所发生的事情以来，世界的面貌发生了变化。只需迈出最后一步，世界上的其他各洲才能纳入这种庞大的联系中，从而创造出整个人类的共同意识。

诚然，自然界对这种最后的统一还要进行抗拒，还面临着这样一个障碍：二十年来，那些被大海隔离的国家依然处于没有电讯联系的状态。使电流畅通无阻地来回传送，是因为电线杆子上的电报电线有绝缘瓷瓶，而海水却能使电流失散。在使铜线和铁线在液体中完全绝缘的材料发明以前，是不可能成功铺设一条穿过深海的电缆的。庆幸的是，时代在进步，科技在发展，现在已发明了一种十分有效的材料。在陆地上使用电报之后没有几年，就发现了一种适合在水中使用的电绝缘材料，也就是古塔胶。这样就有可能把英国同欧洲的电报网相连——欧洲大陆对岸的最重要国家。但是由于一个笨蛋干了一件蠢事，导致眼看即将成功的事，就此毁于一旦。一个布伦的渔民认为找到了一条特大的海鳗而把已经铺设好的电缆——一个名叫布雷特的工程师铺设的第一条海底电缆——拖出了水面。也是在同一个地方，他驾驶一架飞机首次飞越海峡。不过，1851年11月13日第二次铺设终于获得成功。从此，英国和欧洲联系在一起，欧洲才真正成为欧洲，它就像一个人，用一个大脑、一颗心脏同时经历着时代发生的一切变化。

毫无疑问，在短短几年间取得如此巨大的成果，必然会激起同时代人的无限勇气——在人类历史上，十年时间不正是眨眼间？人类进行的一切试验都获得了成功，如梦幻般的速度。仅仅几年工夫，英格兰和毗邻的爱尔兰，丹麦与瑞典以及科西嘉岛和欧洲大陆都有了电报联系，把埃及与印度和欧洲连接起来的电报网，人们也已在探索中。除了世界上另一个大洲，即美洲，始终被排斥在这个世界性的电报网之外。要想在浩瀚无垠的大西洋和太平洋设立中间站根本是不可能的，用一条电缆又怎么能横越这两个大洋呢？在电的初始时代，人们还不了解各种因素：海洋的深度尚未测出，海洋的地质结构还只是大致了解，在深海里铺设电缆的试验还没有完全结束，最重要的一点是，电缆能否承受得住海水的压力。

在深海里铺设一条电缆，即使在技术上是可行的，但是，从哪里寻找一艘巨船装载一条两千海里长的由铁和铜制成的电缆，还有能不间断地远距离输送电流的大功率发电机,如此长的距离,用轮船横渡至少需要两三个星期!所有这些条件都不具备。而且人们还不清楚深海的磁场是否会导致电流失散,还没有可靠的绝缘材料和准确的测量仪器——人们刚刚知道打开眼界认识电的一些最初定律,而正是这些唤醒了他们沉睡百年的心。因此当有人提出这项计划——在深海铺设电缆时,反对之声随起:"不可能!绝对不可能!"那些最有魄力的技术专家,也只是说:"也许将来能办到吧。"就连对电报事业做出伟大贡献的莫尔斯,也认为这项计划是不可思议的冒险。但他预言说,如果铺设横越大西洋的电缆获得成功,将是本世纪最伟大的壮举。

一种奇迹或者一项非凡事业要想获得成功,取决于个人的自身信念,那就是要相信这种奇迹。而一个并非专家出身的人却在科学家犹豫不决时,用淳朴的勇气,推动了这项计划。像大多数情况一样,纯属偶然的巧遇使这项宏伟的壮举获得起飞。1854年,一个名叫吉斯博恩纳的英国工程师,为了方便提前数日获悉有关船只航行的消息,要铺设一条从纽约到美洲最东边的纽芬兰的海底电缆,但由于资金不够,不得不中止。于是他前往纽约寻求金融家们的支持。由于纯属偶然——世界上的许多光荣业绩正是因巧遇而产生——他遇到了一个名叫赛勒斯·韦斯特·菲尔德的年轻富豪,是一位传教士的儿子,他在经营企业活动中财运亨通,虽然风华正茂,却已腰缠万贯,但他长期过着无所事事的隐居生活。当然,这种生活对于年富力强的菲尔德来说,未免枯燥。吉斯博恩纳为了实现梦想,极力争取菲尔德的资助。然而,赛勒斯·韦斯特·菲尔德既非技师又非专家,他对于电一窍不通,也从未见过电缆——或许人们很庆幸他什么也不是。

但是,在这一位富于冒险精神的美国人的心中却充满着强烈的信念。当吉斯博恩纳仅仅着眼于直接的目标——把纽约和纽芬兰连接起来时，富有冒险精神的菲尔德早已做了长远的目标：通过海底电缆成功连接纽约和纽芬兰之后，把爱尔兰也连接起来。从那时起，菲尔德倾注全部精力和所有财产投身到这项事业中——他以排除万难的决心着手这项计划，在那几年里横渡大西洋往返于两大洲之间达三十一次。决定性的火苗就这样被点燃了，使其在现实中获得了爆炸性的力量。创造奇迹的、新的电的力量和另一种生活中最强大的动力因素——人的意志结合一起。

一个人找到了终身为之奋斗的使命，而使命也找到了它所需要的人。

2. 筹备

赛勒斯·韦斯特·菲尔德把全部精力投入这项事业中去。这位名不见经传的人所发出的冲击力竟是如此强大，他内心的信念是如此执着，他对于电是一种创造奇迹的力量所抱的信心又是如此坚定。他跟所有的专家建立了联系，恳请有关政府部门给予开发权；为了筹措必要的资金，他在欧美两洲展开了一场融资活动——三十五万英镑的原始启动资金在英国几天之内就认购完了。其实，只要把利物浦、曼彻斯特和伦敦的富商邀集在一起，就足够创办电报建设和维修公司。在认购者的名单中，有些人完全没有做生意的附带目的，仅仅是为了促进电报事业，出于爱国热情，其中包括萨克雷和拜伦夫人的名字。对一切技术和机器所抱的乐观主义思想始终包围着英国——在产生斯蒂芬森、布鲁内尔和其他伟大工程师的那个时代。为了一项完全幻想的冒险计划筹措一笔巨款，只要一声号召，就有人贷款并以此作为自己终身养老的基金——没有什么比这样的行为更能形象地说明当时人的乐观主义了。

在19世纪还从未有人设想过类似这样规模的工程。回头来看开始阶段，唯一有把握的大概也就是铺设电缆所需的估计费用。至于技术上如何实施，尚无先例可循。在多佛和加来海峡之间铺设水下电缆又怎能与此相比？前者在海峡铺设水下电缆时，只需一天的时间就能顺利完成——耐心等待风平浪静的一天，了解海底深度，海峡的此岸和彼岸又始终在目及视线内，可以避免任何意外的危险。然后从一艘普通轮船的露天甲板上卷下三四十英里长的电缆即可。而铺设这电缆至少需要持续航行三个星期，另外，因为恶劣气候，粗长且笨重的电缆卷筒，就不能总是放在露天甲板上。此外，当时没有一艘巨船能承载如此的重量，容纳大量的庞大电缆。至少需要两艘船，而且必须有其他船只跟随，以便保持在最短航线内，以及遇到突发意外时能及时得到救援。虽然，由英国政府提供当时最大战舰之一的"阿伽门农"号——在塞瓦斯托波尔战役中曾做过旗舰；由美国政府提供当时最大吨位的"尼亚加拉"号——一艘五千吨级的三桅战舰，但是这两艘船必须进行特殊的改建，才能分别在船体内容纳下一半的电缆。毫无疑问，主要问题仍然在电缆本身。这条连接世界两大洲的巨大无比的脐带，在技术方面简直难以想象。一方面，这电缆必须经受得起任何压力、任何重量，必须实心，像钢索一样坚实，不能断裂；另一方面又要相当柔软，方便铺设。电缆内芯必须坚固精密，以便电流传送。在这条电缆上，任何部位一旦出现裂缝，就会破坏电流传送。

但是仍然有人敢干！是菲尔德精灵般的意志驱使着所有的轮子向前转动。现在，一家家铁和铜的矿冶厂日日夜夜都在围绕着这根电缆。一座座橡胶树林被砍伐，用来制作如此漫长的绝缘古塔胶保护层。如此浩大的工程，最形象的比方莫过于：绕在电缆里的三十六万七千英里长的单股铜铁丝能绕地球十三圈，如果连成一根线，能连接地球和月球。自从《圣经》上记载有通天塔以来，人类哪敢去想还有比通天塔更宏伟的工程。

3. 初航

整整一年，机器的隆隆声响成一片，从工厂运来的电缆不停地绕进两艘船的内舱里，在缠绕了上万转以后，每艘船上的线盘上终于绕满了一半的电缆。用作铺设电缆的笨重的新机器也已设计完毕安装好，而且都配有刹车和倒转装置，能不间歇地将电缆沉放到大西洋的深处，持续工作一星期、两星期甚至三个星期，以便在整个铺设过程中，始终用仪器监测电流。船上聚集了最优秀的电气专家和技术专家，其中包括莫尔斯。还有一些新闻记者和画家也蜂拥上船，要用文字和画笔描写这次自哥伦布和麦哲伦以来最激动人心的远航。

起航工作已准备就绪。对这一壮举，虽然怀疑论者仍然占大多数，却引起了英国公众的极大兴趣。1857 年 8 月 5 日，在爱尔兰瓦伦西亚的一个小海港，数百条小船把船队团团围住，为的是要亲眼看到，如何用小船把电缆的一端拖到陆地上，见证这个具有世界历史意义的时刻。一次盛大的告别仪式自然而然形成。政府派来代表致辞贺喜，神父祈求天主保佑这次大胆的冒险行动。"啊，永恒的天主，是你使天空放晴，是你主宰着海潮，风浪全听你的召唤，请你以慈悲之心看着你下界的仆人……在完成这项重要的工作的过程中，请你为我们排解可能遇到的一切灾难险阻，"接着岸边和海面上，数千只手和帽子向船队挥动。陆地渐渐消失。人类最大胆的梦想之一正在尝试变成现实。

4. 失败

原先计划"阿伽门农"号和"尼亚加拉"号各自运载一半电缆，一起驶往大西洋中部的一个约定地点，先将两半电缆对接上，然后一艘船朝西驶向纽芬兰，另一艘船朝东驶向爱尔兰。但是他们觉得，在第一次试验时就把全部昂贵的电缆用上未免太冒失，当时还不能肯定，从海底传来的电报讯号在经过漫长的距离之后是否会继续保持正常。于是，决定改变计划，从大陆出发铺设第一段线路。

从欧洲大陆出发，铺设大西洋中部的电缆任务交给了"尼亚加拉"号。它小心翼翼地向预定方向驶去，像一只蜘蛛从它庞大的躯体内不停地在后面吐出电缆。甲板上的铺设机有规律地发出令海员们熟悉的声音，在几小时以后，船上的人对此已不再关注。

随着船只越驶越远，电缆从船体的龙骨后面不断地沉入大海。这次冒险行动似乎一点都不惊险。电学专家只是坐在一间特殊的船舱里不停地倾听，与爱尔兰的陆地交换讯号。令人惊奇的是，虽然海岸早已望不见，但是海底电缆却能清晰地传送讯号。船只已经离开浅水区，越过了爱尔兰后面的一部分深海高地，而龙骨后面的电缆始终不停地沉入海底，如流沙从沙漏中溢出，同时收发讯号。

三百三十五海里电缆已经铺设完毕，比从多佛到加来的电缆距离长十倍多。毫无把握的五天五夜已经过去，到了第六个晚上，经过数十个小时的紧张工作，赛勒斯·韦斯特·菲尔德终于可以休息一下了。突然间，响个不停的绞盘戛然而止——发生了什么事？当列车猛地刹住时，一个在行驶的列车上睡着的人，立刻会醒来；当磨盘突然停止转动时，磨坊主人就会在床上惊醒，正如这种情况一样。顿时，船上所有的人都惊醒了，一个个都急急忙忙跑到甲板上。大家一眼就发现：放缆机的出口处已空。绞盘上的电缆已滑落深水，现在不可能找到电缆扯断处，更不可能把掉进深水里的电缆捞回来。可怕的意外就这样发生了。一个小小的技术性差错就如此轻易地毁掉了多年来的工作。出发时自信满满的他们，现在却要灰心丧气地回到英国。而突然沉寂的坏消息也早已在英国传开。

5.再次失败

赛勒斯·韦斯特·菲尔德并没有动摇。是英雄又是商人的他正在算一笔账。损失了什么呢？——三百多海里长的电缆，约十万英镑的股本，更使他心情颓丧的是损失整整一年的时间，且无法弥补。因为今年的夏季早已过去大半，而只有夏季才有出航的好天气。但是他又记着一笔小小的收获。从这首次的试验中获得了许多实践经验。电缆本身证明是可用的,可以把电缆卷好下次继续使用。只是放缆机必须改装,电缆被扯断可能就是它出了毛病的缘故。

在等待和准备中,一年又过去了。1858年6月10日,还是原来的两艘巨船,重新鼓起勇气和满载着旧电缆再次起航。由于第一次航行时水下传来的电报讯号没有出现异常,这一次重启原来计划的旧方案:在大西洋中部分别向两岸铺设电缆。新航行的头几天已平安过去。第七天正式的工作才算开始,必须在预定的地点开始铺设电缆。在此之前,所有的人像是在乘船游览,放缆机停止工作,人们还可以休息一下,欣赏如此美好的天气。晴空万里,风平浪静,大海似乎太平静了。

可是到了第三天,"阿伽门农"号船长开始不安了。气压计表明,水银柱正在以可怕的速度下降。一场特大的暴风雨正在逼近,而实际情况是,在第四天就迎来了暴风雨。如此暴风雨,连在大西洋中久经考验的水手也为之惊叹,却被这艘英国铺缆船——"阿伽门农"号遇上。原是一艘装备精良的海军旗舰,曾经在海洋上和战争中经受过最严峻的考验,本来可以对付这样恶劣的天气。但是,为了铺设电缆,对这艘船进行了彻底的改装,使船舱能负载巨大的重量。现在它又不同于货轮,可以把重量均匀地分布在各个船舱。此刻,巨大的电缆的全部重量落在船中央,船头只吃到一部分重量,这就造成了更为严重的后果:船的每一次颠簸,就会加重摆动。于是,狂风巨浪就拿这件牺牲品做最危险的游戏:船时而向右倾斜、向左倾斜,时而向前抬、向后仰,几乎倾斜到与水面呈四十五度角。甲板上所有的东西被冲来的巨浪扑打得粉碎。

有一次，由于巨浪的猛烈撞击，整条船从龙骨到桅杆都摇晃不停，使甲板上的挡煤板坍塌了。全部煤块像黑色的冰雹哗啦啦地掉落到精疲力竭、流着鲜血的水手身上。有的水手被煤块砸伤，有的水手在厨房里被倒下来的锅炉烫伤，还有一名水手在这样的十天暴风雨中变得神经错乱。甚至有人做了最坏打算：把一部分电缆扔到海里去。幸亏船长不愿为此承担责任，但他做的也对。经受了种种考验，"阿伽门农"号总算熬过了十天的狂风巨浪，尽管晚了一些时间，最终能够在预定地点同其他船只会合，并且开始铺设电缆。

可是人们现在才发觉，在经过持续不断的颠簸滚动之后，绕着数千圈电缆的载物遭受到了严重的损坏。电缆有的乱成一团，有的古塔胶保护层被磨破或划破。尽管如此，船上的人仍抱着一线希望，把电缆铺设下去，试了几次，结果白白扔掉了大约两百海里的电缆。第二次试验又失败了，"阿伽门农"号垂头丧气地回航。

6. 第三次航行

不幸的消息不翼而飞。伦敦的股东们都已经知道了，他们正焦急等待着赛勒斯·韦斯特·菲尔德。一半的股金已被这两次航行消耗殆尽；大多数人此刻都会说算了！董事长主张把能挽回的尽量挽回。把剩余的电缆从船上卸下来，即便是赔本也要卖掉，还要取消这项荒唐计划。副董事长也同意这样做，并递交了一份书面辞职申请，这种荒谬事情从此与他再无瓜葛。但是，赛勒斯·韦斯特·菲尔德坚忍不拔的意志和理想主义的献身精神并没有因此而动摇。他解释说，丝毫没有损失，经过证明，电缆本身的性能非常良好。剩余的电缆足够再次新的试验，现在船队已经组成，船员们整装待发，由于前一次航行遇到了不同寻常的恶劣天气，现在应该会有一段风平浪静的日子，只需鼓起勇气！敢于做最后一次试验，不然会永远失去机会。

股东们犹豫不决，强烈的意志总是能拖着犹豫不决的人向前跑，1858年7月17日，在赛勒斯·韦斯特·菲尔德的极力促使下，在不幸的第二次航行以后过了五个星期，船队第三次离开了英国的海港。前人的经验告诉我们，重大的事情几乎总是悄悄获得成功。第三次起航完全没有引人注意。船队周围没有大小船只包围，没有聚集的人群，没有隆重的告别宴会，没有人发表贺词，也没有神父祈祷天主保佑。船队悄悄地出发了，像是去进行一次海盗活动。但是这次大海却非常友好地在等候他们。驶离昆斯敦十一天以后，7月28日，正好是约定的那一天，"阿伽门农"号和"尼亚加拉"号开始了这项伟大的工程。

两艘船船尾对着船尾——简直是奇特的场景。此时，这两艘船正在把电缆的两端衔接起来。没有任何仪式，甚至连船上的人也没有对此表现出浓厚的兴趣——由于几次试验失败，他们已兴味索然。在两船中间，一根由铁和铜制成的粗电缆缓缓下沉，一直沉落到尚未被深层次勘探过的大西洋海底。两艘船上的人打出旗语告别，互相挥手致敬，英国船驶向欧洲，美国船驶向美洲。当两艘船在一望无际的大西洋上越离越远，变成两个移动的黑点时，电缆始终把它们连接在一起。这是史无前例的壮举，两艘船能越过空间的距离——越过风浪，通过无形的电流互相联系。每隔数个小时，一艘船就用电流讯号从大西洋深处报告电缆已铺设多少海里，每次都能得到另一艘船的证实。第一天是这样，第二天、第三天、第四天还是这样。到了8月5日,"尼亚加拉"号报告喜讯:成功铺设一千零三十海里的电缆之后,现已到达纽芬兰的特里尼蒂海湾,可以眺望到美洲海岸。"阿伽门农"号也报告胜利的喜讯:成功铺设一千多海里的电缆之后,能看到爱尔兰的海岸。

人类已经能够第一次把声音从这个大陆传到另一个大陆——从美洲传到欧洲。但是,这一伟大壮举的完成,还只有两艘船上几百个在木头船舱里工作的人知道,而世人并不知道,也许早已忘掉了此举动。无论是在纽芬兰还是在爱尔兰,没有任何人在海滩上等候他们。但是当新电缆接通的那一秒钟,全世界的人都会知道他们取得了这一伟大胜利。

7.一片欢呼

胜利的喜悦燃起了熊熊烈火。在八月的最初几天,几乎在同一时间内获悉这项事业成功的消息,它所产生的反响十分强烈。英国《泰晤士报》发表社论:"自从哥伦布发现新大陆以来,还从未发生过如此扩大人类活动范围的事件。"整座伦敦洋溢在一片欢乐氛围中。但是,英国这种自豪的喜悦和美国的狂热欢呼相比,显得矜持含蓄。在美国,消息刚传达,人们立即陷入狂热欢呼中。商店随即停止营业,大街小巷人满为患,热闹非凡。赛勒斯·韦斯特·菲尔德一夜之间成了英雄,人们将他同富兰克林和哥伦布相提并论。纽约以及上百座其他城市在沸腾欢呼。都盼望着要亲睹这位人物的风采,是他"使年轻的美洲和古老的欧洲结成了良缘"。热情还没有达到最高潮,眼下传来的只是一个简单的消息：电缆已经铺好。这一根电缆果真能通话吗？这件事真正算是成功了吗？于是出现了令人激动的场面：全国上下都在等待着英国维多利亚女王从大洋彼岸传来的第一句话——只要一句话。然而，日子一天一天地过去，人们越来越焦急。此时，从纽约通往纽芬兰的电缆不幸发生了意外故障，直到1858年8月16日晚上，才收到维多利亚女王的贺电。

盼望已久的消息来得太晚了，以致报纸无法进行正式报道；消息只能直接发到各电报局。顷刻间，人如潮涌。报童们费力地从喧闹的人群中挤过。贺电在剧场、在餐厅被宣读。令人难以费解的是，为什么电报比那艘最快的英雄船早到好几天，大家纷纷涌向布鲁克林的港口，迎接英雄船"尼亚加拉"号。次日，也就是8月17日，多家报纸用特大号字体的醒目标题庆祝这次胜利："电缆传送成功""人人欣喜若狂""全城轰动""普天同庆的时刻"。这确实是史无前例的胜利，自从地球上开始出现种种思想以来，还从未有过如此情况，一个想法能在同一时间内以同样的速度越过大洋。为了庆祝美国总统向英国维多利亚女王的回电，礼炮鸣了一百响。现在再也没有人敢怀疑了；到了晚上，城市灯火辉煌，家家户户灯火通明。此时，即便是市政大厅的屋顶着火，也不能妨碍这种欢乐气氛，第二天又有新的庆祝活动。"尼亚加拉"号到达纽约，伟大的英雄赛勒斯·韦斯特·菲尔德出现了！在一片欢呼声中，剩余的电缆被拖着穿过纽约城。全体船员受到了热情款待。现在，从太平洋到墨西哥湾的每座城市，几乎每天都有欢庆的场面。

经过两个星期的准备，8月31日，纽约举行了盛大的庆祝活动，这一次只是为了一个人——赛勒斯·韦斯特·菲尔德。自从有君主和统帅们的时代以来，几乎还没有一个胜利者如此受欢迎。正是秋高气爽的日子，一支长长的游行队伍用了六小时的时间，从城市这一端走到另一端。走在最前面的是举着旗帜的军队，队伍一眼望不到尽头。赛勒斯·韦斯特·菲尔德像凯旋的古代统帅坐在一辆四驾马车上，指挥官、总统、市长等一行紧跟其后。教堂的钟声在敲响，礼炮在鸣响。一次又一次的欢呼把这个新的哥伦布、两大洲的统一者、空间的战胜者——赛勒斯·韦斯特·菲尔德弄得神魂颠倒，此时他成了美国备受推崇的人物。

8. 沉重的十字架

那一天，大概有几百万人沉浸在胜利欢呼声中。但是，只有一个声音，也是最重要的声音却依然沉默——海底传来的电报。说不定赛勒斯·韦斯特·菲尔德早已知道这个可怕的事实：正是在这一天，大西洋的电缆停止工作；前几天传送的讯号也早已混乱不清，几乎不能辨认，像弥留之人最后一丝喘息，现在是彻底断了气。这一事实，他是唯一知情人，想必他内心十分惊恐。不过，除了在纽芬兰接收信号的几个人以外，在美国还没有任何人知道和料想到电缆会渐渐失灵，面对着日复一日的狂欢热潮，他犹豫是否将这个令人痛苦的消息告诉正在欢呼的人们。但是不久就引起了人们的注意，因为传来的消息是少之又少。美国原先期待着每隔一小时消息就会越过大洋传过来，现在情况并非如此，只是偶尔传来一些模糊不清、无法核实的音信。没有多久，谣言四起，说有人急于求成，为了达到更好的传送效果输送了过量的电荷，而把这条漫长的电缆彻底破坏了。但是人们还是把希望寄托在排除故障上。没多久，传来的讯号变得愈来愈混乱，难以辨清。恰恰就在欢庆胜利的狂热过后的第二天，9月1日，从大洋彼岸再也没有传来清晰的声音，再也没有传来纯正的电流振荡。

如果说，人们从热情中清醒过来之后，对原来寄予厚望的这个人，仅仅是从背后绝望地冷眼相看，但是人们并没有这么宽容。关于电报已经失灵的谣传尚未证实，欢呼的浪潮就像反冲，汹涌地扑向无辜的人——赛勒斯·韦斯特·菲尔德，有人说他欺骗了一个城市、一个国家、整个世界；也有人说，他早就知道电报失灵，但是为了利己而让大家围着他欢呼，并且利用这段时间把属于他自己的股票以高价脱手。甚至更恶毒的诬陷也纷纷传开，其中最武断的说法是，电报是伪造的，那份英国女王发来的电报并不是通过大西洋海底电缆传过来的，是早已拟好的。此外还有谣言：从大洋彼岸传来的电报没有一条是真正清楚的，而是电报局长们根据猜测把断断续续的讯号编造出一份虚构的电报。一场轩然大波真的被掀起来了。恰恰是昨天欢呼最响亮的人现在变得最怒不可遏。纽约，甚至全美国，人们都在为自己之前过分激烈、过分急躁的热情而感到悔恨。毫无疑问，赛勒斯·韦斯特·菲尔德成了这种愤怒的牺牲品；昨天还被当作民族英雄、富兰克林的兄弟和哥伦布的后继者，现在却要躲避昔日朋友和崇拜者。真可谓成于一朝，毁于一夕。没想到这一次失败得这么惨，资金损失，名誉扫地；而这条毫无用处的电缆在深海底下，却像一条环绕地球的巨蟒正在沉睡[①]。

[①] 北欧神话中传说有一条环绕地球的巨蟒。

9.六年沉寂

这条被人遗忘的毫无用处的电缆在大洋底下沉睡了六年。这六年间,两大洲之间又恢复了昔日的沉寂,而在世界历史上两大洲曾经有过一小时长的时间紧密联系在一起,用同一个脉搏跳动。美洲和欧洲曾经共同交谈过,而现在它们又像几千年以来一样被无法克服的遥远距离所隔开。19世纪最大胆的计划昨天几乎就要成为现实,而现在又变成神话。没有人会想到重新去做这项成功了一半的事业;这可怕的失败挫伤了一切勇气,扼杀了满腔热情。在美国,南北战争吸引了众人注目;在英国,各种委员会偶尔举行会议,仅仅是确认一下铺设一条海底电缆原则上是否可行,讨论这一点就需要两年时间。而且从学术上的认可到真正实施还有漫长的路要走,但谁也不想去走这样一条路。因此,这六年间的一切工作都处于完全停滞状态,就像被人遗忘的电缆,无人问津。

尽管六年时间在漫长的历史长河中不过是弹指一挥间,而在电这样一门如此年轻的学科里,六年好比一千年。每年每月都有新发现。发电机的功率愈来愈大,制造得也愈来愈精致,电的应用愈来愈广泛,电的仪器愈来愈精密。电报网已经遍布各大洲内陆,并且已越过地中海把非洲和欧洲联系起来;然而铺设横越大西洋的电缆计划却年复一年地被人遗忘。热衷于这项计划的富有幻想的赛勒斯·韦斯特·菲尔德,也渐渐淡出了人们的视线。但重新进行这项试验的时刻总有一天会到来,只是缺少能把这项旧计划注入新生力量的人。

这样一个人突然出现了,他还是原来的他,仍旧是那个怀着同样信念的赛勒斯·韦斯特·菲尔德。他从被放逐和蔑视中重新站了起来,要再一次远渡大西洋。他又出现在伦敦,用一笔六十万英镑的资金重新获得了经营权。现在他拥有梦寐以求的巨轮——著名的"伟大的东方人"号。这艘由伊桑巴德·布鲁内尔制造的巨轮有四个烟囱,吃水两万两千吨,能负载全部海底电缆的巨大重量——制造这艘巨轮本身是一项十分大胆的计划,其载重量远远超过当时所需。真是无巧不成书:这艘巨轮恰恰在1865年这一年闲置,菲尔德在两天之内就购买了这艘船,并且为远航进行了必要的改装。一时间使得以前无比困难的事变得容易多了。1865年7月23日,装载着新电缆的巨型海轮离开了泰晤士河。然而这一次试验又失败了,在距铺设目的地还有两天航程时,电缆断裂了,永远填不饱的大西洋又吞下了六十万英镑。但是这并没有使人灰心,因为现在的技术完全有把握完成这项事业。

1866年7月13日,"伟大的东方人"号第二次出航,终获成功。这一次,通过电缆从美洲传到欧洲的声音显得十分清晰。数天以后,人们重新找到了失踪的旧电缆。终于,这两条电缆把古老的欧洲和新美洲连接成一个共同的世界。在昨天看来是奇迹的事,今天已变成理所当然。从这一刻起,地球仿佛在用同一颗心脏跳动;生活在地球上的人能从地球一端同时听到、看到、了解到地球的另一端。人类通过创造性的力量,使日子过得逍遥自在。由于人类自身战胜了空间和时间,但愿能永远团结友爱,而不是困惑于灾难性的狂想,这只会让人想要不断去破坏这种伟大的团结,并用战胜自然的同样手段来毁灭人类自身。

托尔斯泰：
逃向苍天

　　1910年10月28日清晨，在黎明来临前的黑夜中，一辆马车载着托尔斯泰驶向远方。陪同在车上的只有托尔斯泰的挚友兼医生杜山，而知晓托尔斯泰去向的也只有小女儿萨莎。文坛泰斗对于此次出逃兴奋不已，但是，年已八十三岁的托尔斯泰，早已经不起旅途劳顿。三天之后，他因患肺炎在阿斯塔波沃火车站下车，暂住在站长的公务房里，1910年11月7日清晨与世长辞。

托尔斯泰

1828—1910

俄国小说家、剧作家

明星闪耀时

- **1851 年** 在高加索从军,并发表小说《童年》。此后一直从事创作。
- **1855 年** 从塞瓦斯托波尔来到彼得堡,作为知名的新作家受到屠格涅夫和涅克拉索夫等人的欢迎,并逐渐结识了冈察洛夫、费特、奥斯特洛夫斯基等作家和批评家。
- **1863 年** 开始创作巨著《战争与和平》,六年后完成。
- **1877 年** 完成第二部里程碑式巨著《安娜·卡列尼娜》。
- **1882 年** 完成《忏悔录》,展现了自七十年代以来其世界观的巨变。
- **1899 年** 完成长篇小说《复活》,对自己长期思想、艺术探索进行了总结。
- **1910 年** 决意离开长久以来束缚自我的家庭,途中逝世。

引 言

1890年,《光在黑暗中发亮》被搬上了舞台。这部未完成的剧本是列夫·托尔斯泰创作的一部自传性剧本,用最隐晦的方式描述他的家庭的悲剧,从第一场就已清楚表明。为他出走做辩解,为求得妻子原谅,可以说,这是一部在心灵极度破碎中,企求获得精神上完全平衡的作品。

很明显,剧本中塑造的尼古拉·米哈伊洛维奇·萨林采夫这个形象正是托尔斯泰的自我写照,也可以这样认为,这个形象是这部悲剧中虚构成分最少的。为了摆脱自己的生活,列夫·托尔斯泰通过塑造这个形象事先表达出来。但是事实上,他都没有找到决裂的勇气和方式,无论是在剧本中还是在现实生活中,或是在当时的1890年还是十年后的1900年。以致这个剧本只留下片段,最后那个片段,仅仅是写到主人公祈求天主,帮助他结束内心自相矛盾的状态。托尔斯泰始终没有补写完这部悲剧的最后一幕。但重要的是,他用自己的生活完成了这最后一幕。在1910年10月末的最后几天里,终于做出了在二十五年里始终犹豫不定的决心:在经过几次极富戏剧性的冲突之后,托尔斯泰弃家出走。不久后他安详去世,在静穆中奠祭了自己一生的命运。

对我而言,托尔斯泰生活的最后结局最适合补写进这部没有完成的悲剧。我试图以尽可能忠于历史和尊重事实与文献的态度，把这最后的也是唯一的结局补写出来。我深知自己并无奢望，大肆补写和为他做辩护；我只是想尽我绵薄之力。并不是要把自己同他的作品掺和在一起，而是想为他未完成的剧本和未解决的冲突补写一个独立成篇的尾声，给未完成的悲剧一个悲壮的结局。这尾声的意蕴，也是我怀着无比敬重的心努力追求的宗旨。如果要上演这个尾声部分，我必须指出，尾声中发生的情节在时间上要比《光在黑暗中发亮》晚十六年，必须在列夫·托尔斯泰的外貌扮相上体现出来。可以参照他晚年的肖像，尤其是他在沙马尔京诺修道院看望妹妹时那张肖像和灵床上那张遗像。他的书房也要布置得同历史上一样，还原真实面貌。我希望尾声部分能并入《光在黑暗中发亮》片段的第四幕，但幕间需隔较长时间后再上演。单独上演这幕尾声非我所愿。

尾声中的人物

列夫·尼古拉耶维奇·托尔斯泰，时年八十三岁
索菲娅·安德烈耶夫娜·托尔斯泰（伯爵夫人），托尔斯泰的妻子
亚历山德拉·李沃夫娜（萨莎），托尔斯泰的小女儿
弗拉基米尔·格奥尔格维奇，托尔斯泰的秘书
杜山·彼德罗维奇·马柯维茨基，托尔斯泰的家庭医生和朋友
伊凡·伊凡诺维奇·奥索林，阿斯塔波沃火车站站长
基里尔·格里戈罗维奇，阿斯塔波沃的警长
大学生甲
大学生乙
三名旅客

第一场和第二场发生于 1910 年 10 月末的最后几天，在亚斯纳亚·波利亚纳的托尔斯泰书房；第三场发生于 1910 年 10 月 31 日，在阿斯塔波沃火车站的候车室。

第一场

（1910 年 10 月末，亚斯纳亚·波利亚纳。）

（托尔斯泰的书房布置得简朴淡雅，像熟悉的照片上一样。）

（秘书引着两名大学生进来。两人俄罗斯装束，面容年轻且神色严肃，举止矜持，腼腆略带自负。）

秘　　书　请两位稍坐。列夫·托尔斯泰不会让你们久等的。我只想请两位能考虑到他的年纪！列夫·托尔斯泰非常喜欢探讨问题，经常会忘记疲倦。

大学生甲　我们只是想问一个问题，这是一个非常关键性的问题。我答应您，我们只待一会儿，但前提是让我们可以进行自由交谈。

秘　　书　完全可以。不过，他不喜欢别人称呼他为伯爵。

大学生乙　（笑了笑）不必担心。什么都可以担心，只是这一点无须担心。

秘　　书　他已经上楼了。

（托尔斯泰进入书房，步伐矫健，尽管年迈，行动却很灵活，并且易激动。在谈话中，他时不时地转动手中的一支铅笔，或者揉碎一张纸，还会急不可耐地从中抢白。他笑容可掬地走到两名大学生面前，伸出双手，用炯炯有神的目光上下打量了他们一番，然后在真皮扶手椅上坐定，面朝两名大学生。）

托尔斯泰　你们是不是委员会派到我这里来的那两位……

（他在一封信上找着）对不起，我忘了两位的名字……

大学生甲 请您不必在意我们的名字，我们是代表成千上万人来您这里。

托尔斯泰 （眼睛直望着大学生甲）你有什么问题要问我吗？

大学生甲 有一个问题。

托尔斯泰 （面向大学生乙）你呢？

大学生乙 我们都只有一个问题。列夫·尼古拉耶维奇·托尔斯泰，我们所有的人——所有俄罗斯青年，都只有一个问题：为什么您不同我们站在一起？

托尔斯泰 （非常平静地）关于这个问题，在我的著作和一些公开发表的书信里，我已说得很清楚，我不知道你们是否读过我的作品？

大学生甲 （语气激动）列夫·托尔斯泰，这也问得太奇怪了。可以说，您的书伴随我们从童年成长到青年，是您唤醒了我们肉体中的灵魂。除了您，没有任何人能教会我们去看清人间财富分配的不平等。只有您的书，才使我们的心挣脱了国家、教会和不维护民众而去维护人间不公正的行为的统治者。是您，也只有您才使我们下定决心奋斗终生，直至这种错误的制度被彻底摧毁……

托尔斯泰 （有意打断他的话）但不是通过暴力……

大学生甲 （毫不理会托尔斯泰，只顾往下说）没有任何人能让我们如此信赖您。当我们自问，谁会去消灭这种不公正，我们就会自答：他！列夫·托尔斯泰；假如我们问，谁会突然挺身而出，去同卑劣行径对抗到底，我们就会回答：他！列夫·托尔斯泰。我们曾经是您的学生、您的仆人、您的雇农。我相信，那时只要您一挥手，我就会为您赴汤蹈火在所不辞，如果几年前我能走进这个房间,我一定还会在您面前深深鞠躬,敬如神明。列夫·托尔斯泰,就在几年前,您对我们、对成千上万的人、对所有俄罗斯的青年人来说,在心目中的地位是非常重要的。但是,现在却令我感到十分惋惜,我们所有人都感到惋惜,自那以后您和我们疏远了,几乎成了我们的对手。

托尔斯泰 (语气变软)照你所言,你希望我继续与你们站在同一阵线上,是吗?

大学生甲 其实无须赘言。想必您也知道,是什么原因让您疏远我们——俄罗斯的青年一代。

大学生乙 何必顾及那么多礼貌,还是我们的事业重要。我们的意思是,您应该睁开眼睛面对现实了,当下政府对民众犯下了如此滔天罪行,您必须下决心。您必须从书桌旁站起来,站到革命这一边,意志坚定、态度明确。您知道,我们的运动是怎样被残酷镇压下去的,目前在监狱里腐烂发臭的人比您这座庄园里的落叶还要多呢。而这一切,都是发生在您的眼皮底下,您却无动于衷。人们都这么说,或许您会不时地在某家英文报纸上写一篇文章,谈论人的生命如何神圣。但您自己也知道,用言论来反对这种血腥的暴行,已无济于事。其实,您比任何人都清楚,目前唯一可行的解决办法,就是彻底推翻旧统治。您只要振臂高呼,就能为革命召集一支队伍,正是您使得我们这些人成为革命者,现在,革命成熟的时刻,您却小心谨慎地避开了,您这样做,实际上是在赞成暴力行为!

托尔斯泰 我从未赞成过暴力行为,从未有过!三十年来,我所做的一切都是向罪恶行为做斗争。从三十年前开始,那时你们还未出世,我比你们更积极,那时的我就极力呼吁不仅要改善社会状况,还要建立一种崭新的社会制度。

大学生乙 （打断他的话）结果呢？三十年来，您提出的那些意见他们采纳了多少？他们又给了我们什么？有些人为了完成您的使命得到的是鞭笞，是子弹穿过心脏。通过您的这种温和要求，通过您的书籍和小册子，我们的国家改善了一些什么呢？您要求民众宽容、忍让，劝他们期待这个千年王国的恩赐，这实际上是在帮助那些压迫者。您用爱的名义去感召那些飞扬跋扈之人，他们绝不会为了您的三言两语，而从口袋里掏出一个卢布，在我们掐断他们的喉咙之前，他们丝毫不会退让。民众等待您的博爱的到来，已经等得够久的了，现在我们不再等待，行动的时刻已经来临！

托尔斯泰 （语气激烈地）我知道，你们在宣言中甚至把"激起仇恨"的行动也称作"神圣的行动"——"激起仇恨的神圣行动"，什么叫仇恨？我从来不知道，我不想知道，我也不愿去仇恨那些对民众犯下罪行的人。因为作恶的人比遭罪的人在心灵中更为不幸。这些人让我心生怜悯，因此我不会去恨他们。

大学生甲 （愤怒地）但我仇恨一切给世人造成不公正的人，我毫不怜悯地痛恨他们每一个人！列夫·托尔斯泰，您不必再对我进行这种说教，要我去怜悯这种罪人。

托尔斯泰 即便是罪人，也还是我的兄弟。

大学生甲 只要他给人类带来苦难，即便他是我的兄弟，是我父母生的孩子，我也会把他打趴在地。再也不能怜悯那些冷酷的家伙了！在沙皇和男爵们的尸体被埋葬在地下之前，俄罗斯的土地上绝不会有安宁；如果我们不采取暴力行为，一种符合人性和道德的制度，是永远无法建立的。

托尔斯泰 暴力行为是不可能建立一种符合道德的制度，任何一种暴力行为都会滋长另一种暴力行为。一旦你们掌握了武器，你们也会很快建立新的专制主义。你们不是破坏专制，而是使它永存下去。

大学生甲 除了破坏强权，也就没有其他反对强权者的手段。

托尔斯泰 毫不否认，但是我们不要采用连自己都厌恶的手段。请一定要相信我，反抗暴力的真正力量不是通过暴力，而是通过包容使暴力不能得逞。《福音书》上就是这么说的……

大学生乙 （打断他的话）您就别再提《福音书》了，这是为了麻痹民众早就酿造好了的药酒。可以说，这两千年前的书就从来没有帮助过任何人，流血和苦难还是处处可见。剥削者和被剥削者，即主子和奴仆之间的鸿沟，是不可能填平的。发生在他们之间的悲惨事情实在太多了。今天，数以万计的人受尽折磨。而明天，就会增加到几十万人。我问您，难道为了极少数人，让几百万无辜者继续受苦受难吗？

托尔斯泰 （自我克制地）受苦受难总比无谓的牺牲要好，它有助于抵制非正义。

大学生乙 （愤愤地）您把俄罗斯民众近千年来所受的无尽苦难说得如此好听？那么，列夫·托尔斯泰，请您到监狱里问问那些被打得遍体鳞伤的人，再去问问那些在城市和乡村里忍饥挨饿的人，是否真是好事。

托尔斯泰 （气愤地）难道你们真的认为，以暴制暴就能彻底铲除尘世的邪恶？不，邪恶会给你们带来损害。我在此强调，为了信念去忍受苦难要比为了信念去进行暴力行为好百倍。

大学生甲 （同样气愤地）您为什么悠闲地坐在这屋子里，向别人宣扬殉难精神，讲一些无关痛痒的话题，而不身体力行去亲自忍受苦难？走到街上，在那凄风苦雨、天寒地冻中亲自体验这种所谓的大有好处的贫困？我亲眼所见，您的农民衣衫褴褛，在饥寒交迫和死亡边缘徘徊，而您却在用全套的银制餐具吃饭。您为什么不亲自去受鞭笞，而是让您的杜霍包尔教徒为了您的说教去受这酷刑？为什么不给我们做出一个榜样呢？

　　（托尔斯泰一时语塞。秘书疾步走到大学生甲面前，想要狠狠地斥责他，但托尔斯泰把秘书轻轻推到一边。）

　　托尔斯泰　（对秘书说）犹如当头棒喝！这个年轻人对我的良心提出这样一个问题，（自言自语）问题提得好，非常好，这是一个亟待解决的问题。我应该认真回答这个问题。（他走近大学生甲，顿了顿，然后打起精神，声音有点儿嘶哑，语气委婉）我为什么不实践自己的主张和言论？我十分惭愧地回答你，如果我现在已经摆脱了自己最神圣的义务，那么我就会去……不过，由于我太胆怯软弱，或者说太不真诚……我是一个微不足道的、有罪的人……年轻的陌生人，你的一番话实在是震撼人心，也唤醒了我沉睡的心。我知道，那些急需做的事情，丝毫都没有做到，我没有离开这个奢侈的家，抛弃这种我觉得是罪恶的生活方式。我唯一能做的是，在灵魂深处感到内疚，和向我所憎恶的事做出妥协，我不知道如何去做。（两名大学生后退了一步，一时惊愕无语。过了一会儿，托尔斯泰继续说下去）也许我还不够坚强，没有把对别人所说的话付诸行动，才如此受折磨，这让我心灵的痛苦比肉体上的严刑拷打更加难受，这个家比我戴着脚镣蹲在牢房里更使我痛苦……也许这正是天主为我而铸造的十字架。你说得对，这种自我折磨毫无作用，这仅仅是我个人的痛苦，而我太自私，以为它会给我增荣添光。

　　大学生甲　（略内疚地）请您原谅！由于心情激动，假如冒犯了您……

托尔斯泰 不，不，我正要感激你！忠言逆耳呀。(托尔斯泰又用平静的声音问) 两位还有其他问题要问我吗？

大学生甲 没有了。这是我们唯一的问题。我们可以肯定，这一场革命将会变得非常可怕，比世界上所有革命都要可怕。而领导这场革命的将会是一些不屈不挠、坚定立场的男子汉。令人可惜的是，您不愿意声援我们，这是世人和所有俄国人的不幸。因为已经没有人能阻止这一次推翻政权的行动，阻止这一场革命。但是，如果您站在我们的最前列，将会赢来千百万人的拥护，您的榜样精神会激励一代代年轻人奋勇前进。

托尔斯泰 我不能对此担负道义上的责任，哪怕是只有一个人因我的过错而死去。

(从楼下传来敲钟的声音。)

秘 书 (走向托尔斯泰，意欲中止这次谈话) 午餐时间到了。

托尔斯泰 (无奈地说) 吃饭、闲聊、睡觉、休息——这就是我们所过的饱食终日的生活，而别人却在辛苦劳动。(重新转向那两个年轻人)

大学生乙 如此说来，今天在您这里，我们丝毫没有半点儿消息可以传达给朋友？连一句鼓励的话都没有吗？

托尔斯泰 (神情严肃地直望着他，斟酌着) 请以我的名义告诉你们的朋友这样几句话：我爱你们，我尊敬你们，俄罗斯的青年人，你们是如此强烈地感受着人们的苦难，并愿意为受苦难的人做出牺牲。(语气顿时变得坚决) 但在一些方面我并不赞同你们的做法，只要你们对任何人都充满兄弟般的仁爱，我就会同你们站在同一阵线。

(两名大学生默不作声。然后大学生乙神情坚定地走到托尔斯泰面前。)

大学生乙　感谢您在百忙之中接见我们,也感谢您的直率。我想我大概再也不会这样站在您的面前——因此请您允许我——一个微不足道的陌生人在告别时,向您坦率地说上几句。列夫·托尔斯泰,如果您认为人与人之间的关系只要通过爱就能改善,那您就错了,也许您的这番话,那些有权有钱的人可能会受用,但是对那些从童年起就忍饥挨饿,一辈子都受人驱使的人来说,宁愿相信自己的拳头,也没有耐心等待上天把这种兄弟般的仁爱普降人间,他们早已厌倦等待了。列夫·尼古拉耶维奇·托尔斯泰,您已年迈,我想告诉您,这个天下将会遭到血洗,不仅那些主子,连他们的子女也要被打死,碎尸万段,以免他们将来再给这个天下造孽。但愿您能亲眼看到您的错误——这是我对您的衷心祝愿!愿主保佑您在安宁中去世!

　　(托尔斯泰怔住了。这个血气方刚的年轻人竟会如此言辞激烈,使他大吃一惊;随后他镇静下来,向大学生乙走近一步。)

托尔斯泰　我非常感谢您说的这番话,尤其是最后几句话。您对我的祝愿也正是我三十年来一直渴求的——愿主保佑我在安宁中去世!(两名大学生深深鞠躬,转身离开。托尔斯泰目送他们离去,然后激动地在书房内来回踱步,他兴奋地对秘书说)这是多么了不起的青年啊!是多么勇敢、自豪和坚强!这些有信仰、血气方刚的年轻人!六十年前,我在塞瓦斯托波尔见到的年轻人就是这样!他们用镇定自若和坚毅的目光面对种种困难,时刻准备着勇敢地牺牲。为了一些空洞荒谬的思想,就舍弃年轻的生命。这些俄罗斯青年是多么不可思议!他们把仇恨和残杀当作神圣的事业,并倾注全部精力和满腔热情。今天这两名大学生的话语唤醒了我,不得不承认,他们所说的都是对的。我必须立即摆脱软弱状态，身体力行实践我的主张和言论。此事迫在眉睫！我已垂垂老矣，离告别人世不远了，却一直在犹豫徘徊！确实，正确的东西只能向青年人学习！

  （书房门被推开。列夫·托尔斯泰的妻子——伯爵夫人闯了进来，举止慌张，目光扫视书房，她说话时心不在焉，心事重重，脸色憔悴。她故意对秘书视而不见，一直对着丈夫说话。跟在她后面的是萨莎，给人一种感觉——好像她为了监视母亲才跟在身后。）

伯爵夫人 午餐钟早打过了，《每日电讯报》的编辑为了你的那篇反对死刑的文章在楼下等了足足半小时，你却和这样两个目空一切的小子说个没完，让人家白等着。仆人刚才在楼下问他们，是否想要求见伯爵，其中一个回答：不，我们不求见什么伯爵，是列夫·托尔斯泰约我们来的——他们最喜欢把天下搞得像他们脑袋那样乱七八糟！（眼神不安地把房间扫视了一遍）这里也都乱七八糟，书堆得满地，尽是灰尘。如果体面的人到这儿来，实在丢人。（她向扶手椅走去，用手一把将它抓住）这椅子上的油布破得像碎片，幸亏那个会修椅子的师傅明天就要从图拉来家里，让他赶紧把这扶手椅修好。（没有人答应她。她不安地东张西望）好吧，现在请你下楼去！不能再让那个编辑等着了。

托尔斯泰 （脸色突然变得十分苍白，显得非常不自在）我马上就来，我只是还要稍微整理一下……萨莎留在这里帮我忙……你去招待一下楼下那位先生，替我向他道歉，说我很快就下楼。

  （伯爵夫人走了，临走前还把整个房间扫视了一遍。她刚一走出书房，托尔斯泰就快步走向房门，旋转插在房门上的钥匙，把门反锁上。）

萨　莎　（对他如此匆忙的动作感到十分吃惊）你怎么啦？

托尔斯泰　（惊慌失措，一只手贴在心口，喃喃着）修椅子的明天来……总算还有时间……

萨　莎　究竟怎么啦？

托尔斯泰　（急切地）赶快给我一把刀或者剪刀……（秘书惊讶地从写字台上递过一把剪刀。托尔斯泰开始用剪刀慌忙地把扶手椅上的一个裂口剪得更大，还不时抬头望着房门，然后双手伸进裂口摸索着，直至取出一只封着口的信封）真是难以置信，简直就像一部拙劣的法国通俗小说描写的那样……我竟然在家里隐藏自己最重要的文件，因为我所有的东西都让人翻遍了，这个家如此虚伪，简直活受罪。（他略微平静，拆开信，目光正视萨莎说）这是我十三年前写的一封信，当时我打算离开你的母亲和这个使人痛苦的家，可是我一直没有勇气。（他轻声地念着信中的内容，是在读给自己听，颤抖的双手使信纸沙沙作响）"……十六年来，我一直过着这样一种生活：我不仅要同你们对着干，还要迁就你们。我无法继续这样生活。我要离开这个家，我早该下决心做，但是，如果向你袒露我的心声，必会使你痛苦，而我又会心软，只能不辞而别，请你们一定要原谅我，尤其是你，索妮娅，请把我从你的心中忘掉吧，不要寻找我，不要怨恨我，不要责备我。（深深地叹了一口气）这已经是十三年前的事了。到今天，胆怯懦弱的我始终没有下定决心行动，缺乏告别的勇气。我一直在等待，连我自己也不知道在等待什么。我清楚明白这一切，却又总是一错再错。我在遗嘱里请求她，把我从著作版权中所得的财产捐献给人们，但这份遗嘱我没有拿给她，我只是希望家庭和睦，可是，我的良知仍然得不到安宁。

（稍隔一段时间。）

秘　书　列夫·尼古拉耶维奇·托尔斯泰，如果出现意外，我是说，如果天主把您召了回去，您要实现的最后愿望，放弃您的所有著作版权，在您身后真的会实现吗？

托尔斯泰　（感到很吃惊）当然会……（不安地）我真的还不知道是否有把握，萨莎？

（萨莎转过身，默不作声。）

托尔斯泰　我真的没有想过这件事。或许是我不敢去想。现在我又没有完全说实话，我又在逃避。（眼睛直望着秘书）其实我很清楚，我的妻儿既不会尊重我的信仰和道义责任，也不会尊重我的意愿。他们会拿我的著作去谋取厚利，但是人们会把我看作伪君子。（做了一个表示决心的动作）这种情况不能再发生！今天两名大学生提醒得好，要我做出清楚明白的决定和行动。我已垂垂老矣！不能在死神面前妥协，必须正视死神，是时候以真实面目示人。（他转身面向秘书和女儿）萨莎，弗拉基米尔·格奥尔格维奇，明天我重新立遗嘱。在遗嘱中，我的全部著作收入，以及从稿费存款中得到的利息全部捐献给世人。我发自内心的文字，是为了大家，我绝不允许拿它们去做交易。明天上午，再带第二位证人到我这里来。

萨　莎　父亲，我知道无法劝阻你，只是我怕母亲起疑心，她可能会在最后一秒钟，使你无法下定决心。

托尔斯泰　（若有所思）说得有理！我必须考虑周到。（对秘书）明天上午十一点，在格鲁蒙特树林里黑麦地后面左边的那棵大树旁与我会面。你们把一切都准备好，愿主赐予我摆脱桎梏的勇气。

（第二遍午餐钟敲响，声音更响亮和更急促。）

秘　书　请您现在不要让伯爵夫人有任何察觉。

托尔斯泰 （呼吸沉重）做一个心胸坦露的人是如此之难，在妻儿面前要不断地伪装自己，不断地掩饰自己。

萨　莎 （惊慌地说）母亲来了！

（秘书迅速打开房门。托尔斯泰朝写字台走去，为了掩饰激动，背对着进屋来的妻子。）

托尔斯泰 （长叹一声）处处是谎言，也许只有临终时，才能说真话！

伯爵夫人 （急忙地走进房间）你们快点儿下楼，（对托尔斯泰）你总是要拖很长时间。

托尔斯泰 （转身向她，心情已平静，说着他们能听懂的话）是啊，我总是拖时间，耽误自己重要的事情。

第二场

（还是托尔斯泰的书房。次日深夜。）

秘　书 您今天早点儿休息吧，经过长时间的骑马和一番紧张之后，想必您一定累了。

托尔斯泰 我不累。只有一件事会让我觉得累：优柔寡断。每当做完一件事，就会整个人轻松，即便事情没有成功，总比不做好。（他在房间里踱来踱去）我不知道今天所做的事是否正确，但这件事总算顺利做完，也使我的心灵稍感宽慰，让我觉得不体面的是，这份遗嘱不应该偷偷地写，而是当着大家的面去写，还要勇敢地去写。这件事应当正大光明地去做。现在我感到，我的生命又向前跨越了一步，离死亡更近了一步。现在，我只希望在离世前，像一头野兽似的及时爬到丛莽中。这是我最后一件事，也是最困难的一件事。我已经八十三岁了，到如今，始终没有找到完全摆脱自己的力量，这可能会耽误自己的临终时刻。

秘　书　要是人能知道自己的死期就好了。

托尔斯泰　一个人能知道自己的死期，并非好事。我曾听到一个农夫讲故事。很久以前，人类能预知自己的死期。有一天，上帝下凡，一路上他发现，农田荒芜无人耕种，人们都过着醉生梦死的生活。于是他责问人们，得到的回答是，生命有限，如果看不到收获，耕种没有意义。这时上帝意识到人能预知死期，并非好事，于是他不再让人预知死期了，从此，人们一直辛勤劳作，直至生命的最后一天。只有通过辛勤劳动，才能得享成果。今晚，我还要（指了指写字台上的日记本）进行耕耘。

　　（这时，伯爵夫人走进书房，她已经穿上睡衣，狠狠地瞅了秘书一眼。）

伯爵夫人　他还在这里……我以为你现在总该一个人了。我有话要说……

秘　书　（鞠躬）我该走了。

托尔斯泰　再见，亲爱的弗拉基米尔·格奥尔格维奇。

伯爵夫人　（书房门刚刚在秘书身后关上）他总是跟在你身边，像缠在你身上的一根牛蒡藤……可他讨厌我，他恨我，他要把我同你分开，这个阴险恶毒的坏家伙。

托尔斯泰　索妮娅[①]，你不能这样说他，对他太不公平。

伯爵夫人　管它公不公平！他插足我们中间，暗地里把你从

---

① 索妮娅：索菲娅的昵称。

我和孩子们的身边拉走。自从他来到这里，来到这个家，在你的心中就没有了我。现在，你和这屋子属于所有人，就是不属于我们，不属于你最亲近的人。

托尔斯泰 果真如此？！或许正是天主的旨意，一个人就不应当为自己和亲人，而应当为大家。

伯爵夫人 这都是他教你的。我就知道，他是一个贼，是我和孩子们身边的一个贼。就是这个贼东西，这个挑拨离间的家伙，使得你一直同我们作对。我再也无法容忍他。我讨厌他。

托尔斯泰 可是索妮娅，你要知道，我的工作需要他呀。

伯爵夫人 （嫌弃地）他在你身边，我就无法忍受！我不愿在你我之间有这个家伙。

托尔斯泰 亲爱的，请你别激动。让我们坐下心平气和地谈一谈——就像我们从前共同生活开始时那样——索妮娅，你想过没有，好日子对我们来说还能留下几天呢！（伯爵夫人不安地看了看四周，然后颤悠悠地坐下）索妮娅，我需要这样一个人，也许是我需要他，因为我对信仰表现出软弱，索妮娅，我并不像自己所希望的那样坚强。尽管世上有千百万人，他们分布在遥远的不同地方，但是，在世界各地有千百万人正在接受我的信仰，每天都在向我证明。明白这一点，我们就与世人同一条心。唯有从其他人那里感受到爱，软弱的信仰才能充满力量。也许圣徒们无须任何人的帮助就能静坐在净修室里感受一切，不会因为身边没有支持而灰心，而现在，我只是一个日渐衰弱的老人。我的身边需要同信仰的人，能支撑着我的晚年生活。索妮娅，这四十八年来我始终感激你，如果你能和我一起分享，是我最大的幸福。你却从来不想这么做。在我心灵深处视为最宝贵的东西，你却弃若敝屣，我甚至担心你会厌恶我的信仰。（伯爵夫人听了为之惊讶）

索妮娅，请不要误解我的意思，我不是在责备你。你已尽你所能给予一切。——拳拳母爱与悉心的关照。我怎能要求你为了你并未拥有的信仰而牺牲呢。我怎能因为你不能与我共情而责备你呢——一个人的精神生活，最终想法始终是他自己和天主之间的秘密。终于，有人愿意分享我的信仰，他从前在西伯利亚为了信念而饱受苦难，现在，他是我的信仰支持者，我的左右手，我的朋友，他为我的内心生活增添了力量。

伯爵夫人 但对于我而言，他使我俩关系疏远，他做的一切我无法忍受。今天中午我亲眼看见他慌慌张张把一张纸藏了起来。当时你们，还有萨莎，都不敢正视我！我清楚感觉到，你们现在所做的一切都是针对我。在背地里对我隐瞒了什么。

托尔斯泰 我希望在行将就木前做一些自己的事情，愿主宽恕。

伯爵夫人 （激动地）你承认了，在背地里对我隐瞒了一些事。你说过你不会撒谎，尤其是在我面前或在别人面前。

托尔斯泰 （愤愤不平地）我撒谎？！一切都是因为你。（克制住自己）我还祈祷主保佑我不去故意犯这种谎言罪呢。对我这样一个懦弱的人来说，从来不敢把真话都说出来。现在，我可以肯定地说，我绝不是说谎者、欺骗者。

伯爵夫人 那么你告诉我——别再折磨我了……

托尔斯泰 （走到她身边，非常温柔地）索菲娅·安德烈耶夫娜，不是我在折磨你，而是你在自己折磨自己，我们共同生活四十八年！到现在你却不信任我，想必你不再爱我了，如果你对我还有爱，你就会信任我。你可以想想，这四十八年里，在我们共同生活的点滴中，以及可能遗忘的点滴中，能否找到一点儿爱——哪怕是对我的一点儿爱，那么请你点燃它，让它燃烧起来，希望你还能像从前一样爱我、信任我、温柔地对待我。我有时想，再也找不回从前的索妮娅了。

伯爵夫人 （感动而激动地）你说得对，从前的索妮娅现在已变得刻薄小心眼。可是你总是愤愤不平，我眼看着你这样折磨自己，折磨得不像个人样，谁能忍受得了呢，这简直是罪孽。为什么叫罪孽，罪孽就是孤傲、固执，愿意如此急不可待地去见天主，去寻找一种无用的真理。与从前相比你变了，以前一切都是多么美好、和谐。我们过着快乐单纯的生活，你有工作，兴趣广泛。孩子们在成长，你也很高兴自己一天天变老。可是突然之间你却变了，是你的所谓信仰使得我们都变得不开心。到今天，我无法明白你所谓的信仰，你自己擦炉子、挑水、补破靴子，这一切使世人把你当作最伟大的艺术家来崇拜。我始终不明白，我们这种生活——勤劳、节俭、安静、朴素的生活，突然会变成对别人口中的罪孽？

托尔斯泰 （非常温存地）索妮娅，这正是我要告诉你，在我们彼此不能理解的时候，我们更需要依靠爱的力量互相信任。人是这样，天主也是这样。难道你真的以为我的行为荒唐吗？无论是对世人还是对天主都不能说毫无意义。因此希望你也有某种信仰，当你不再理解我时，至少你会相信我追求人生真谛的意志。

伯爵夫人 （不安地）那么你把今天所做的一切都告诉我吧。

托尔斯泰 （非常平静地）我会把一切都告诉你，我不会隐瞒，也不会在背地里干些什么。我只想等谢廖什卡和安德烈[①]回来，到时我就会当着你们的面，坦率地把我这几天所做的事全部

[①] 谢廖什卡和安德烈：托尔斯泰的两个儿子。

告诉你们。离他们回来还要一段时间,在他们还没回来之前,索妮娅,请你不要猜疑,也不要偷偷跟踪我,在背地搜查——这是我唯一的也是恳切的请求。索菲娅·安德烈耶夫娜,你能答应我吗?

伯爵夫人 我答应你。

托尔斯泰 谢谢你。你看,一旦产生信任,彼此真诚相待,一切问题都能解决!我们这样推心置腹地谈话真好。你又重新温暖了我的心。因为当你刚进屋时,你的脸上布满了不信任的阴云。脸上流露出那种不安和憎恨,使我感到陌生。而现在,索菲娅·安德烈耶夫娜,你的眉眼又舒展开了,我又看到你从前那双温柔的眼睛。现在你该休息了,亲爱的,我衷心地感谢你!

(他吻了一下她的额角,伯爵夫人退下,兴奋得在书房门口回转身来。)

伯爵夫人 你以后会把所有一切都告诉我吗?所有一切?

托尔斯泰 (依然十分平静地)所有一切,索妮娅。但你也要记住答应我的话。

(伯爵夫人用不安的目光望着写字台,然后才离开书房。)

托尔斯泰 (在书房内来回踱步,然后坐在写字台旁,在日记本上写了几行字,又站起身,来回踱步,然后又坐在写字台旁,翻阅着日记本,轻声地读着刚刚写下的那几行字)"我竭力在索菲娅·安德烈耶夫娜面前保持着镇静,但我相信,我或多或少达到了使她安心的目的……今天我第一次发现,用善意和爱情可能会使她让步……"

(他放下日记本,进入里屋,点上灯,然后走回来,吃力地从脚上脱下那双沉重的农民穿的鞋,脱下外套,接着熄灭灯光,只穿着肥大的裤子和劳动衫走进里间。书房里寂静无声,一片漆黑,在相当长的时间内,什么也没有发生,甚至连呼吸声都听不见。突然,书房门被小心翼翼地推开了。一个人光着脚蹑手蹑脚地摸索着走进这漆黑的书房,手中拿着一盏有遮光罩的提灯。只有一束狭窄的光柱投在地板上。现在观众才认出原来是伯爵夫人。她提心吊胆地四处张望,先在托尔斯泰的卧室门旁偷听了一会儿,显得放心多了,然后踮着脚走到书房的写字台旁,将提灯放在写字台上,此刻在桌子周围形成一个圆的亮圈。白色的亮圈是观众在黑暗中唯一看得见的地方。观众在亮圈中只能看见伯爵夫人一双发抖的手。她先拿起那留在写字台上的日记本,开始仓皇地阅读;然后拉开写字台的抽屉,在纸堆里乱翻,动作越来越匆忙,但什么也没有找到;于是又颤抖着拿起提灯,蹑手蹑脚地走了出去,神色惶恐不安,像一个患夜游症病人。房门刚刚在她身后关闭,托尔斯泰就从里面把卧室门拉开。他手中擎着一支蜡烛,蜡烛来回摇晃着,观众可以看出他正气得浑身发抖。原来他妻子刚才干的一切,他都听到了。他正想出去追她,手已抓住了门把,却又猛地回转身来,小心地把蜡烛放在写字台上,然后走到另一边的里间门前,轻轻地敲着房门,非常小心。)

托尔斯泰 (轻声地)杜山……杜山……

杜山的声音 (从里间传来)列夫·尼古拉耶维奇?

托尔斯泰 小声点儿,小声点儿,杜山!赶快出来……

(杜山从里间出来,身上只穿了一半衣服。)

托尔斯泰　去把我的女儿亚历山德拉·李沃夫娜立刻叫到我这里来,再跑到楼下马厩里,告诉格里高利赶紧把马准备好,但是不能让家人发现。要轻手轻脚!不要穿鞋,注意不要让门发出声音。我们必须马上离开,别再耽搁了——已经没有时间了。

(杜山匆匆离去。托尔斯泰坐下来,神态坚决地穿上靴子,又急急忙忙穿上外套,然后找出若干张纸,把它们卷在一起,动作迅捷有力。当他坐在写字台旁往纸上写下几行潦草字时,双肩在颤抖。)

萨　莎　(轻声地走进书房)发生了什么事,父亲?

托尔斯泰　我要走了,我终于……终于……突然下了决心。一小时前她还对我发誓说信任我,可是她刚刚在深更半夜偷偷溜进我的书房,把所有纸张翻遍……这也好,可以说太好了……这不是她的意志,这是天主的意志。我曾祈求天主无数次,求天主能在我大限之日给予我信号——这次天主总算给我信号了,我现在就有权利将她单独留下——这个已经远离我心的女人。

萨　莎　你准备去哪里,父亲?

托尔斯泰　我不知道,我也不想知道……任何地方,只要能赶快离开这种虚情假意的生活……任何地方都行……世上有的是路,到处都可以找到让一个老人安然死去的一堆稻草或者一张床。

萨　莎　我陪你去……

托尔斯泰　不,你必须留在这里,安慰她……她会气得发疯的……她会很痛苦,可怜的人啊!……而使她痛苦的,正是我……可是我没有任何办法……不然,我会不开心地死在这里。你先留在这里,一直等到安德烈和谢廖什卡回来,再动身找我。

我要先到沙马尔京诺修道院去，向我的妹妹告别。

杜　山　（急匆匆地回来了）马车准备好了。

托尔斯泰　你也准备一下，杜山，把那几张纸藏在你身上……

萨　莎　父亲，你要穿上裘皮大衣，夜晚很冷。我会很快替你把厚衣服准备好的……

托尔斯泰　不，不，什么也不要，我们不能再犹豫了……我也不愿再等了……为了等待这一时刻，等待这一信号，我等了二十六年……赶快，杜山……不然，会有人出来阻拦我们。拿上那几张纸、日记本、铅笔……

萨　莎　还有买火车票的钱，我替你去拿……

托尔斯泰　不，不要再拿钱！我不愿意再接触钱。铁路上的人会认识我的，他们会给我火车票，以后，天主会保佑我。杜山，收拾好就过来。（对萨莎）你把这封信交给你母亲，这就是我的告别，但愿她宽恕我只写了一封信！到时你要写信告诉我，她是如何熬过痛苦的。

萨　莎　可是父亲，我怎么给你写信呢？我在邮件上一旦写上你的名字，他们就会立刻知道你在何地，就会很快找到你。你必须用一个假名。

托尔斯泰　哎，又要撒谎！不断地撒谎。隐秘的事愈多，灵魂也就愈不高尚……不过你说的有道理……杜山，过来一下！……萨莎，照你的意思……只要真有用……那么，我叫什么名字呢？

萨　莎　（想了一想）我叫弗罗洛娃这个名字，而你就叫托·尼古拉耶夫。

托尔斯泰　（急于想走，显得非常慌张）托·尼古拉耶夫。好，好，再见了，多保重！（拥抱萨莎）你是说，我应该自称托·尼古拉耶夫，还要撒谎！——但愿这是我在世人面前说的最后一次谎言。

（他匆忙地走了。）

第三场

（三天以后，1910 年 10 月 31 日。阿斯塔波沃火车站的候车室。右边是一扇通往站台的玻璃大门，左边是一扇通往站长伊凡·伊凡诺维奇·奥索林房间的小门。候车室的木条长椅上坐着一些旅客，一张桌子周围也坐着一些旅客，他们正在等候从丹洛夫开来的快车。旅客中有裹着头巾打盹儿的农妇、有穿着羊皮袄的小商贩，此外还有几个从大城市来的人，显然是政府公务人员或商人。）

旅客甲 （正在读着报纸，突然大声地）这件事，他干得真漂亮！这老头儿简直干得妙极了！谁也没有料想到。

旅客乙 什么事呀？

旅客甲 他——列夫·托尔斯泰，突然从家里溜走了。谁也不知道他到哪里去。他是夜里动身的，穿着靴子和皮袄，可是没有行李，也没有向家人告别，就这样走了。只有他的医生——杜山·彼得罗维奇陪着他。

旅客乙 他就这样把老婆扔在家里啦，这会儿，索菲娅·安德烈耶夫娜可辛苦了。我说，他现在该有八十三岁了吧，谁能想到他还会这样呢,你说,他能到哪里去呢?

旅客甲 他们现在正在寻找呢。有一个人说在保加利亚边境上见到过他,另一个人说在西伯利亚。谁也说不清他究竟在哪里。

旅客丙 (一个年轻大学生)你们在说什么?列夫·托尔斯泰从家里出走?请把报纸给我看看。(刚看了一眼报纸)哦,好——他终于下了决心。

旅客甲 你怎么会说好呢?

旅客丙 他过的那种生活违背了自己的言论,他们逼着他扮演这个伯爵角色,时间够长的了,他们扼杀了他的声音。现在,列夫·托尔斯泰终于能自由地向世人说心里话了。天下百姓通过他就会知道在俄罗斯百姓中发生的任何事情——可以说,这是天主的恩赐。这位圣人终于拯救了自己,是俄国人的幸运和福音。

旅客乙 报道是否真实,也许——(他背转身去,看看是不是有人在注意听他的话,然后低声耳语)也许只是故意报道,目的是混淆视听,其实已经把他干掉……

旅客甲 谁会有兴趣把列夫·托尔斯泰干掉……

旅客乙 那些认为他是绊脚石的人,俄罗斯某教会最高当局、警察、军队等都怕他。有些人早就这样失踪了——然后说他们到异国他乡去了。我们知道所说的异国他乡指的是什么……

旅客甲 (同样压低了声音)那么说,托尔斯泰也可能已经被干掉……

旅客丙 不,他们不敢。他这样的一个人,仅仅是用言论,就要比他们充满力量。他们不敢,他们知道我们会用拳头把他救出来。

旅客甲 (慌张地)小心……留神……基里尔·格里戈罗维奇

来了……赶快把报纸藏起来……

（警长基里尔·格里戈罗维奇穿一身制服，从通往站台的那扇玻璃门走进来，随即向站长的房间走去，敲门。）

（站长伊凡·伊凡诺维奇·奥索林从房间出来，头戴一顶正在值勤的帽子。）

站　　长　是您，基里尔·格里戈罗维奇……

警　　长　我要马上和您谈一谈，您老婆在您的房间里吗？

站　　长　在。

警　　长　那还是在这里谈吧！（用严厉的腔调向旅客们发号施令）快车很快就要进站了，请你们马上离开候车室，到站台上去。（旅客们都站起来，蜂拥出去）刚才传来重要的密码电报，现在已肯定，列夫·托尔斯泰在出走后，前天到过沙马尔京诺修道院，可以推测，他打算从那里继续往前走，从前天开始，由沙马尔京诺向各个方向开出的列车上都配备了警探。

站　　长　请您解释一下，列夫·托尔斯泰不是捣乱者，他是我们的光荣，是国家瑰宝，是一个伟大的人物。

警　　长　但是他比一群革命党人更能带来不安和危险。再说——这关我什么事，我的职责是监视每一趟列车。莫斯科方面要求我们在监视时必须无人察觉。我请您——伊凡·伊凡诺维奇代替我到站台上，我穿着警察制服，谁都能认出来。一旦列车到来，就立刻会有秘密警察下来，会告诉您在上一站所观察到的情况。然后我马上将报告向前方传达。

站　　长　真是考虑周到。

（从进站口传来报告列车进站而敲打的钟声。）

警　　长　千万不要让旅客们发现。如果我们干得都很出色，对我们只会有好处，因为每一个报告都是送到彼得堡的最高层，说不定我们会得到乔治十字勋章呢。

（列车在舞台后面发出隆隆的声响进站。站长迅速从玻璃门出去。几分钟以后，第一批旅客——提着沉甸甸篮子的农民和农妇大声喧哗着出现在玻璃门外。其中有几个在候车室里坐下，想歇歇脚或者沏一壶茶。）

站　　长　（又突然从玻璃门进入站台，冲着坐在候车室里的旅客直嚷）快离开！走开！

众旅客　（嘟哝着）我们不是没有花钱，我们都买了票……为什么不能在候车室待着……我们只是等下趟车。

站　　长　（高声喊叫）快走开，听见没有，都快出去！（急急忙忙地撵他们走，然后又迅速走到玻璃门边，把它敞开）请从这边走，请你们把伯爵老爷引进来！

（托尔斯泰右边由杜山、左边由女儿萨莎搀扶着，行动缓慢地走进来。他穿的皮外套的领子高竖着，脖子上围着一条围巾，但仍然可以看出他裹着的整个身体在冷得直打战。跟在后面的人想挤进来。）

站　　长　（对后面挤进来的人）站到外面去！

众　　人　我们只是想帮助列夫·尼古拉耶维奇……也许我们能给他一点儿酒或者茶……

站　　长　（非常着急地）谁也不许进来！（他硬是把那几个人推了出去，随即把通往站台的玻璃门的插销插上，但依然能够看到玻璃门外那几张好奇的面孔往里窥视。站长迅速搬一张扶手软椅，放到桌子边）伯爵老爷，请您坐下休息！

托尔斯泰　不要再叫……愿主保佑，不要再叫……永远不要再叫，这个已经结束了。（激动地张望四周，发现玻璃门外的人）

让他们走开……我要一个人待一会儿……总是那么多人……我希望一个人……

（萨莎快步向玻璃门走去，赶紧用大衣把门上的玻璃挡住。）

（这时杜山正在轻声地同站长说话。）

杜　　山　我们必须立刻把他扶到床上去。他在火车上突感风寒，发烧四十多度。我认为，他的情况很不好。这里附近有旅馆吗？有好点儿的旅舍吗？

站　　长　没有，一家都没有！整个阿期塔波沃没有一家旅馆。

杜　　山　但他必须马上躺到床上休息。他一直发着高烧，情况可能会变得很危险。

站　　长　只好把我的房间给他住下，就在这旁边，先让列夫·托尔斯泰住下，当然，我将为此感到非常荣幸……但请原谅……房间非常简陋，这是我的公务用房，狭小的破平房……我怎么敢让列夫·托尔斯泰留宿在这房间里……

杜　　山　没有关系，先让他躺到床上休息。（转向正打着寒战的托尔斯泰）站长先生一片好心，他把自己的房间让给我们。您现在必须马上休息，明天就会有精神了，可以继续旅行。

托尔斯泰　继续旅行？不，不，我知道，我是不能再继续旅行了……这是我最后的旅程，我已经到达终点。

杜　　山　（鼓励地）别担心，您只是暂时发烧。明天就会全好。

托尔斯泰　我现在就已觉得全好了……完全好了……只是昨天晚上才可怕。我做了一个噩梦，我恍恍惚惚觉得，他们都从家里跑了出来，拼命地追赶我，要把我追回去，拽回到那地狱里……我突然惊醒，我起身把你们叫醒……我一路上又是害怕又是发烧，冷得牙齿咯咯直响。但是现在，到了这地方……我一点儿也不怕了……我现在究竟在哪里？……怎么从来没有见过这地方……现在好了……我一点儿也不怕了……他们再也追不上我了。

杜　山　肯定追不上。您可以安安心心躺在床上休息，您在这里，谁也找不到。

（杜山和萨莎搀扶托尔斯泰站起来。）

站　长　（向托尔斯泰迎来）请原谅……我只能让出这非常简陋的房间，床也不太好……是一张铁床……但是我会把一切都安排好的，我将立刻发出电报，让下一趟列车运一张床来……

托尔斯泰　不，不，不用别的什么床……我睡的床一直比别人的好，好床我已经睡够了！现在，床越是不好，我越是感到舒服！农民死的时候又怎么样？……他们不是也安息得很好吗？

萨　莎　（继续搀扶着他）走吧，父亲，去床上躺下，你累了。

托尔斯泰　（又站住）噢，你说得对，我累了，四肢都在往下坠，我已经疲倦极了，但是我好像还在期待什么……就像一个人已经困极了，但又不能睡着，因为他正在想那些即将来临的好事；他不愿意让自己睡着，一旦睡着，他心里想的那些好事也就消失了……奇怪的是，我从未有过这种感觉……也许这正是临死前的一种感觉……多少年来我一直怕死，我怕我不能躺在自己的床上死去——但是现在，或许死神正在这房间里等着我呢，我正毫无畏惧地向他走去。

（萨莎和杜山扶着他一直走到里间屋的房门边。）

托尔斯泰　（在房门边站住，向里张望）这地方很好，仿佛梦里见到，一间陌生的屋子里放着一张陌生的床，上面躺着一个疲惫不堪的老头儿，等一下，他叫什么名字？这是我几年前才写的，那个老头儿他叫什么名字？他曾经很富有，然后变得非常穷困潦倒……谁也不认识他……他自己爬到火炉旁的床上——我的脑袋怎么不灵活了！……那个老头儿他叫什么名字？……他以前很富有，可现在身上只穿一件衬衫……还有他的妻子，那个在精神上折磨他的妻子，在他临死时也不在身边……哦，我记起来了，他叫柯尔涅依·瓦西里耶夫，我在当时写的短篇小说里就是这样称呼这个老头儿的。就在他死去的那天夜里，天主唤醒了他妻子的心，他的妻子玛尔法赶来，想再见他一面……可是她来得太晚了，老头儿已双眼紧闭，躺在一张陌生的床上，他已经完全僵硬了。他的妻子已无法知道，丈夫是不是还怨恨她，还是已经宽恕了她。她是永远不会知道了，索菲娅·安德烈耶夫娜……（仿佛梦醒）噢，不，她叫玛尔法……我已经糊涂了……我要躺下了。（萨莎和站长领着他往前走）站长谢谢你，陌生人，你给了我栖身之处，你给我的，正是野兽在树林里想要找的……是天主把我——柯尔涅依·瓦西里耶夫送到这里……（突然十分惊恐地）但请你们把门关上，不要让其他人进来，我不愿意再见到人……只愿和天主单独在一起，这样我就会好好深睡下去，比我一生中任何时候都要好……

　　（萨莎和杜山扶着他走进里屋，站长在他们身后轻轻地把门关上，怅然若失地站着。）

　　（玻璃门外急促的敲门声，站长拉开玻璃门，警长匆匆进来。）

　　警　　长　他对您说了什么？我必须马上将全部情况呈报给上面，他打算在这里待多久？

　　站　　长　他自己也不知道，谁也不知道，只有天主知道。

　　警　　长　那么您怎么能够在这间国家的房子里给他提供住处呢，这是您的公务用房，您不能把公务用房让给一个陌生人！

站　　长　列夫·托尔斯泰在我的心里不是陌生人。他比我的兄弟还亲。

警　　长　但您有责任事先请示。

站　　长　我请示了我的良心。

警　　长　好吧，您要对此事负责。我要立刻向上面报告……这样责任重大的事突然落到一个人的肩上，实在太可怕了！要是能知道最高决策者对列夫·托尔斯泰的态度就好了……

站　　长　（十分平静地）我相信，真正的最高决策者对列夫·托尔斯泰始终充满善意……

（警长惊愕地望着站长。）

（杜山和萨莎从房间里出来，轻轻地关上房门。）

（警长迅速躲开。）

站　　长　你们怎么离开了伯爵老爷？

杜　　山　他非常安静地躺着——我从未见过他的面色如此安宁。他终于在这里找到了世人未曾给予他的东西：安宁。他第一次单独和天主在一起。

站　　长　请原谅，我是一个头脑简单的人，但我不能理解，天主怎么会把如此多的苦难降临到列夫·托尔斯泰身上，使得他毅然决然离家出走？可能还会死在我这张和他身份极不相称的破床上……那些人怎么能去打扰这样一颗高尚的心呢，他们就不能干点儿别的吗？如果他们真的爱他，敬重他……

杜　　山　经常是这样，妨碍一个伟人完成自己使命的人，恰恰是那些爱他的人，他就是为了亲人而离家出走。这也正及时，只有这样离世才算完成了他的人生使命，使他的一生无比高尚。

站　　长　不过，我心里无法明白，也不愿意明白，这样一个我们俄罗斯大地上的瑰宝,为了我们而饱受苦难,我们却在无忧无虑中蹉跎岁月……我们这些活着的人实在是惭愧……

  杜　山　善良的好心人,不必为他难过。这种近乎寒酸的最后命运无损于他的伟大。如果不为我们这些人去受苦受难,那么他——列夫·托尔斯泰也就永远不可能名满天下。

威尔逊：
梦想与失败

  1962年，美国一家全国性杂志通过投票评选，为美国历届总统做出一个排名：第一名林肯，第二名华盛顿，第三名富兰克林·罗斯福，第四名威尔逊……前三位总统世人皆知，威尔逊名气稍显逊色。虽然威尔逊的政治生涯是在失败的氛围中结束的，但美国人民并没有将他忘却……

威尔逊

1856—1924

美国总统

明星闪耀时

1902 年　开始担任普林斯顿大学校长,任期八年。
1910 年　竞选新泽西州州长获胜。
1912 年　提出把"新自由"奉献给美国人民的竞选口号,赢得中小资产阶级的支持,获得大选胜利。
1916 年　获得连任。积极插手欧洲局势,利用德国采取的"无限制潜艇战"在美国激起的愤激情绪,在 1917 年 4 月 6 日正式宣布参战。
1918 年　提出结束战争的"威尔逊十四点计划",被交战双方接受为议和基础,成为 1919 年巴黎和会上签字的《凡尔赛和约》的一部分。
1920 年　获诺贝尔和平奖。

1918年12月13日,美国总统伍德罗·威尔逊乘着"乔治·华盛顿"号军舰正向欧洲海岸驶去。从未有过如此多的民众满怀希望和信任,期盼着一艘船和一个人。欧洲各国已互相打了四年仗,杀戮了千百万优秀青年。在此期间,仇恨和诋毁煽动起来的激昂情绪,并未让人隐藏内心深处的声音,人们有意识或无意识地都有这样一种隐秘的感觉,国家的所作所为都是违背天理的,玷辱了我们这个世纪。人类又倒退到野蛮的未开化和早已远去的世纪中。

这时,一个声音从美洲越过硝烟弥漫的战场传到欧洲:永远不要再有战争,永远不要再有争执,永远不要再有罪恶的旧的秘密外交。要建立一种新的更好的世界秩序——"建立一种在国民同意的基础上并得到人类有组织的舆论支持的法治"。第一次世界大战——昨天还是为了争夺土地、边疆和原料,突然间获得了一种崇高的意义——这场战争之后将是永久的和平,将是公正和人道的救世主之国。这么说来,千百万人的鲜血似乎没有白流,好像就是为了不让苦难永远降临人间。民众热情高涨,响应威尔逊的呼声;一致认为,威尔逊将会使战胜国和战败国达成和解,从而缔造公正的和平。他是另一个摩西,会使迷途中的世界各国一起坐在新的国际联盟的会议桌旁。伍德罗·威尔逊的名字一时

威尔逊:梦想与失败 319

间成了一种力量，犹如救世主一般的力量。人们用他的名字起名。处于苦难中或者受到歧视的各民族派来代表，各种信函和电报从五大洲涌来，堆积如山。装满信函和电报的箱子被送到正在驶向欧洲的军舰上来。全世界一致要求，威尔逊作为这次最后争执的仲裁者，使梦寐以求的最终和解得以实现。

威尔逊无法抗拒这些呼声。有的人劝他不要出席巴黎和平会议。他们说，作为美利坚合众国总统，他有理由不离开自己的国家。伍德罗·威尔逊最终没有被说服。他觉得，即使是美利坚合众国总统，和他要去完成的使命相比，也是微不足道的。他要为全人类效劳，他不愿意只为一个国家效劳，不愿意只为一个大洲，不仅仅为这样一个特定的时刻效劳，而要为更美好的未来效劳；他不愿意只代表美国的利益，因为"利害关系不会在人与人之间产生凝聚力，而只会产生离心力"，他愿意代表全人类。他不允许军事家和外交家再次煽起狂热的民族情绪——人类的和解意味着为军事家和外交家的险恶职业敲响了丧钟。他必须亲自充当担保人，保证是民众的意志而不是他们领袖的意志，迫使与会代表发言，在人类的最后一次和最终决定一切的和平会议上，在全世界面前开诚布公地发言。

威尔逊正是抱着这样的愿望站在"乔治·华盛顿"号军舰的甲板上，凝望着在雾霭中出现的欧洲海岸——它显得模糊不清，恰似威尔逊关于未来各国民众和睦友爱的梦想一般。威尔逊挺直地站立着，身材魁梧，面容坚毅，戴着眼镜的双眼散射出锐利而又清澈的目光，盎格鲁人和亚美利加人混合血统的下巴微微向前突出，丰满的双唇却紧闭着。他是基督教长老会牧师的儿子和孙子，因而在他身上或多或少会有那种严肃和狭隘。在教士们看来，世间唯有一种真理，就是他们所知道的真理。威尔逊既有虔诚的苏格兰和爱尔兰祖先们的满腔热情,也有加尔文教徒所信仰的奋斗精神——是这样一种信仰把拯救罪孽深重的人类的使命赋予了他。那些殉道者和教徒宁愿为信仰而受火刑,这样一种执着始终在他身上起作用。他以一个民主主义者和学者来看,"人性""人类""自由""和平""人权"并不是冷漠的字眼,而是她决心要捍卫的宗教信条,就像祖先捍卫《福音书》的教义一样。他已进行过无数次斗争,但是这次斗争将是决定性的斗争。

当他凝望着的欧洲陆地在视线中愈来愈明朗时,他想到,"我们为建立世界新秩序而奋斗,我们可能会意见一致,也有可能我们必须互相争执。"这时他不知不觉地绷紧了脸庞。

他流露的严肃神情很快就消失了。布雷斯特海港的礼炮和旗帜正向他欢呼,这仅仅是按照惯例向这位盟国的总统表示敬意,从岸上如潮般的欢呼声向他迎来,并非事先安排的有组织的迎接欢呼,是民众如火般的热情的流露。威尔逊乘坐的列车所经之处,都会有人向他挥旗致意——宛如希望的火焰。千万只手向他伸来,在他周围人声鼎沸。而当他乘车穿过香榭丽舍大街驶入巴黎时,夹道欢迎的人群更是涌动如潮。他们是各国民众的象征。他们把期望都寄托在他身上。威尔逊感到很欣慰,发出无拘无束的微笑。他挥动着礼帽,向民众致意、向全世界致意。是呀,他做得对,他亲自来了,只有灵活的意志才能战胜死板的规则。难道人们就不能为了千秋万代创造一座如此令人欣喜若狂的城市?创造一个如此充满希望的人类世界?威尔逊还有一晚休息,明天就要开始努力——世界梦想了千百年的和平,他从而也就完成了最伟大的事业。这是每一个生活在世界上的人都想要完成的事业。

在法国政府为威尔逊安排下榻的宾馆前,在法国外交部的走廊里，在美国代表团的总部——克里荣大饭店前，拥挤着一群浩浩荡荡的队伍——从北美就来了一百五十名记者，每一个国家，每一座城市，都派来自己的记者。他们都得到了参加所有会议的许可。参加所有的会议！因为会议已信誓旦旦地向全世界承诺"完全公开"，这次不会有任何秘密会议或者秘密协议。明文规定："公开的和平条约，必须公开缔结，缔结后不得有任何种类的秘密的国际谅解，而外交也必须始终在公众面前公开进行。"秘密条约的瘟疫——它比所有其他的瘟疫吞噬了更多的生命——将要被威尔逊的"公开外交"的新的免疫血清彻底消灭。

然而一切都是搪塞，记者虽然被准许参加大型会议，并将会议记录——把参会者针锋相对的内容做了"消毒"处理的记录——全部公开。但是，会议开始之初还不能提供任何消息给他们，因为谈判的流程要先确定下来。其实，发布消息的工作人员并没有完全说谎。威尔逊在"四巨头"的第一次磋商中就感觉到协约国中其他国家的抵制：他们不愿意把一切谈判都公开，因为在所有参战国的文件柜和公文包里都放着秘密条约——这些秘密条约均在事前做出保证：每个国家应该得到自己的一部分利益。只能私下交谈。为了不致使巴黎和会从一开始就丑闻远扬，有些事情就必须闭门磋商解决。然而，分歧更大的是，美国为一方，清楚地代表左派立场；欧洲国家为另一方，清楚地代表右派立场。原来，在这次巴黎和会上要缔造的是，两种完全不同的和平条约，即一种和平是眼前一时的和平，将是与已经放下武器的战败国——德国结束战争的和平；另一种和平是永久的和平，将是使任何未来的战争永远成为不可能的和平。一方面是根据旧的强硬的方式建立的和平，另一方面是新的和平——威尔逊提出的通过建立国际联盟所缔造的和平。这两种和平，究竟应该先谈判哪一种呢？

两种看法针锋相对。威尔逊对眼前一时的和平不太感兴趣。他认为，确定边界、偿还战争赔款，是一项次要的无关宏旨的工作，应该由专家们和专门委员会在"十四点原则"的基础上做出决定。各国政府首脑的任务应该是联合各国，缔造永久和平。这可是一种新事物、新变化！但是，协约国的欧洲成员国理直气壮地说，人们不可以在四年战争之后还让满目疮痍、百废待兴的欧洲去等待和平数月之久，那将会出现不堪收拾的混乱局面。首要的事情就是确定边界、确定战争赔款，把一直还处于全副武装的官兵遣回家，稳定货币、恢复贸易和交通；然后才让海市蜃楼般的威尔逊计划，在秩序已经巩固的大地上散发光辉。一些老练的谈判对手和足智多谋的策略家克里孟梭、劳合·乔治、索尼诺，在内心深处对威尔逊的要求也相当不以为然。他们是出于政治上的考虑，但也对威尔逊富有人道精神表示赞赏，因为他们感觉到，一种不谋私利的原则会在民众那里获得不可抗拒的诱人魅力；因此他们愿意通过附加条款的限制和删减某些内容的办法来讨论威尔逊的计划。但是首先要和德国缔结和约，从而宣告战争的结束，然后再讨论盟约。

话又说回来，威尔逊也是个十分老练的谈判对手。他会想办法排除那些耽搁时间的种种诘难，不会让一种生机勃勃的构想渐渐枯萎；他知道自己，如果只通过为某种理想而献身的精神，是不会使他成为美国总统的。他要坚持自己的立场：必须首先制定出国际联盟的盟约。他甚至要求，将盟约逐字逐句地写进对德和约中。但这势必会产生第二个矛盾。在协约国的欧洲成员国看来，将《国际联盟盟约》的诸原则写进对德和约中，这是把未来的人道主义原则作为不该得到的报答预先给了德国。想当年，德国入侵比利时粗暴践踏了国际法，还有霍夫曼将军用拳头肆无忌惮地猛捶桌子的举动，为强迫签订霸王条款提供了最恶劣的先例。因此他们要求，首先用旧的硬通货算清战争赔款，然后才讨论世界新格局。为了给威尔逊留下深刻印象，他们一再请威尔逊亲自去看一看荒芜的田野和破败的城市。可是威尔逊只是把目光对准未来。在他看来，唯一的使命是废除旧秩序和建立新秩序。尽管顾问蓝辛和豪斯反对，但威尔逊仍然毫不动摇地坚定立场：首先讨论全人类的利益，然后才讨论各国利益。

讨论十分激烈，浪费了许多时间。伍德罗·威尔逊的另一个疏忽是，他没有把梦想事先用文字表述得清楚明白，因而在讨论中常常节外生枝。他带来的盟约计划完全不是最终的定稿文本，而仅仅是第一稿草案，草案还需要在无数次的会议上讨论、修改、增删。另外，威尔逊在抵达巴黎之后，还要访问其他结盟国家的城市，伦敦、曼彻斯特、罗马。由于他不在场，其他人也就没有强烈兴趣推进他的计划。在巴黎和会全体会议举行以前的一个多月时间就这样白白浪费了。在此期间，各地都接二连三发生了占领地盘的斗争，在匈牙利、在罗马尼亚、在波兰、在巴尔干半岛、在达尔马提亚的边界上；维也纳的饥馑日趋严重；俄国的形势愈来愈紧张，令人十分忧虑。

即便在1919年1月18日举行的巴黎和会第一次全体会议上已经确定：《国际联盟盟约》将是总和约的一个重要组成部分，但仅仅是在理论上。而盟约文件却始终处在无休止的讨论中，从这个人的手上转到另一个人的手上，从这个国家的政府转到另一个国家的政府。又过了非常动荡不安的一个月。欧洲迫切地要得到自己真正的和平——事实上的和平。1919年2月14日——第一次世界大战停战后三个月，威尔逊才提出《国际联盟盟约》的最后文本，也是被大会一致通过的文本。

世界再次欢呼。威尔逊的主张赢得了胜利。从今以后的和平不必再通过武力和威胁得到保障，而是通过彼此达成共识和信任至高无上的公正得到保障。当威尔逊离开凡尔赛时，暴雨般的鼓掌和欢呼声响起。他又一次也是最后一次——带着自豪、感激的幸福感微笑着拥挤在身边的民众。他感觉到，在这个国家的民众背后是其他许多国家的民众；在苦难深重的这一代人背后是未来世世代代的人，由于和平得到最终的保障，他们将永远不再知道战争的灾难，永远不再知道强迫签订霸王条款给战败国带来的屈辱，永远不再知道战胜国的专横霸道。这是他最伟大的一天，同时也是他幸运的最后一天，因为他将在第二天，也就是 1919 年 2 月 15 日回到美国。他在返回巴黎签署另一份和约前，先在美国向选民和同胞说明这份永久和平的"大宪章"，然而，由于他过早地离开，最终断送了辛苦争取得来的胜利。

当"乔治·华盛顿"号军舰驶离布雷斯特海港时，礼炮再次鸣响，欢送的人寥寥无几。在威尔逊离开欧洲时，欧洲各国的民众对这位"救世主"所怀的巨大希望和激情已渐渐消退。在纽约，等候他的也是冷淡的接待。在他自己的白宫办公室里，在参议院，在国会，在自己的党内，在民众那里，所遇到的更是一种深怀疑虑的询问。欧洲不满意，是因为威尔逊还远远没有把各种互相抵触的利益，结合成为一种伟大的、普遍的人类利益；美国不满意，是因为威尔逊毫无道理地在政治上把美洲新大陆与难以揣度的欧洲大陆结合得太紧，从而违背了美国国策的基本原则——门罗主义①。他不应该只想成为未来梦想之国的奠基人，要首先想到美国民众，他是美国民众意志的代表，才成为美国总统。于是，威尔逊不仅要为在欧洲的谈判殚精竭虑，还斡旋于党内人士和反对派之间。他不得不在这座令人自豪的国际联盟的大厦后门补堵上一道墙——他建造这座难以攻克的"国际联盟"大厦，现在它的后门处于危险中——美国在任何时候都可能从这后门撤离大厦，也就是说，要预防美国撤出国际联盟。如果美国不参加国际联盟，就意味着威尔逊设计的永久性大厦——国际联盟的第一块基石会被挖走；大厦的墙基会被打开第一个缺口，而这个缺口则是灾难性的，它会酿成大厦的最终倒塌。

即使威尔逊借助修改条款和加上各种限制能使《国际联盟盟约》——他的"新的人类大宪章"在欧洲和在美国获得通过，也仅仅是一半胜利。当威尔逊为了完成自己的第二部分使命——签署对德和约而重返欧洲时，心情已不同往昔。"乔治·华盛顿"号军舰再次向布雷斯特海港驶去。但他眺望欧洲海岸的目光显得更加苍老，这短短的几个星期使他倍感失望。他的脸庞绷得更紧，紧闭的嘴巴流露出愤懑和顽强的神情，左面颊上间或抽搐犹如暴风雨前的闪电——这是积聚在他身上的疾病的预先警告。他的私人医生赶紧提醒他。然而他面临的将是一场更为激烈的斗争。他知道，贯彻他的原则要比他拟定原则更加困难，但是他坚决不牺牲自己纲领中的任何一点。要么全有，要么全无。要么是永久的和平，要么没有和平。

登上欧洲海岸时，欢呼全无。媒体报纸抱着冷淡观望的态度。民众变得多疑谨慎。正如歌德所说："热情不是一种可以掩

---

① 门罗主义：美国企图控制美洲，对外扩张的政策。

藏许多年的东西。"威尔逊没有充分利用有利时机，没有趁热打铁，关于战后欧洲格局的理想方案依然放在案桌。他不在巴黎的那一个月，并没有改变一切。在他短暂回美国的同时，劳合·乔治也向大会告假，克里孟梭由于被一个刺客的手枪击中而两个星期不能工作。而那些曾经为追逐利益以充沛的精力从事过最危险的工作，曾经使千百万人俯首帖耳的高级军官，岂能在此时此刻心甘情愿地悄然退出历史舞台呢。他们充分利用这时机，纷纷挤进巴黎和会各专门委员会的会议大厅。《国际联盟盟约》的条款要求"废除强制征兵以及其他各种形式的普遍强制征兵"，裁减军备，以集体安全为基础的解决办法，这正是威尔逊的要求；但对他们来说，这是要夺取手中的权柄，也就是说，《国际联盟盟约》已危及他们的生存。永久的和平意味着他们的职业将失去意义。他们用威胁的态度要求扩充军备，只有军队才能保障国家富强。这些人背后的是那些要保持自己军火工厂继续运转的工业界各集团的代表，以及打算在战败国赔款方面赚钱的中间商。受到反对党威胁的外交官们越来越左右为难。他们巧妙地用公众舆论做了一些试探，所有欧洲的报纸配合美国的报纸，用各种语言异口同声地重复着一个相同的话题：威尔逊乌托邦式的妄想，拖延了和平。乌托邦式的妄想固然值得称赞，并且充满理想主义精神，却妨碍了欧洲的稳定。现在已不能再为高尚的道德和道义上的顾虑而丧失良机！如果不马上缔结和约，欧洲就会出现混乱局面。

这并非毫无道理。威尔逊是用不同于欧洲各国民众的尺度去衡量时间的。他认为，几个月的时间对要实现千年使命来说并不算多。就在这段时间内，一些军团在东欧四处征战，他们占据模糊不明的领土。德国代表团、奥匈帝国代表团在停战四个月之后还没有被接待。在那些尚未划清的边界后面，各国民众变得焦躁不安。政治形势骤变的征兆清楚表明，匈牙利与德国或许会出于绝望而投靠布尔什维克。因此，迅速缔结和约迫在眉睫，首要做的是扫清障碍——《国际联盟盟约》。

威尔逊一到巴黎立刻知道，这几个月来的辛苦白费了，之前所创建的一切基础面临坍塌。一些人要把《国际联盟盟约》从和约中删除，威尔逊以钢铁般的意志坚决不让步。1919年3月15日，回到巴黎的第二天，他通过新闻媒体正式宣布：1919年1月25日巴黎和会通过的决议，"《国际联盟盟约》将是和约的重要组成部分"仍然有效。这是对那种企图的第一次反击。那种企图是不在新的《国际联盟盟约》的基础上，而是在协约国之间签订的旧的伦敦密约的基础上缔结对德合约。现在他清楚地知道了，那些恰恰在昨天还发誓要尊重民族自决权的大国，都有自己的小算盘：法国要求得到德国的莱茵地区和萨尔地区；意大利要求得到阜姆港和达尔马提亚地区；罗马尼亚、波兰和捷克斯洛伐克也想得到战利品。如果威尔逊不进行反击，那么《巴黎和约》将是又一次按照臭名昭著的方法而缔结的和约，而不是按照威尔逊提出的、被巴黎和会郑重通过的原则而缔结的和约。

持续十四天的斗争激烈进行。威尔逊不愿意让法国兼并萨尔地区，因为他把这种兼并视为对其他各种破坏"民族自决权"的第一个先例，事实上意大利已经在以离开巴黎和会进行威胁。——意大利觉得自己的要求和法国的要求并无二致。法国的媒体报道，布尔什维克主义已从匈牙利向四处蔓延，不久将殃及全世界。威尔逊面临着一条异口同声的阵线，他最亲密的顾问和信赖的朋友都劝他，眼前世界混乱，宁可牺牲一些理想主义的要求，赶紧缔造和约。他感到，自己已无法再坚持，腹背受敌，一人对众人,并已下定决心,如果他无法实现自己的意愿,就离开巴黎。

真正击垮他的不是别人正是他自己。1919年4月3日,处于决定性的关键时刻,威尔逊突然不能坐立。这位六十三岁的老人,突发流行性感冒。不过,时间更令人刻不容缓,即便是生病,也不容他稍停片刻,各种消息犹如闪电般劈来。1919年4月5日,巴伐利亚苏维埃共和国在慕尼黑宣布成立。夹在中间处于半饥饿状态的奥地利,随时都有可能加入苏维埃共和国的行列中去。随着反对声越来越强,现在众人一致要求:威尔逊提出的"永久和平"搁在一边,是它阻挡了现实的和平、军事上的和平和能获得物质利益的和平。

尽管压在身上的担子越来越重,所有人催逼这位被病魔折磨得精疲力竭的老人,却始终顽强地坚持主张。他认为,与非军事上的和平、持久的和平、未来的和平达成一致,才能真正获得他想要的和平,而唯一能拯救欧洲的是"国际联盟"。1919年4月7日,威尔逊身体状况稍有起色,他给在华盛顿的美国海军部发去一份电报,确定"乔治·华盛顿"号驶向欧洲的日期。当天全世界都得到消息:威尔逊总统已乘坐军舰向欧洲驶来。

消息犹如晴天霹雳,全世界都知道:威尔逊总统宁可离开巴黎和会,也绝不退让。决定今后几十年、几百年欧洲命运乃至世界命运的历史性时刻来到了。如果威尔逊此刻从会议桌旁拂袖而去,原有的世界秩序就会崩溃,不过,也有可能从此扭转乾坤。欧洲各国焦急地问:其他的巴黎和会参加者会承担这种责任吗?威尔逊本人会承担这种责任吗?——这是决定性的瞬间,这是千钧一发的瞬间。在这紧急关头,伍德罗·威尔逊仍然抱着不妥协的决心,不允许强权欺弱,不拿各民族的利益做交易。公正必须勇往直前，纵使世界因此而毁灭。这个短暂时刻将成为威尔逊的伟大时刻，成为他的最伟大的时刻，成为他的最富人性的时刻，成为他的最英勇的时刻——假如他有力量经受得住这个时刻，他的名字将会永远留在为数不多真正的朋友的心中。可是，紧随关键时刻一并而来的还有劈头盖脸的各种攻击，各国报纸的种种指责，甚至最亲密的朋友豪斯上校和蓝辛也恳请他抛弃决心，甚至德国也反对他——希望从威尔逊那里得到好处的德国。

威尔逊几天前还收到在白宫的政治秘书图马尔蒂发来的令人鼓舞的电报："唯有总统采取一种无畏的举动，欧洲才会得救，或许世界才会得救。"但是，采取这种无畏举动之后，图马尔蒂现在却惊慌失措地发来电报："……离开巴黎和会非常不明智，而且可能会给美国和别的国家带来危险……总统应该把中止巴黎和会的责任，让应当承担的人去承担……此时离开巴黎和会很可能会被当作一种叛逃。"威尔逊百思不得其解。此刻，身边没有一个人支持他，会议大厅里的人都反对他，参谋部里的人也都反对他。而无法看清面容的千百万人从远方恳请他坚持到底的声音此刻并未出现，他不知道，倘若他果真站起来，拂袖而去，他的名字是否会令人铭记？是否只有坚持他的精神理念才会明白示人？此时，会出现何种转机？面对着充满企图的各国，他感到力不从心。此刻，他多么希望有人出现在身边，哪怕一个支持的声音。

终于在1919年4月15日——历史上黯淡的一天。经过持续八天的激烈讨论，威尔逊松动了强硬的态度，他怀着复杂的心情做出让步——德国的萨尔地区交给法国，期限是十五年。一直绝不妥协的人，此刻做出了妥协。次日清晨，各国报纸都换了腔调。昨天还百般刁难，今天却万般夸赞。可是，在威尔逊心中却是一种责备，令他深感内疚。威尔逊深知自己也许拯救了一时的和平，却错过了唯一能拯救世界永久和平的时机，可以说，这一切辛苦都付诸东流了。正义之剑敌不过唇枪舌剑，理智战胜不了欲望。经过一番唇枪舌剑，世界又倒退回去了。身为领袖的他，却在这次决定性战役中彻底失败。

一次的让步妥协，就会导致无数次，甚至一发不可收拾。事实上，这是不完整的和平，是一种非常不圆满的产物，是对纯粹物质功利主义的考虑而产生的产物。这种和平并不着眼于未来，更非出于人道精神。它与威尔逊梦想的和平背道而驰。在那无法挽回的历史性的一天，命运攸关的时刻，威尔逊的决定是否正确，留待后人评说。从那天起，威尔逊的影响力已渐渐消失——在他那个时代，他的影响力曾是坚不可摧的道义力量。

最令人惋惜的是，这次可能与人类命运休戚相关的机会，竟然白白错过。没有救世主的世界，又令人感到沮丧。威尔逊回国——曾经被当作会给世界带来福祉的人，不再是救世主，而只是一个满面病容的孱弱的病人。无人欢送。他登上军舰背转身去，他不愿意朝这片命运多舛的欧洲大地再看一眼。几千年来渴望的和平与统一从未实现，一个人性化世界的永生梦境，又一次消失在茫茫大海中。

西塞罗：
古罗马共和主义者

　　古罗马首屈一指的共和主义者，他雄辩的演说词被人赞誉。他比凯撒年长六岁，且成名更早；他曾提携过凯撒，但凯撒志在独裁，他却捍卫共和。然而两人命运又十分相似，均死于非命。凯撒五十五岁，被共和派的元老们刺死；六十四岁的他，被政敌残酷杀害，头颅还被钉挂在罗马广场的演讲台上。他就是西塞罗。

西塞罗

前 106—前 43

古罗马政治家、哲学家

明星闪耀时

前 75 年 任财务官,在西西里任职。此后又任市政官、大法官等职。

前 63 年 在贵族支持下被选为执政官,在任期间镇压了卡提利那暴乱,被授予"国父"称号。

前 48 年 庞培战败,凯撒独掌大权,西塞罗回到意大利,避居罗马郊外,从事写作。

前 43 年 凯撒被刺,西塞罗重又投入政治斗争,热烈欢迎恢复共和制度。他站在贵族共和派一边,连续发表十四篇演说,猛烈抨击凯撒派代表人物安东尼。

一个才华横溢但是不够勇敢的人，如果遇到比自己更强大的对手，最聪明的方法就是避开此人，同时冷静地等待时来运转，直到前路自动为他铺平。作为古罗马首屈一指的共和主义者、演讲家和法律的捍卫者——马尔库斯·图利乌斯·西塞罗，为了维护古罗马的共和政体，已孜孜不倦工作了三十年。他的演说词被载入史册，拉丁语著作成为拉丁语语言文字的奠基石。他控告过维尔列斯的贪赃枉法，揭露过卡提利纳的暴动阴谋，抵制过获胜的军事统帅们日益逼近的独裁。在他的那个时代，其著作《论共和国》则是理想国家的道义规范。

　　现在，出现了一个比他更强的人——尤利乌斯·凯撒。西塞罗起初曾毫无顾虑地提携过他。但一夜之间他便成了意大利的主人。作为国家军权在握的统帅，凯撒只需一伸手，便可得到王冠。当凯撒率军越过卢比孔河时，同时也就越过了法律。西塞罗曾与凯撒的独裁统治做过斗争，曾试图号召那些最后捍卫自由的人抵抗凯撒，然而这一切纯属徒劳。军队力量总是比口舌之力更强大，凯撒终获全胜。他在胜利后没有将这位固执己见的法律捍卫者——西塞罗铲除，或者剥夺他的法律权力。凯撒看重自己的宽容胜于军事胜利。凯撒不但没有做出任何侮辱西塞罗的行为，反而宽恕了西塞罗，他唯一的要求是西塞罗退出政治舞台。因为这个舞台现在只属于凯撒一人，在这个政治舞台上，其他人只能扮演绝对服从的角色。

此时，对于睿智的人来说，远离公众生活，即远离政治是很幸运的选择。从充满阴谋诡计的复杂世界，拉回到洁净的世界中，需要一股使内心宁静的推动力。这种天赐的机会，正是西塞罗希望遇到的最美好和最幸运的时刻。年已六旬的他，正渐渐接近人生的晚年。他的一生始终处在政治风暴中，生命给他留下太少的时间去记录总结自己的思想。做了太多违背意愿的事！他，一个来自外省小镇的人，以出众才能、敏捷机智而步步高升，几乎获得过所有官职和所有荣誉，这一切的荣耀，对当时人来说，只能发生在贵族世家的权贵们身上，而他却能深得上至贵族下至百姓的青睐。自战胜卡提利纳之后，他在元老院里的地位扶摇直上，被授予"国父"的荣誉称号，他曾被民众戴上花冠。现在，他又要在一夜之间流亡，成也萧何败也萧何。他失去了官位与荣誉。

他曾在圆形讲坛上进行过控告，指挥过罗马军团，主持过共和的古罗马政务，管理过行省。也花掉过数百万的塞斯特斯，拥有过最豪华的府邸，也看到它成为废墟。写过重要的论著并做过经典的演说。生育过子女，失去过子女。有时勇气十足，有时软弱；有时固执己见，有时善于恭维；有时光彩照人，有时黯然失色。得到过赞赏，也有憎恨。总而言之，他是那个时代最具魅力的人，也是最令人嫉恨的人，因为在从马略至凯撒的四十年间，所发生的各种事件，都与他有瓜葛。任何人无法与他相比，能亲身经历并感受那个时代的历史——世界的历史；只是他的时代从未给他任何时间去做一件最重要的事情——回顾自己的一生。他从未给过自己时间静下心来思考，把自己积累的知识和思想进行一番总结。

而现在，他终于有了机会回顾自己的一生了。他对政治已心灰意冷，但愿他人去捍卫民众的权利，他把向民众发表演说的圆形论坛、元老院和最高权力都让给了凯撒。在民众看来，古罗马斗士的比武和竞技比他们自己的自由还重要。现在，他要去做一件重要的事情，去寻觅营造自己内心的自由。于是，西塞罗在六十岁的时候，第一次默默地沉思，把目光专注于自己，以便向世人表明，他曾经为天下而生，并为它发挥过作用。

他现在要按照自己的意愿过想要的生活。西塞罗离开了罗马城，隐居在图斯库卢姆——今日的弗拉斯卡蒂，这里是意大利最美的风景区之一。丘陵连绵起伏，淙淙泉水使山野更显幽静。这位富有才华和善于思索的人，只是不经意间，从书籍世界陷入险恶丛生的政治世界中，如今，在这一片幽静之中，他的心智终于完全开启。经常有朋友拜访，与他进行交谈，其中有亲密的知己阿提库斯、年轻的布鲁图斯、年轻的卡西乌斯，甚至不可一世的独裁者凯撒也拜访他！

西塞罗精心布置了一间非常雅致的藏书室。如果说智慧是蜂蜜，那么藏书室就是真正取之不尽的蜂房了。这里码放着哲学巨匠的著作、编年史、法律手册。尽管朋友们不在身边，但身边始终有从来不会令人失望、令他文思泉涌的高尚的陪伴者——书籍。他和它们生活在一起，无须担心寂寞无聊的夜晚。早晨工作，有学问的仆人总是毕恭毕敬地伺候着，为西塞罗的口授做笔录。心爱的女儿和儿子，是他对自己生活的一种很好的调剂，并不时带来新的慰藉，他用实际行动享受生活带来的快乐，实践生活美——娶了一位年轻的妻子，年龄比女儿还小。

西塞罗在六十岁时终于返璞归真，回归本色生活，这时的他内心平静，从书信中可见一斑。昔日的民众领袖、演说者，而今成了哲学家、作家；他不再是为人民终日奔走忙碌的公仆，不再站在广场上，面对那些可以贿赂的法官们振振有词地辩护，而是更愿意在著作《演说家》中为后人树立榜样，在著作《论老年》中自我勉励。纵使是心爱的女儿去世，给他带来莫大的悲痛，他仍然以一种富于哲理的生活艺术治愈自己心灵的创伤，写下了《论安慰》。这位昔日忙忙碌碌的演说家此时成了一位伟大的作家。在此期间他所撰写的著作为后世做出的贡献，比前三十年来忙碌国家事务还要大。后人认为，这都归功于他远离了纷扰的罗马。

西塞罗，就这样度过了一个闲情安逸的夏天、一个创作丰硕的秋天和一个令人震撼的冬天。如他自己所说，他已彻底远离世俗和政治喧嚣，他对每天来自罗马的消息和信函坦然处之。他似乎已完全沉浸在灵感世界中，他已经是永恒的精神王国的公民。他终于明白每一个献身于社会的人，最后必定会知晓：一个人不可能长期捍卫民众的自由，却能始终捍卫自己内心的自由。

直到三月某一天的中午，西塞罗听到独裁者凯撒在元老院的会堂被刺死时，他顿时脸色煞白。他憎恨过凯撒，也佩服凯撒出众的领导能力和内在自信。凯撒是西塞罗唯一值得敬仰的政敌。如果说这样一个人物的死令人惋惜，但这次密谋行动的成功，可能会促使最神圣的事业取得胜利，因他的死而获得胜利，最崇高的理念可能会再度新生。这么一想，西塞罗也就克服了最初的惊愕。他原本是不愿意看到这种密谋行动的，或许在他内心深处根本不敢有这样的梦想。

现在，刺杀凯撒的行动无可挽回地发生了。西塞罗认识到，眼前是一条通往古老的罗马人的自由之路，自己向其他人指出这条自由之路是责无旁贷的义务。这样一种千载难逢的时刻不能白白放过。也有人要求西塞罗能作为这次密谋行动成功的见证人，在把匕首从凯撒胸膛中抽出来时布鲁图斯曾呼喊过西塞罗的名字。为了拯救古罗马，西塞罗放下书稿，在事发当天就急急忙忙赶回罗马去了。

在这次行动中，布鲁图斯和卡西乌斯并没有把西塞罗吸收进去。这次行动至少应该被评价为有利于古罗马的共和政体。到了罗马，令西塞罗感到失望的是，那是一群偶然纠集在一起的密谋者，他们只知道要除掉强大的对手，只知道要刺杀凯撒，但是到了要充分利用这一次成功行动的现在，他们却束手无策。现在的罗马城是处于一片惊慌失措中，元老们犹豫不决，不知道是赞成这次刺杀行动，还是应该谴责这次行动。民众更是不敢表达任何看法。安东尼和凯撒的朋友们正在努力保命。而密谋者也在害怕复仇。

此时，西塞罗清醒地意识到，刺杀凯撒的行动本身要比那些参与刺杀行动的人更了不起，在一片惊慌失措之中，西塞罗是唯一表现出果敢的人。此时此刻，西塞罗毫不迟疑地站出来支持这次他并未参与的刺杀行动。他迈入还留着凯撒未干的血迹的议事厅里，开始发表激动人心的演说："我的民众，你们再次回到了自由之中！……布鲁图斯和卡西乌斯，你们完成了不仅是罗马最伟大的行动，也是人世间最伟大的行动。"他同时要求，给这次行动本身赋予更崇高的意义。应果断掌握政权，为了拯救国家，要迅速充分利用这一次成功的行动。西塞罗还说，免除安东尼的执政官职务。行政权应移交给布鲁图斯和卡西乌斯。为了自由之路，始终遵循法律的西塞罗，却在这具有世界历史意义的时刻首次打破了法律。

现在，密谋者的软弱暴露出来了。他们只会策划一次密谋，只会完成一次谋杀。他们为重建国家充分利用政权，花费时间和精力去和安东尼进行谈判，寻求赦免。他们耽误了最宝贵的时间，给对手留下了反击的时间。西塞罗敏锐地察觉到，安东尼正在准备反击，他要干掉密谋者，也要消灭共和思想。但是西塞罗自己却没有采取行动，他只是鼓动密谋者和民众采取行动。

如果西塞罗现在执掌政权，并重建秩序，元老院还是会支持他，民众也不会反对他，所有人只会极力支持他。自从西塞罗以控告卡提利纳的演说词名扬古罗马政坛以来，他热切盼望的具有世界历史意义的时刻，终于在3月15日这一天到来。很可惜，他错过了这一时刻，如果他当时利用这一时刻，历史将为他而改写，学生们就会在学校里学到另一种完全不同的历史。在李维和普卢塔克的编年史中，西塞罗将作为共和政体的拯救者，作为罗马人的自由守护神永世流传。而他恰恰是一位思想者，并非野心家、行动派。他的优柔寡断在关键时刻起到了作用，作为敏锐独到的思想观察者，他对当时的时代看得比谁都清楚，敌对者的恐怖血腥手段使他顾虑重重。而现在强烈的内心责任感，让他不由自主地投身到政治斗争中去，在这应毫无顾忌地使用权力的特殊时刻，西塞罗却在这关键时刻犹豫不决，终于，他丧失了力量。

西塞罗以敏锐的洞察力忧心忡忡地观望着局势，观望着昨天还被他赞誉的英雄。他们不过是一群毫无胆识的人，他们退却了。西塞罗观望着民众，他们向布鲁图斯和卡西乌斯只欢呼了一天；第二天，他们就向复仇者安东尼欢呼了；第三天，他们又向把凯撒的雕像打倒在地的多拉贝拉欢呼了。只有西塞罗心里明白，没有人会真诚地献身于自由的理念。他们都只是谋私利，凯撒已被除掉，但无济于事，人人仅仅是企图得到他的遗产、他的钱财、他的军团和他的权力。并非为了罗马人唯一神圣的自由事业而奋斗。

与日俱增的焦虑厌烦在西塞罗心中蔓延。动荡不安的局势终于使西塞罗感到厌恶。除了他自己，没有人操心国家的重建；密谋者向往自由的意识，随着对国家的感情的消失而无影无踪。西塞罗不得不承认，这次他彻底失败了，拯救国家，他感到力不从心，就让它顺其自然吧。四月初，他离开罗马，再次从那个变幻莫测的政坛中离开，躲避到隐居生活中。他深有感慨地认识到，身为学者的他，以及维护人性和法律的他，难以驾驭现实的物质世界，无法完成个人拯救行动，他从一开始就不应该涉足权力世界。他对国家的憧憬，对理想的共和政体的渴望，唯有诉诸笔墨，发诸字里行间，现实妄谈。但他要为自己六十年人生的丰富见识留下印记，于是，他撰写了最伟大的著作《论义务》——关于一个独立的、有道德的人对自己和对国家应尽义务的教导之作。这是他最后为世人留下的遗言。

　　《论义务》是写给他儿子的。西塞罗坦率地告诉自己的孩子，他不是出于漠不关心而从公众生活中隐退。西塞罗说："当那些由我自己所选择的人掌权时，我一直奉献自己的才能和计谋。可是自从一切都处于独裁统治下，我为公众服务的心已不复存在，或者说，为元老院和法庭等权威机构服务的空间已不复存在。"他认为，自己作为一名自由的有识之士和罗马的共和派，替独裁统治者效劳有失自己的身份和尊严。"未曾给予这位从事写作的人以闲暇时间"。此前，他为公众服务已经花费太多时间，还从未以自成一体的完整形式写下个人世界观。而现在，由于不再从事政治活动，他至少打算好好利用这种闲暇，去应验西庇阿说过的那句十分精彩的话："当他在不得不无所事事时，他所做的事从不会更少；当他孤独一人时，他从未感到更寂寞。"这是西庇阿谈到自己时所说过的话，也在西塞罗身上得到印证。

在这部著作中，关于个人对国家关系的各种思想，西塞罗运用丰富的经历与才学，将作品赋予个人色彩，具有一种悲壮的感染力。通往永恒梦境，犹如他本人所做的一个永恒的梦：通过正义道德途径，争取让人间赢得和平。他认为，支撑国家的支柱，唯有公正和法律。只有正直的人去维护政权，才能保持国家的公正。己所不欲，勿施于人。民众意志从不因强权而屈服，拒绝服务于从人民手中夺取领导权的野心家，是每个人应尽的义务。作为一个不屈不挠有独立思想的人，西塞罗绝不与任何一个独裁者结盟，也拒绝为他们服务。

西塞罗论证说，要想国家健康发展，实现真正的和谐，公职人员应杜绝损公肥私；国家财富应得到妥善管理；贵族应放弃傲慢，百姓应得到权利。暴政侵犯每一种权利，西塞罗要求各阶级和睦相处。古罗马国家不需要苏拉和凯撒这样的人，也不需要格拉古兄弟。独裁是危险的，革命也同样如此。他在《论义务》一书中所说的，人们早已在柏拉图的《理想国》中读到过，也能够在卢梭和所有理想主义的乌托邦空想者的著作中读到。西塞罗的这部遗著，能如此令人惊讶地超越他所处的时代，是因为他用文字表达了新的情感——仁爱。

在他那个时代，刑讯拷打、斗剑角力、大肆杀戮，以及在十字架上处以死刑，是司空见惯的事情。西塞罗是第一个反对滥用暴力的人。他认为，不应该使用长矛和利剑，不应该洗劫城市，要善待奴隶，这在当时的罗马是一种不合时宜的要求。他期盼，将其他国家并入古罗马国家，唯有通过文化和习俗的融合，国家才会发展。他还预言罗马将会衰落。因为罗马从来都是以武力征服天下，这是一种不健全的征服。自从罗马由苏拉开始向外征战以来，唯一的目的就是掠取大量的战利品，正义早已在国家之间消失。每当一个民族用武力剥夺了其他民族的自由时,这个民族本身就会在复仇之中被孤立,从而失去了创造奇迹的力量。

正当罗马军团在野心勃勃的军事统帅们的率领下为疯狂一时的扩张领土效力时,西塞罗在《论义务》一书中反对这种危险的胜利,他已看出,播种流血的征服战争孕育出的收获仍是流血。他终于在自己生命的秋天清楚地认识到,要把人与人之间的和睦相处奉为至高无上的理想。曾经追名逐利的马尔库斯·图利乌斯·西塞罗,而今成了维护仁爱的第一人。

正当西塞罗在隐居中著书立说之时,古罗马政局的动荡与日俱增。始终无人果断掌握凯撒留下的国家政权,安东尼正在为反对布鲁图斯和卡西乌斯而扩军备战;就在这时,屋大维出人意料地回到了罗马。他是凯撒指定的继承人,他刚刚在意大利登陆,就谋求西塞罗的支持;与此同时,安东尼也请求西塞罗回到罗马,还有布鲁图斯和卡西乌斯也同样请求西塞罗。他们都在讨好西塞罗。这是因为,当他们尚未掌权时,总会本能地寻找智囊出谋划策。一旦掌权,就会轻蔑地将智囊丢掉。

出于难以名状的两种心态:一半厌倦,一半明智,西塞罗并未上当。西塞罗知道,自己急需要做的只有一件事:整理自己的一生和思想。他对所有人的一切请求置之不理,包括安东尼、屋大维,以及布鲁图斯和卡西乌斯,甚至是元老院和朋友们。他心无旁骛地继续写书,他觉得语言文字中的自己比行动中的更强大,更具智慧,同时他也预感到这是自己告别人世的最后遗言了。当他完成著作后,举目四望,才发现这个国家已陷入泥沼中。安东尼为了招兵买马,把凯撒的银库和执政官的银库洗劫一空。但有三支全副武装的军队反对他:屋大维的军队、雷必达的军队,以及布鲁图斯和卡西乌斯的军队。剑拔弩张的局势,容不得众人多思。是安东尼专制独裁统治罗马，还是共和政体继续存在。众人面临抉择。即便是这位小心谨慎、瞻前顾后的马尔库斯·图利乌斯·西塞罗，也不得不做出最终的抉择了。

而现在的马尔库斯·图利乌斯·西塞罗，自从将《论义务》留给儿子以后，就已把生死置之度外了。他知道自己年事已高，政治生涯和文学生涯已告结束。该说的话都已说了，该做的事都已做了。时日无多，微不足道的余生还有什么值得珍惜的呢？就像一头被追得精疲力竭的动物反扑捕猎者，以便迅速结束这场最后的角逐，西塞罗再次投身到危险的斗争之中，他要再次向共和政体的敌人反击。

公元前44年12月，出现了令人震撼的场面。西塞罗重新站在罗马元老院的论坛上，再次大声呼吁罗马的民众，并发表了反对安东尼的十四篇演说《反腓力辞》，他完全意识到，手无寸铁地去反对一个独裁者意味着什么。独裁者安东尼已集结了罗马军团。西塞罗知道，他这次演说不比往昔在论坛上的唇枪舌剑，而是必须拿性命冒险。他发出这样的声音："如果罗马城的自由因我的死而能重建，我甘愿献出生命。我唯一的愿望是，在我死后，罗马民众仍能自由地活在大地上。"他坚决要求元老院支持代表共和政体的屋大维，这关系到国家命运，关系到一件最为神圣的事：自由。这件事已经到了决定性的最后关头。他是如此憎恨战争，以至于要求共和政体的军队去反对独裁统治的军人。他提议，宣布国家处于紧急状态，宣布篡权者安东尼不受法律保护。

自从西塞罗成为崇高事业的维护者以来，他才真正找到了富于感染力和激励人心的言辞，在反对安东尼的演说中。他呼吁，"其他民族愿意在奴役中生活，我们罗马人则不愿意。如果我们不能赢得自由,那么就让我们死去。宁可正面对着敌人死去,而不愿在耻辱中苟生。"有些人已感到,也许可以在罗马广场上公开说出这些激励人心的言辞,对今后数百年而言,将是最后一次了。因为不久后,人们将在罗马广场上只向罗马皇帝的雕像诚惶诚恐地鞠躬,不再出现自由言论。听众大为震撼,他们在心里由衷地佩服这位白发苍苍的老人,以几乎决绝的勇气,单枪匹马地捍卫人权、正义。即便是如此烈火之言,也已无法点燃罗马人如同腐木般的心。正当这位孤军奋战的理想主义者站在罗马广场上时,统率罗马军团的将领们已在背后缔结了罗马历史上最可耻的政治同盟。

就是这个曾被西塞罗誉为共和政体捍卫者的屋大维,就是这个雷必达——西塞罗曾鉴于他为罗马人立下了功劳而要求为他建造一尊大理石雕像;屋大维和雷必达两人曾为了消灭篡权者安东尼而离开罗马在外征战,现在三个人沆瀣一气,私下瓜分凯撒的遗产。一夜之间,罗马出现三个小凯撒。这是具有世界历史意义的时刻:这三个军事统帅不服从元老院的命令,不遵守罗马人的法律,联合起来组成三巨头同盟,瓜分罗马。此时,在博洛尼亚城附近的河心小岛上,一座营帐里三巨头正在会晤。在他们以往的各自宣言中,充斥着互相攻讦的言辞。不过,对权力欲极强的人来说,最重要的是权力和战利品。现在,他们走近事先约定的位置,彼此确信无人携带武器,才友好握手,并一起走进营帐。

屋大维、安东尼和雷必达在这座营帐里停留了三天,但无人见证。目前,他们有三件事要做。第一件事:如何瓜分天下。结果屋大维得到了阿非利加和努米底亚,安东尼得到了高卢,雷必达得到了西班牙。第二件事:如何筹措军饷。按照惯例,直截了当抢掠富豪的财产,同时把他们消灭掉,免得他们大声抱怨和控告。三巨头在桌上起草了一份两千名富豪的黑名单,其中有一百名是元老;还公布了一份不受法律保护者的名单。每个人都提出自己的私敌。第三件事:扫清一切反对暴政的人、捍卫人权自由的人。安东尼要求把马尔库斯·图利乌斯·西塞罗列为黑名单的第一人。安东尼认识到西塞罗比所有的人都危险,他必须被干掉。

年轻的屋大维感到很吃惊,并予以拒绝。这位曾经维护他事业的最忠诚的人,曾经在民众和元老院面前多次赞誉过他,屋大维曾尊称西塞罗是自己"真正的父亲"。在几个月前,屋大维还征询过他的建议,寻求他的帮助。屋大维觉得不能昧着良心做事,他坚持自己的反对态度。但是经过安东尼的一再坚持,屋大维让步。于是,西塞罗的名字进入了这份黑名单。这份黑名单也许是古罗马历史上最可耻的一份文件。随着这份不受法律保护者的名单的确定,对共和政体的古罗马国家的死刑判决才真正生效。

西塞罗的名字写进黑名单的那一刻,他心里十分明白,自己已无法逃脱安东尼的手掌。他曾公开揭露过安东尼,以致西塞罗不可能奢望从他身上得到宽容,像凯撒那样的宽宏大量——而莎士比亚却毫无道理地把安东尼美化为具有高贵精神的人。如果他要活命,唯一的做法就是迅速逃跑。事实上,这位不受法律保护者似乎已经三番五次下了决心,准备出逃。或逃到希腊,投奔布鲁图斯和卡西乌斯,或投奔小加图,逃入追求自由的共和派军营。可是,总是在最后时刻,西塞罗一再中断他的行程。已十分疲倦的他,不想感受流亡的凄凉,也不想此后的余生在逃亡中暗淡无光,只想多歇息几天,即便是在危险之中,也想感受家的温馨。

在这最后的几个月里，每当危险临近时，他就立刻起程，时而躲藏在这个庄园，时而躲藏在另一个庄园，可是从未完全逃离。西塞罗不时地变换着藏身之处，他好像没有完全下定决心去接受这种命运，也没有完全下定决心去躲避命运，他仿佛是要自己实践在《论老年》中所写的心声：一个老人既不可能寻求死亡，也不可能延迟死亡，而只能当死亡降临时从容接受——对视死如归的人而言，没有可耻的死亡。

已经在前往西西里岛途中的西塞罗正是以这样的心态突然命令他手下的人再次掉转船头，折回四处是敌人的意大利。他在卡伊埃塔——今天的加埃塔登陆，在这里他有一座小庄园。他已感到十分疲倦，身心交瘁，不仅对活下去感到疲倦，还有一种对末日来临的神秘向往和对人间生活的眷恋。他刚到小庄园，就毕恭毕敬地向守护家的神明祈祷。他，一个六十四岁的老人确实累了。一番颠簸之苦使他精疲力竭，于是他在一间墓穴般的卧室里躺在床上，伸开四肢，闭上眼睛，要在永眠之前先享受一下温馨睡眠的甜美。

当西塞罗刚伸开四肢，一个忠诚的奴隶就急急忙忙走进房间，告诉他，发现形迹可疑的武装人员。西塞罗还有时间逃走。一顶轿子已准备好。在家中的几个奴隶打算武装起来，准备保护西塞罗。可是，这位疲惫不堪的老人拒绝了。他说，"我已经累得不想逃走了，我也已经累得不想再活了。就让我死在这个我曾拯救过的国家吧！"但他最终还是被说服了。手持武器的奴隶们抬着西塞罗的轿子，绕道穿过小树林，向救命的小船走去。但是，为了一笔不义之财不致落空，那位告密的管家召集百余人马在林子间追踪搜寻，并及时找到了西塞罗。手持武器的奴隶们立刻聚集在轿子周围，准备抵抗。然而西塞罗却命令他们离开。他知道自己的一生已经活到了尽头。何必还要让年轻人做无谓的牺牲呢？

就在这最后一刻，一切惧怕消失了。在最后的考验中，他突然觉得自己有了坚决的勇气，当他神态凛然地面对死亡时，这股勇气以前所未有的气势向上喷发。他手无寸铁，没有做任何抵抗。他只说了一句满不在乎的话："我从来就知道，我并非永生之人。"不过，眼前失去理智的人，并不要他的哲学思想，而是要奖赏。那个百人队队长用一把巨大的军刀把这个不做任何反抗的人击倒。马尔库斯·图利乌斯·西塞罗——最后一位维护罗马人自由的人，这位捍卫人权自由的人——就这样被杀死了。他在这最后一个小时中的表现，比他一生中所经历的一切更英勇、更坚决、更有男子气概。

刺杀西塞罗的行动，正是安东尼所指使。杀手们揣测，这颗人头必定有特殊的价值，不然，刺杀行动不会执行得这么迅速。当然，他们不会预想到，这颗人头在人间和后世的精神领域中的价值。为了拿到奖赏，证明刺杀行动成功，于是，他们把西塞罗的头颅和双手砍下来，塞进大口袋，以最快的速度送到独裁者安东尼面前。为了支付刺杀行动的丰厚报酬，安东尼派人抢掠并杀害了两千名意大利最有钱的人，终于能支付一百万塞斯特斯给刺杀者。他复仇的火焰并没有因此而冷却。刻骨的仇恨使他忘了身后名，安东尼命令把西塞罗的头颅和双手钉挂在罗马广场的演讲台上。安东尼万万没有料到自己的这番举动使自己遗臭万年。

次日，令人可耻的场面震惊民众，就在西塞罗当年反对安东尼的广场演讲台上。此时，正钉挂着西塞罗惨白的头颅和双手。他曾思考无数个想法的额头，被一根粗大生锈的铁钉穿过；他那紧闭的双眼，曾经多么仁爱地注视着心爱的国家；那苍白的嘴唇，曾经多么热烈地呼吁民众捍卫人权自由；那曾挥墨书写最有思想巨作的双手，此刻却无力下垂，无力用笔杆子抗议独裁者。

西塞罗已永远不能再发声了。此时他惨白的头颅是对这种"暴力永远无理"所做的最后的控诉，这种无声的控诉，是他任何的演讲无法比拟的。民众的心在颤抖，对这种可耻场面深感羞愧。眼前，没有人敢站出来说一句公道的话；此刻，民众深深感到，令人恐惧的独裁统治正向四周蔓延开去。这个令西塞罗心爱的国家，此刻已跟随他远去，留下的唯有永恒的沉默。

出品人：许　永
出版统筹：林园林
责任编辑：许宗华
特邀编辑：陈璐璟
装帧设计：海　云
印制总监：蒋　波
发行总监：田峰峥

发　　行：北京创美汇品图书有限公司
发行热线：010-59799930
投稿信箱：cmsdbj@163.com